ワードマップ

認知的個性

違いが活きる学びと支援

松村暢隆・石川裕之・佐野亮子・小倉正義 編

新曜社

まえがき――概念の捉え直しが教育実践を変える

■認知的個性の概念

人間は生まれたときから、多様な性格、パーソナリティをもっている。従来の心理学では、パーソナリティについてはいくつかの類型（パターン）、あるいはさまざまな特性の束として概念化され、多彩な個性、すなわち個人差が説明されてきた。

いっぽう認知的な特徴については、パーソナリティとは違って、誰もが同じような成長過程をたどり、最終的には同じような姿を示すはずだという奇妙なイメージを、心理学は真面目に提唱してきたように思われる。ピアジェをはじめとする認知発達理論によれば、人は同一の発達段階をたどり、ある発達段階に達すると誰もが同じような認知構造をもつようになるとされる。

だが、認知発達もまた多様で個性的であることは、教育・学習の場面で個人差として表れるさまざまな行動や認知の特徴を見れば明らかであろう。近年このような認知の個人差に対して、さまざまな観点からの類型化や諸特性の程度の組み合せとして概念化する試みが盛んになってきた。認知・学習スタイル、認知処理様式といった概念である。そういう概念化が綿密に行われることによって、人間の認知構造、頭の働きが多様であり、到達する姿もまた多様だということが、理論的にも明らかになってきた。

こういったさまざまな認知的な能力やスタイルなどの個人差を、本書では、ばらばらな観点で捉えるのではなく、

認知的個性（cognitive individuality ＣＩ）という包括的な概念で捉え直す。認知的個性は、人が素質としてもっている多様な局面の一部が、学習のあり方に応じて、姿を変えて表れた認知の特質である。すなわち生得的なものが環境にかかわらず表れるものではなく、教育など環境の働きかけに応じて、学習の場で物や人との相互作用のなかで、個人差のタイプとして多様に表れたものである。

■認知的個性を教育実践に活かす

日本の教育は、画一的だとよく言われる。全体として、たとえばアメリカの教育と比べると、そういう面があるのは否めない。しかし、個々の教員の教育実践から見れば、ある子どもが教科学習のどこかでつまずいていたら、「やり方、考え方を変えてみたらどうか」と個別の指導をするし、障害をもつ子どもには、その障害特性に応じて指導を個別化するノウハウが蓄えられている。

そういう個別の指導が教育実践として有効なとき、理論的な観点から捉え直してみると、「この方法はこの認知的個性を処遇しているのだ」と改めて気づくことがあり、そう認識しながら実践することによって、さらに実践を洗練していくことができる。

ところが「個に応じる」教育が大事だと言われるいっぽうで、教育現場の指導ではどうしても決まった1つの方法、内容に流れていく傾向がある。学習者の個人特性を認識して処遇するはずが、効率や指導者側の都合が優先されてしまうのである。そして、単一の達成基準に到達することが求められる。総合学習にしても、班学習にしても、マニュアル（既存の実践例）に頼った、少ないバリエーションになってしまう。

個人の特性に応じて学習を個性化させ、異なる学習成果をめざすという面では、まだまだ日本の教育は立ち後れていると言えよう。「創造性を伸ばす」と謳いながら、児童生徒を個性に応じて別々の発達・学習の道筋に向けていくという方向づけはほとんどなされていない。

教育実践において、何を達成するかも重要であるが、本当に学習者の特性、学習のニーズに応じた、指導の個別化、学習の個性化の実践を少しでも推し進めていくには、児童生徒一人ひとりの認知的個性をどう活かしていくのかという観点に立つことが求められる。

■障害と才能観の捉え直し

認知発達の姿を単一なものと考え、学習をその到達基準・標準から見ると、「正常範囲」に入る多数の子どもたちと、そこからはみ出る少数者ができてしまう。たとえばＩＱという単一基準で子どもたちを並べて、ＩＱ70未満は「知的障害」といった線引きである。（「ＩＱ１３０以上は才能児」という線引きも可能だが、日本では教育実践に組み込まれていない。）

しかし、認知的個性の概念によって、個人のもつ多様な認知的特徴を、発達の標準からの逸脱として捉えるのではなく、個性の表れとして捉え直すなら、障害や才能に対する考え方もまた違ったものになる。

新しい特別支援教育で注目されるようになった「発達障害」についても、広汎性発達障害（ＰＤＤ、自閉症スペクトラム）、注意欠陥／多動性障害（ＡＤＨＤ）、学習障害（ＬＤ）といった異なる障害には、異なる認知的個性が反映されている。けれども、たとえば「書字が苦手」といった一部のスキルの習得が苦手なことをもって、その子は「障害児」だと一括りに見てしまう教育現場、社会の傾向がある。しかしながら、そうではなく、一人の子どものもつ多様な認知的個性を、どの特性が得意でどれが苦手かという観点から捉え直すことができる。

認知的個性の観点からすると、認知発達は一様ではなく、領域によって発達の凸凹《でこぼこ》があり、誰でも比較的得意な面と苦手な面をもつ。発達障害児／者等を支援する特別支援教育、そして個性化教育も、苦手な面を補うだけでなく、得意な面を考慮して伸ばすという両面を考慮すべきである。

「才能教育」は日本ではまだ正しく理解されず実践も十分ではないが、決して少数の才能者を見つけて育成するのではなく、誰もが得意な面と苦手な面をもつのであり、一人ひとりの子どものそれをきちんと見分けて、得意な面を伸ばしながら、それを活かして苦手な面を補う、というのがその本当の理念である。その意味で、本書の第1部の才能教育の理念が、第2部の個性化教育と、第3部の発達障害児／者の支援において、認知的個性を活かすことを考えていくための橋渡しとなるのである。

本書では、主として教育、医療の場において、多様な認知的個性を見つけて対処するための理論的概念、理念、方法について、多面的に解説されている。第1部の才能教育は、凸凹のある認知的個性の凸の部分に主に対処し、第3部の発達障害児／者の支援は、認知的個性の凹の部分に主に対処する。そして、第2部の個性化教育は、認知的個性の凸凹に対処して、才能と発達障害への支援を統合するのだとも言える。本書はこの3領域を総合的に捉える最初の試みであるが、各領域の知見を照らし合わせることによって、領域間に実は密接な関連があることが認識され、各領域についての誤解のない正しい認識がいっそう深まることが期待される。

二〇一〇年三月

編者を代表して　松村暢隆

認知的個性——目次

2　個性化教育で活きる認知的個性

装幀＝加藤光太郎

1

才能教育で活きる認知的個性

1-1 認知発達と認知的個性

従来の心理学では、認知発達については、誰もが同じ**発達段階**を経るものとして描かれてきた。段階を進む速度には**個人差**があるとされたものの、認知発達の段階像や年齢基準が設定されれば、それに標準年齢で到達することが望ましく、個人差は、標準からのずれ、誤差、あるいは「障害」として捉えられてしまう。

しかし、本書では、認知発達も**個性**ある姿で発達するものと捉え直し、個人のもつ才能や障害も含めて個人差は、多様な認知発達のプロフィールのひとつであると見なし、それを**認知的個性**（Cognitive Individuality **CI**）呼ぶ。そして認知的個性は、**才能教育**や**個性化教育**、**特別支援教育**のなかで、その存在と意義を認め、見つけ、育てるべきものと考える。

■発達段階の全体性と領域固有性

日常でよく、「発達段階に即した（応じた）教育」などと言われるが、この場合の発達段階は、「年齢・学年」程度のゆるやかな意味で用いられている。しかし心理学で言う厳密な意味での**発達段階**とは、どの認知領域であるかによらず、他の年齢時期とは質的に異なる特徴をもつある年齢時期のまとまりを指している。各段階は相互に異質で独自の構造をもち、段階は非連続的に変化するとされる。ピアジェ[1]に代表される認知発達研究においては、数の理解、量の不変性の認識など、領域によらず同じ論理構造が同じ順序で段階的に発達するとされた。少なくとも認知発達における発達段階に関しては、通領域的な全体性をもつものと考えられたのである[2]。

ピアジェは認知機能以外の発達段階については言及しなかったのであるが、彼の発達観は、教育実践において発達段階が語られるとき、認知や言語、社会性といった異なる機能であっても、それらが全体として足並みそろえて発達していくのが標準的、「健常な」発達だという、素朴な発達観をもたらすことになったように思われる。そして、認知発達の基準からの大きなずれは障害、すなわち正常な発達からの時間的な遅れ、または機能の欠陥だと考えられがちとなった。

しかし、認知発達に限定しても、1970年代から発達段階の全体性という想定が批判され、「認知発達は、同一の論理構造の形成によって幅広い段階移行が起きるのではなく、**領域固有**に進む」と捉えられるようになった[3]。たとえば生物学や物理学についての子どもの素朴な科学的概念の研究から、領域ごとの知識や技能の獲得は一人ひとり異なり、従来子どもが発達段階に応じて本来的にもっていると考えられてきた概念は学習経験や学校教育によって異なること、つまり、個人ごとにどれだけ学習し

[1] J. Piaget（1896-1980）スイスの心理学者。

[2] Inhelder, B. & Piaget, J.（1964）*The early growth of logic in the child.* London: Routledge & Kegan Paul.

[3] Siegler, R. S.（Ed.),（1978）*Children's thinking: What develops?.* Hillsdale, NJ: Lawrence Erlbaum Associates.

図1-1　発達領域の連続体（Feldman, 1994[5]より作成）

たかに従って、領域固有の熟達が生じることが示された。[4]

■発達の普遍性と独自性

ピアジェらの認知発達の理論は、文化や環境、教育の違いにかかわらず、誰でも同じ一本の発達の道筋をたどると考える。しかし、個人のもって生まれた素質が異なり、発達が環境・学習の影響を受けるなら、性格と同じように知的機能も、多様な個性ある発達の道筋をたどるはずであり、実際にそうであることが、次第に明らかとなった。

フェルドマン[5]の**非普遍的**（nonuniversal）**発達理論**では、実際に人が実生活・職業において熟達するのは、ほとんどの場合、たとえばピアノ演奏や経済理論の理解といった、普遍的でない領域であるとし、図1-1のような**発達領域の連続体**が唱えられた。

なるほど発達には、生理的成熟のような普遍的な側面も、職能の熟達のような個別的な側面もある。個人の発達・学習する技能・知識によって、普遍性、個別性の程度は、さまざまに異なるだろう。従来当然の前提とされてきた発達の普遍的・一般的特徴は、心理学が主として西欧の限られた文化における発達だけを見てきたことによる部分の大きかったことも指摘されている。今後の発達心理学は、どういう環境や経験の要

[4] Carey, S.（1985）*Conceptual change in childhood*. Cambridge, MA: MIT Press.［小島康次・小林好和（訳）（1994）『子どもは小さな科学者か：J・ピアジェ理論の再考』ミネルヴァ書房］

[5] Feldman, D. H.（1994）*Beyond universals in cognitive development*（2nd ed.）. Norwood, NJ: Ablex.［1st ed.,（1980）.］

因によって発達が保障されているのかを分析することが課題となる。藤永[6]は言語発達について述べるなかで、本来発達は個性的であり、言語の発達を似通った発達の姿に安定させる共通の環境条件を探るのが、むしろ心理学の課題となると指摘している。

■教育実践から捉えられる認知的個性

認知発達の道筋が多様であるという考えは、「認知的能力すなわち知能の発達は多様である」と主張して、従来の知能の概念を拡げようとする理論によっても、推し進められている。1980年代以降、ガードナー[7]やスターンバーグ[8]は、伝統的な精神（心理）測定学（psychometrics）を批判し、IQテストで測定できる知能は、知能全体の一部でしかなく、知能はもっと多様であるとする、新しい知能理論を提唱した。[9]

認知発達の道筋と到達点は多様なものだと捉え直すと、同年齢の子どもどうしであっても、発達段階では括れない個性的な違いがあるし、同一個人のなかでも、機能、知識領域、技能などによって、発達の進み具合が違い、発達の凸凹、得意な面と苦手な面があることが改めて認識される。教育においてはこれまで、個人の学習特性に応じようとして、**特別支援教育**や**才能教育**、そして通常学級での**個性化教育**などが取り組まれ、その有効性を実証的に蓄積してきた。これら個々の教育実践が処遇してきた個人差を領域横断的に、「認知的個性」という総合概念で包括的に捉え直し、相互参照することが、教育実践の一段の発展の基盤として役立つであろう。〔松村暢隆〕

[6] 藤永保（2001）『ことばはどこで育つか』大修館書店

[7] Gardner, H.（1983）. *Frames of mind: The theory of multiple intelligences.* New York: Basic Books. など。

[8] Sternberg, R. J.（1985）. *Beyond IQ: A triarchic theory of human intelligence.* New York: Cambridge University Press. など。

[9] 「1-5 多重知能（MI）の理論」「1-6 知能の三部理論」参照。

◆参考書

●松村暢隆（2002）「個性化教育：多重知能と認知発達」Kの会（編）『心理学の方法』ナカニシヤ出版 pp.32-45.

1-2 才能と才能教育

■学術用語としての「才能教育」

日本の学校教育では、世界の先進国のなかでは特異なことに、児童生徒の優れた能力に応じる教育は公式には存在しないので、その能力やそれを育てる教育を指す公式の用語は存在しない。しかし、そういった教育を表す学術用語として、最近では**才能教育**が用いられるようになってきた。それは、一般の人々にとって、**英才教育**ほどにはエリート教育のニュアンスをもたないし、学問的に優れた能力を指すイメージに限定されないからである[1]。そして、才能教育の特別なプログラムの対象となる子どもたちを**才能児**、あるいは**特に優れた才能のある児童生徒**と呼ぶことができる。

しかし、日本語の「才能」は、学問以外の、芸術やスポーツ、社会性に表れる優れた能力を中心にイメージされる傾向がある。英語では、「才能」全体を“giftedness”と表せるが（「才能教育」は“gifted education”）、その英単語に相当する単一の日本語はないと言える。それゆえ日本語で才能教育を語るとき、用語に混乱も生じるのであるが、広い能力を包括する教育・心理学的な専門用語として**才能**を用いることを、改めて確

[1] 麻生誠・岩永雅也（編）(1997)『創造的才能教育』玉川大学出版部
松村暢隆（2003）『アメリカの才能教育：多様な学習ニーズに応える特別支援』東信堂

認しておく。現時点では、才能・才能教育を語る際には、具体的な理念と方法について説明を加えながら、共通認識を得る必要がある。

■アメリカ連邦法の才能の定義

アメリカでは、才能教育が対象とする才能の種類について、国（連邦政府）の法律に、きちんと定義が書かれている。すなわち、1965年に成立した「初等・中等教育法」（ESEA）である。[2] 78年改正ESEAで、初めて現在に近い定義が盛り込まれ、88年の改正ESEAで、表現が微修正された。

この定義では、才能の種類として、次の特性が著しく優れていることがあげられている。すなわち、① **知能**、② **創造性**、③ **芸術の能力**、④ **リーダーシップ**、⑤ **特定の学問の能力**、である。[3] 1970年代までの伝統的な才能教育プログラムでは、「知能」が重視されてきたが、この定義は、才能はそれだけではないと宣言し、才能は学校教育において、多様な概念として捉えられるようになった。

しかし、州によって、州法で才能児の認定を要請しているか、また才能教育プログラムの実施を要請しているかは、まちまちである。さらに各学校で、具体的な才能教育をどのように行うかは、学校区や学校の政策や教育予算などに左右される。誰が才能児かというのは、たまたまその学校区や学校に、その特別な才能に対処できるプログラムを提供できる予算や指導体制が存在するかどうか、という、きわめて実際的な要因で

[2] 前掲［1］松村（2003）参照。

[3] スポーツに優れた身体運動的能力は意図的に定義から外された。すでに学校内外でその能力を伸ばす機会が十分にあるという実際的な理由からである。

決まってくる。つまり、才能教育プログラムが収容できる対象者が才能児なのである。[4]

■才能と知能（ＩＱ）

20世紀につくられ発展した**知能検査**によって、人々の知的能力は、**ＩＱ**という一元的な指標で一列に序列化されるようになった。そして伝統的に、才能教育プログラムの対象者を認定する際に、知能検査で測られる知能は最重要の要素であった。障害児教育（今の日本で言う特別支援教育）でたとえばＩＱ70未満を知的障害の目安とするのと逆に、ＩＱ１３０以上を才能の目安とするなら、集団全体の約２％の子どもが才能児ということになる。20世紀半ば過ぎまで、多くの才能教育プログラムでは、そうやってＩＱを対象選抜の基準にしてきた。

しかし、１-１で述べたように、１９８０年代に、心理学の領域で、知能をＩＱで表せる一元的なものと考える精神測定学への批判が起こってきた。そして、知能をより幅広いものと考える知能理論が提唱されるようになった。[5] それに呼応して、アメリカでは連邦や州による公式の才能の定義にも知能以外のいくつかの要因があげられるようになり、学校現場でもそれが考慮されるようになった。

■才能の三輪概念

才能は個性的な特質であるが、才能児には共通した全般的な特徴があるということ

［4］したがって、「定義上、才能児は全体の何パーセントなのか？」という問いかけは無意味である。ただし、才能児を選抜するプログラムの場合を見ると、全体生徒数の数％から10％程度であることが多い。

［5］「１-５　多重知能（ＭＩ）の理論」「１-６　知能の三部理論」参照。

は、以前から多くの研究者や教師の間で言われていた。そういう特徴を取り出して才能教育に活かせるようにまとめたのが、レンズーリである。レンズーリは、才能の全般的な特徴を大きく3つにまとめ、**才能の三輪概念**（three-ring conception of giftedness）と呼んだ[6]。

これは、才能を知能より広く捉えようとするもので、優れた能力（知能・学力）と創造性は、先に述べた連邦の才能の定義にも盛り込まれている。注目すべきなのが、**課題への傾倒**（task commitment）で、これは、何か特定の課題に長時間集中して取り組めるような、情熱・意欲のことである。これも才能児の主要な心理的特徴であり、それを考慮するのは才能が育つ上で大切である。

■すべての子どもの才能を認める

才能児を、才能教育特別プログラムの対象となる一部の子どものことであるとするならば、「どの子も才能児である」とは言えない。しかし、才能を集団のなかで他人と比較して、普通（平均）より並外れて優れた何らかの特性だとは考えないで、「ある個人が他のことや領域よりも、何か特定のことや領域に強い興味をもって、その学習に没頭でき、そしてうまく習得したり、創造性を発揮したりできる力」であると再定義するならば、「すべての子どもに才能がある」と言える。他の教科よりも特定の何かの教科に優れた子どもはその面で才能があるし、スポーツや音楽、芸術での優れ

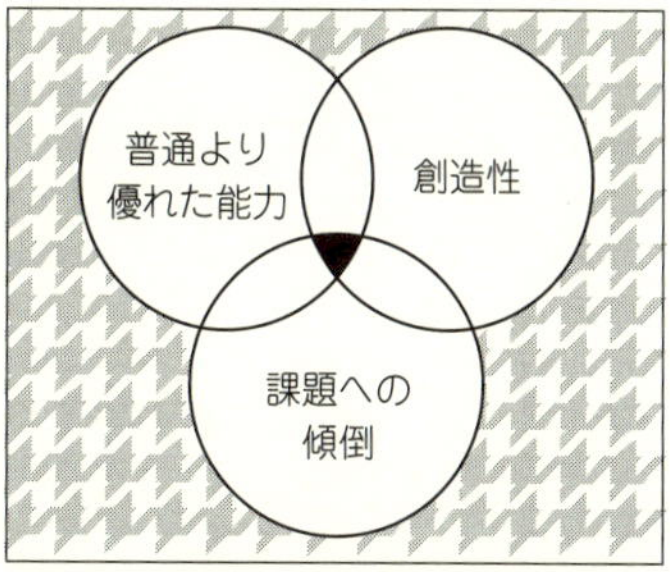

図1-2　才能の三輪概念（Renzulli & Reis, 1997）

［6］Renzulli, J. S.（1978）What makes giftedness?: Re-examining a definition. *Phi Delta Kappa, 60*, pp.180-184 & 261.

た能力、あるいはゲームやオタク趣味で発揮される能力も、才能だということになる。

実際、アメリカの才能教育実践の主要なモデルである、レンズーリの**全校拡充モデル**（**SEM**）では、才能教育で開発されたモデルを通常学級での学習に応用して、すべての子どもの比較的得意な能力、学習への興味、学習スタイルといった認知的個性を押さえて、それに適合した個性化された学習が進められている[7]。すなわち、異なる領域の能力をまんべんなく伸ばそうとしてその補償だけに腐心するのではなく、個人内の弱点や苦手な面も把握しながら、長所や得意な面を把握して、それを伸ばすことをまず目標とし、その比較的優れた能力を活用して苦手も克服しようとする。学校がそういう教育のポリシーをもって学習の場を提供するなら、才能教育の理念と方法が、通常学級の通常の授業に適用できることになる。

それは当然、障害児に対する**特別支援教育**にもあてはまる。障害をもった子どもも、たとえ重度の障害であったとしても、比較的うまくできるところ、喜んで取り組める活動、進歩を本人や周りの人たちが喜べることがあるはずであり、才能教育と共通の理念のもとに、そこにもっと光を当てることができる。「すべての」子どもに才能があると言っても誤りではないのである（狭義の才能が障害と併存する場合もある[8]）。

狭義の才能教育は、「特に優れた才能のある児童生徒」のための特別プログラムであるとしても、広く一般の理解を得て普及が望まれる才能教育は、すべての児童生徒の何らかの才能に公正に応じる教育なのである。

〔松村暢隆〕

[7]「1-15 全校拡充モデル（SEM）」参照。

[8]「1-11 2E教育」参照。

◆参考書

●岩永雅也・松村暢隆（編）（2010）『才能と教育：個性と才能の新たな地平へ』放送大学教育振興会

1-3 才能の認定と評価

才能教育での**才能**の概念は多様である。才能教育プログラムで対象者を選別する際には、多様な才能を公正に見つける方法がとられねばならない。才能や才能児を見出す方法や措置を、**認定**（identification）と呼ぶ。

■才能教育プログラムの対象者認定

アメリカでは、飛び級・飛び入学等、上位学年の課程履修（**早修**と呼ぶ）の対象者認定には、学力および複数の要因が考慮される。[1] 大学には、ハイスクールの課程を早期に修了すれば入学が許可されることがある。特別枠で、**SAT**（大学進学適性検査）の数学の成績等を考慮して、対象者を選抜することもある。科目ごとの早修プログラムでは、該当教科の標準テストが、適性を評価するのに最適である。

通常カリキュラムを超えた学習（**拡充**と呼ぶ）のプログラムの対象者認定には、多様な才能を尊重して、多様な評価方法を用いるのが望ましい。実際にはＩＱや標準学力テストの成績が重視されてきたが、以下で述べるように、複数の評価手段を組み合

[1]「1-12 早修と拡充」参照。

わせる方法が多く用いられるようにもなった。

■才能の三輪概念の評定

レンズーリの**才能の三輪概念**[2]で尊重される、「優れた能力（学力）」、「創造性」および「課題への傾倒」（情熱・意欲）を発見して評価する方法のひとつとして、学校で子どもたちが学習に取り組んでいるようすを教師が観察するために、チェックリストを用いることができる。レンズーリらの作成したチェックリストは、**優れた生徒の行動特徴の評定尺度**（SRBCSS）と呼ばれる[3]。

SRBCSSでは、ふだんの子どもの行動を担任教師が観察して、各項目の行動に気づいた頻度を6段階で評定する（以下の10次元について、各10項目程度）。次元として、①学習、②意欲、③創造性、④リーダーシップ、⑤芸術、⑥音楽、⑦演劇、⑧コミュニケーションの正確さ、⑨コミュニケーションの表現、⑩計画性、がある。

このようなチェックリストは、意義をよく理解しないで誤用されるおそれもあるが、才能を見つける観点ができるだけ漏れのないように作成されるならば、経験ある教師の勘に頼らずに、認知的個性を多面的に見出すことができるとも言える。次に述べる才能の認定方法の一環として利用されている。

[2]「1-2　才能と才能教育」参照。

[3] Renzulli, J. S., Smith, L. H., White, A. J., Callahan, C. M., Hartman, R. K. & Westberg, K. L. (2002) *Scales for rating the behavioral characteristics of superior students* (Revised Ed.). Mansfield Center, CT: Creative Learning Press.

■回転ドア認定モデル

才能教育プログラムの対象者を認定する際には、知能テストや学力テスト、SRBCSSなどの教師によるチェックリストや、子どもの学習の成果、作品といった、多様な評価基準が用いられる。それらを組み合わせて、多様な才能を評価しようとする。よく使われてきた才能の認定モデルに、レンズーリによる**回転ドア認定モデル**(Revolving Door Identification Model)がある。[4]

回転ドア認定モデルによれば、たとえば、プログラムの対象者の約半数は、知能テストや学力などの標準テストで選ぶ。そして残り半数は、教師が推薦する(保護者や生徒の自己推薦までも加味する)。その際に、ふだんの成績や、学習の成果、作品、得意・興味のチェックリスト、学習行動の観察記録などを総合的に考慮する。標準テストの結果も合わせて、教師が一度にまとめて推薦することもある。

こうして推薦された候補者のなかから、教師の専門チームが検討し合って、最終的な対象者を決める。すると、学力だけでなく、才能の三輪概念に言う創造性や意欲の高い子どもも選ばれる。

評価は、プログラム開始前だけでなく、途中でも、教師は子どもの行動を観察して、より個別化された発展的学習に子どもを取り組ませることができる。[5]

もともと才能の認定モデルは、少数の対象者を認定する、古典的な才能教育の方法として開発された。しかし、才能を、プログラム対象者として認定された者や、並外

[4] Renzulli, J. S., Reis, S. M. & Smith, L. H. (1981) *The Revolving Door Identification Model.* Mansfield Center, CT: Creative Learning Press.

[5] 「1-15 全校拡充モデル(SEM)」参照。

れて優れた特性をもつ「才能児」だけのものではなく、すべての子どもの個人内で比較的得意な特性として捉え直すなら、才能教育はすべての子どもの才能を活かすものであって、才能の認定はすべての子どもについて行われねばならない。実際、特定の子ども対象の才能教育プログラム実践で培われたノウハウを、すべての子どもに適用しようという実践が行われてきた[6]。

■才能全体ポートフォリオ

多様な認定基準で見つけた、子どもの才能や学習上の特徴は、その時点で集めて記録しておくと、今後の学習計画を立てるのに役立つ。そのために、レンズーリが開発した、個人ごとに記録をフォルダにまとめたものを、**才能全体ポートフォリオ**（Total Talent Portfolio **ＴＴＰ**）と呼ぶ[7]。子どもの**能力**や**興味**、**スタイルの好み**についての情報を、体系的に集めて記録するために利用する。すると、認知的個性の各側面について、個人ごとに何が得意か、苦手か、どんな分野や学習スタイルを好むかが、多面的に把握できる。

才能全体ポートフォリオは、順に5つのセクションからなる。

①現状情報：個人についてすでにわかっていることで、表1-1の情報が含まれる。

②活動情報：「新しいテーマにやる気が出た」など、新しくわかった情報。

③子どもの目標と課外活動：補完情報で、挑戦できる目標と、校外も含む課外活

[6] 同右。

[7] Purcell, J. H. & Renzulli, J. S. (1998) *Total talent portfolio: A systematic plan to identify and nurture gifts and talents.* Mansfield Center, CT: Creative Learning Press.
Renzulli, J. S. (1995) *Building a bridge between gifted education and total school improvement.* Storrs, CT: NRC/GT.［松村暢隆（訳）(2001)『個性と才能をみつける総合学習モデル：ＳＥＭ』（第Ｉ部）玉川大学出版部 p.36.］

◆参考書
●松村暢隆（2003）『アメリカの才能教育：多様な学習ニーズに応える特別支援』東信堂

動。

④活動記録：選択参加できる、進んだ水準の学習について記録する。

⑤推奨：来年度の拡充と早修の計画を記録する。

担任の教師は、子ども一人ひとりについて、この表の次元を目安に、学年ごとに現状をチェックする。そして**個別の教育計画**（**ＩＥＰ**）を立てて、学習の経過を時々書き込むと、子どもの変化がわかる。また、来年度の学習計画を書いて、新しい担任教師に引き継ぐ。これを利用して、適切な学習の指導を継続するのである。

これを学級のすべての子どもについて行えば、教師の労力は大きいが、すべての子どもの才能を活かす、個性化された学習を進めることができる。

〔松村暢隆〕

表1-1　才能全体ポートフォリオ（レンズーリ／松村訳, 2001, p.36）

能力	興味	スタイルの好み			
最高の遂行・表現の指標	興味の分野	授業スタイル	学習環境	思考スタイル	表現スタイル
テスト	美術	暗記・ドリル	対人的／内省的	分析的	文書発表
標準化されたテスト	工芸	友人どうしの教え合い	自己志向	（勉強ができる）	口頭発表
教師作成のテスト	文学	講義	友人志向	創造的	工作
学科成績	歴史	講義と討論	大人志向	（創造・発明的）	討論
教師による評定	数学・論理	討論	混合	実際的	展示
成果の評価	物理	指定された独立学習*	物理的	（日常知恵が働く）	演劇
文書発表	生命科学	指定されない独立学習*	音	立案型	美術
口頭発表	政治・法律	学習・興味センター	熱（温度）	［新しいことを考える］	図示
視覚（絵画・映像）	スポーツ	模擬・役割演技・演劇	光（明るさ）	順守型	販売
音楽演奏・作曲	販売・経営	指導による空想	デザイン	［決まった手順に従う］	奉仕活動
制作	演劇・ダンス	学習ゲーム	可動性	評価型	
（課題と自主的成果のちがいに注意）	音楽演奏	模倣的なレポートやプロジェクト*	時刻	［批判的に考える］	
学習活動参加の水準	作曲	探求的なレポートやロジェクト*	食物摂取		
他人との相互作用の程度	写真	写真	座席		
	映画・ビデオ	見習い*			
	コンピュータ	（*は個人指導者がいる場合といない場合がある）			
	その他（記入）				

1－4 才能児の特性

才能児の多様な特性に応じた個性化教育をめざす

■多様な特性をもつ才能児たち

才能児に関しては一般的に、何か均質で普遍的な「才能児」と呼ばれる集団が存在するかのようなイメージで見られがちである。だが当然ながら、個々の才能児は、認知能力や言語能力、興味、学習スタイル、動機、性格、自己概念、習慣や行動、環境や経験などの面においてそれぞれ異なっている。さらに、誰が才能児として認定されるかは、ある時代や国、地域でどういった能力が重視されるかに大きく左右されるし、政府予算の増減によって才能教育プログラムの対象者数が変動すれば才能児として認定される子どもの数や割合も容易に変わり得る。このように才能児とは、個々に多様な特性をもち、かつ、人びとの価値観や認定基準に左右される恣意的な存在であることをまず理解しておかねばならない。では才能児に共通した特性というものがまったく存在しないかと言えば、必ずしもそうとばかりは言えない。才能児を認定する価値や基準が人為的・恣意的に決められたものである以上、視点や条件を限定していけば、そこに一定の共通した特性を見出すことは可能である。以下では知的な側面と情緒的な側面に焦点を当て、才能児がもつ特性のいくつかについて見ていこう。

■知的な側面から見た才能児の特性

知的な才能児（intellectually gifted children）の代表的な特性のひとつは、**早熟さ**（precocity）である。知的な才能児は言語能力と思考力において早熟なことが多い。たとえば、一部の才能児は生後7ヵ月には早くもことばを話し始めるし、仮にことばを話し始める時期が遅くとも、いったん話し始めれば急速に上達していく。ある才能児は、2歳半で難しいことばを使い出し、3歳で文章を読み始め、4歳になるとすら文章を読めるようになったという。こうした知的に早熟な才能児は、生活年齢（実際の年齢）に比べて精神年齢が高いため、伝統的な知能テストにおいては必然的に**高IQ児**として判定されることになる。

知的な才能児は、他の子どもに比べると思考プロセスが速く論理的であると言われる。彼らは好奇心や学習動機が強いため、しばしば周囲の大人（たとえば親や教師）に対し、「なぜ？　なぜ？」といった具合にしつこく質問を繰り返す。せっかちな大人をときに苛立たせるこうした行動は、実は知的な才能児の優れた質問能力や収束的な問題解決能力、物事の因果関係に対する鋭い洞察力といった特性の表れなのである。

さらに、知的な才能児の特性として早期に表れると言われるのが、数学の能力と美術・音楽の能力である。数学の能力に秀でた才能児のなかには、幼稚園の段階で2桁の足し算・引き算ができる子どももいる。また、「温度が零度以下になることもあるのだから、ゼロより小さい数も存在するはずだ」といった具合に、独特な方法でスマートに問題を解決したりするのも、知的な才能児の特徴である。

美術の能力に秀でた才能児の場合、美術に関する天性のスキルが他の子どもと異なっていると言われる。彼らは平均的な子どもより早くに絵を描き始めるし、視覚的な記憶力が優れており、自分の能力を高めようという動機も強い。彼らは遠近法などの問題についてユニークかつ創造的な方法で解決しようとするし、自分たちのいる世界を、概念的に捉えるよりも、視覚的な特徴によって捉える傾向があるという。なお、秀でた音楽の能力は特に早期に表れる能力と言われ、たとえばモーツァルトは4歳でハープシコード協奏曲を作曲したし、メニューインは7歳のときに交響曲を演奏している。また、著名なバイオリニストの実に70%が、幼いころ**神童**（prodigies）と呼ばれていたという。音楽に関する能力の核心は、音調やハーモニー、リズムなどの音楽的構造に対する敏感さと天性の理解力であり、また、音色や音の強さ、調べなど表現的特性を聞き分けることのできる能力である。こうした能力が、優れた音楽的記憶力（musical memory）と結びつくことで、自分の声や楽器で音楽を奏でたり、即興的にそれらをアレンジしたりできるのである。[1]

しかしいっぽうで、必ずしもすべての知的な才能児が早熟であるとは限らない点にも注意しなければならない。たとえば20世紀の最も著名な科学者の一人であるアイン

［1］Davis, G. A. & Rimm, S. B. (Eds.), (2004) *Education of the gifted and talented* (5th ed.), Boston: Allyn and Bacon, pp.35-36.

シュタインは、8歳になってようやく文章が読めるようになったと言われている。また、知的能力の早熟さに身体や運動能力の発達が追いつかないことで、才能児の業績や達成度が一部妨げられる場合もある。たとえば、幼い才能児の場合、いくら知的に早熟であっても、目や手の筋肉の発達が知能の発達に追いついていなければ、当然ながら数字や文章、楽器などを使って自らの優れた能力を表現することはできないのである。[2] 同様の理由で、潜在的な能力の高さにもかかわらず業績や達成度が低くなってしまうケースが、優れた知的能力と障害を同時にもっている子どもにも起こり得る。[3]

ここで取り上げた早熟さや高いIQは、確かに知的な才能児の典型的な特性であり、早熟でIQの高い子どもは才能児に対する一般的なイメージに最も近いものと言えるだろう。しかしそれはあくまで、知的な才能児のうち比較的多くの者が早熟さや高いIQという特性を示すというだけのことであり、早熟でないから才能児でない、あるいは幼いときに高いIQを示さなかったから才能児でないということを意味しない。また逆に、早熟だから、あるいは高いIQを示したからといって、将来必ず優れた能力を示すとは限らない点にも注意すべきである。

[2] 前掲［1］p.36. 参照。
[3] 「1-11 2E教育」参照。

■情緒的な側面から見た才能児の特性

次に才能児の特性について、情緒的な側面から見てみたい。ここではその一例として、高IQ児の情緒的特性について取り上げる。

[4] L. M. Terman（1925-1959）スタンフォード・ビネー知能測定尺度を開発した。

ターマンら[4]は１９２５年から30年以上にわたってＩＱ１４０以上の高ＩＱ児に対する大規模な追跡調査を行った。ターマンの研究が残した最も大きな功績は、19世紀から精神医学で描かれてきた「天才は精神異常」という否定的なイメージを払拭したことである。ターマンが児童期から成人期まで追跡した多くの高ＩＱ児は、平均的な子どもよりも健康で、情緒的に安定し、多様な環境によく適応していたし、その後多くの者が社会的な成功を収めた。ただし、ターマンの研究には限界も指摘されている。それは彼の研究の被験者が、教師が「才能がある」とみなす母集団から選ばれたため、一般に教師が好む明るく品行方正で成績の良い、中流階層の白人の子どもが被験者のなかに多く含まれた点である。[5]このことが、被験者となった高ＩＱ児の社会的適応力やその後の社会的成功に一定の影響を及ぼしたと考えられるからである。

いっぽう、ターマンとほぼ同時期に活躍した臨床心理学者で才能教育実践研究者のホリングワース[6]によれば、ＩＱが１２５～１５５の子どもは「社会的に最適の知能」[7]をもっており、情緒的バランスも良く、社会的によく適応し、友人も多いという。しかしＩＱが１６０を越えると、他の子どもとの違いがあまりに大きすぎて、能力や興味などを共有できず、逆に社会に適応できなくなる傾向が現れるという。こうしたきわめて高いＩＱを示す才能児は、ときに情緒的な敏感さと興奮しやすさを示す。彼らはその鋭い感性と想像力でこの世界を「より生き生き」と認識しているため、情緒的な反応が極端なものとなりがちである。このことは彼らを愉快にすることもあるが、

[5] 松村暢隆（2003）『アメリカの才能教育：多様な学習ニーズに応える特別支援』東信堂 pp.158-160.
　前掲［1］pp.32-34.
　なお、60年代に行われた多くの研究において、才能児が他の子どもより多くの情緒的障害を抱えるといった仮説は否定されている。
　Lehman, E. B. & Erdwins, C. J. (1981) The social and emotional adjustment of young, intellectually gifted children. In S. M. Moon (Ed.), (2004) *Social / emotional issues, underachievement, and counseling of gifted and talented students* (Essential readings in gifted education vol.8). CA: Crown Press, pp.1-2.

[6] Hollingworth, L. S. (1926) *Gifted children: Their nature and nurture.* New York: Macmillan.
　Hollingworth, L. S. (1942) *Children above IQ180: Their origin and development.* New York: World Books.

[7] Gross, M. U. M. (2002) Social and emotional issues for exceptionally intellectually gifted students. In M.

それよりも恐怖や抑うつをもたらす場合のほうが多い。ホリングワースは、きわめて高いIQを示す子どもの情緒的特性について、「大人の知能と子どもの情緒が、幼い体のなかで結合していることは、ある種の困難をもたらす」と指摘している[8]。さらに社会的適応力が高いとされる一般的な才能児についても、彼らがしばしば見せる孤独や抑うつ感、ストレス、学校に対する失望、脅迫的なまでの完璧主義といったさまざまな問題行動を見逃すべきでないと警鐘を鳴らしている。このためホリングワースは、才能児の情緒的特性に配慮し、すべての才能教育プログラムに**カウンセリング**などの心理的ケアが組み込まれるべきであるとしている[9]。

一般に才能児の特性を見る場合、ややもすると、どの分野や領域でどれくらいの能力をもっているかといった知的な側面のみが注目されがちである。たしかに優れた知的能力は才能児の特性の1つであるが、しかしながら、すべての才能児は、それぞれ異なる発達過程を示すし、他の子どもと同様に家族、教育、人間関係といった周囲の環境に影響を受けながら、その個性と能力を伸長させていく[10]。したがって、才能児の才能を伸ばしていくためには、才能児の特性の知的側面だけでなく、情緒的な側面を含めたトータルな配慮が不可欠である。真に才能児の才能を活かそうと思うならば、才能を何か特別なものとして固定的に捉えるのでなく、むしろ才能を子どもがもつさまざまな認知的個性のひとつとして捉えることで、これを活かすための包括的な対応（心理的ケアを含めた）が可能となると考えられる。

〔石川裕之〕

Neihart, S. M. Reis, N. M. Robinson, & S. M. Moon（Eds.),（2002）*The social and emotional development of gifted children: What do we know?*. Washington, DC: Prufrock Press, p.21.

[8] Morelock, M. J. & Feldman, D. H.（2002）Extreme precocity: Prodigies, savants, and children of extraordinarily high IQ. In N. Colangelo & G. A. Davis（Eds.),（2002）*Handbook of gifted education*（3rd ed.）Boston: Allyn and Bacon, p.456.

[9] 前掲 [1] pp.36-40. 参照。

[10] Betts, G. T. & Neihart, M.（1988）Profiles of the gifted and talented. In R. J. Sternberg（Ed.),（2004）*Definitions and conceptions of giftedness*（Essential readings in gifted education vol.1), CA: Crown Press, pp.97-98.

◆参考書

●松村暢隆（2008）『本当の「才能」見つけて育てよう：子どもをダメにする英才教育』ミネルヴァ書房

1-5 多重知能（MI）の理論

■多重知能（MI）理論の意義

20世紀に始まって発展した精神測定学では、人間の**知能**は一般知能（g）という単一の因子で捉えられると考えられた（その下位に、複数の特殊因子があるとされた）。そして知能は、**知能検査**で測定され、**知能指数**（IQ）という単一の尺度で表された。ところが1980年代から、精神測定学への批判が起こり、知能を現実のより幅広い活動で活かされる多様なものとして捉えようとする、知能理論が提唱された。

その代表として、**多重知能**（multiple intelligences **MI**）理論があげられる。MI理論は、ガードナー[1]が、1983年に提唱した。

MI理論では当初、知能は、「ひとつ以上の文化的な場面で価値があると見なされる問題を解決したり成果を創造する能力」であると定義されたが[2]、理論的・実践的展開に伴い、新しい定義では、「情報を処理する生物心理学的な潜在能力であって、ある文化で価値のある問題を解決したり成果を創造したりするような、文化的な場面で活性化されることができるもの」とされた[3]。つまりガードナーによれば、知能とは、

[1] Gardner, H. (1983) *Frames of mind: The theory of multiple intelligences*. New York: Basic Books.

[2] 同右 p.x.

[3] H・ガードナー／松村暢隆（訳）(2001)『MI：個性を生かす多重知能の理論』新曜社 pp.46-47.

「文化的に価値のある**問題解決**や**創造**の能力」である。数学者や科学者などは知能検査で測れるような能力を発揮しているが、芸術家やスポーツ選手などの能力は知能テストでは測れない。しかし、知能をこのように定義すると、音楽家やスポーツ選手も科学者も、同じように文化的に価値のある能力をもつことになる。

MI理論の多様な才能を同等に尊重する理念が、個性化教育をめざすアメリカの教育現場に受け入れられ、MIを学習に活かす教育実践が展開されるようになった。[4]

[4]「1-16 MI実践」参照。

■MIの種類

初めMIは、7つの独立した知能から構成されると考えられたが、その後、8つ目(⑧)が加わって、**8つの知能**が組み合わされて機能すると考えられている。[5]

[5] 前掲［3］参照。

表1-2に、8つの知能と、それぞれに関係する能力、およびカッコ内にその知能を活かした代表的職業をあげる。

これらの知能は、各々単独で学問・芸術、あるいは日常生活における何かの領域の学習や仕事に対応するものではない。どんな活動でも、いくつかの知能が複合して働く。たとえば感動を与える曲を演奏するとき、音楽的知能だけではなく、身体運動的知能や対人的知能、内省的知能も用いている。人は誰でも8つの知能をもっているが、その組み合わせ方、得意と苦手な分野が異なるのである。発達の程度が異なった知能が組み合わさった、**認知的個性のプロフィール**をもっているのだとも言える。

■各知能の独立性の基準

これらの知能が独立して存在することは、自然・人文諸科学の知見を考慮して設けられた、以下の基準に照らして検証された。

① 脳損傷による独立の可能性：ことばや空間認知には脳の特定の部位が対応する。

② 進化の歴史と進化的妥当性：他の動物にもその能力が存在する。

③ 識別できる中核的操作：言語的・音楽的等、知能に固有の情報処理操作がある。

④ シンボル体系による記号化の可能性：言語、数学、音楽等、記号体系が異なる。

⑤ 固有の発達歴と熟達者の最終状態：知能固有の発達の道筋と専門職がある。

⑥ サヴァンや天才児など特別な人々の存在：特定の領域でずば抜けた才能を示す。

⑦ 実験心理学的課題からの支持：2つの活動の学習転移や干渉などの研究から。

⑧ 精神測定学の知見からの支持：別個の知能の測定結果から低い相関が得られる。

表1-2　8つの知能

① **言語的知能**	話しことば・書きことばへの感受性、言語学習・運用能力など（作家や演説家、弁護士）。
② **論理数学的知能**	問題を論理的に分析したり、数学的な操作をしたり、問題を科学的に究明する能力（数学者や科学者）。
③ **音楽的知能**	リズムや音程・和音・音色の識別、音楽演奏や作曲・鑑賞のスキル（作曲家や演奏家）。
④ **身体運動的知能**	体全体や身体部位を問題解決や創造のために使う能力（ダンサーや俳優、スポーツ選手、工芸家）。
⑤ **空間的知能**	空間のパターンを認識して操作する能力（パイロットや画家、彫刻家、建築家、棋士）。
⑥ **対人的知能**	他人の意図や動機・欲求を理解して、他人とうまくやっていく能力（外交販売員や教師、政治的指導者）。
⑦ **内省的知能**	自分自身を理解して、自己の作業モデルを用いて自分の生活を統制する能力（精神分析家や宗教的指導者）。
⑧ **博物的知能**	自然や人工物の種類を識別する能力（生物学者や環境・生物保護活動家）。

補足すると、①に関しては、脳卒中で言語野が損傷されてことばの機能が損なわれても、視覚野は無傷で空間認知は変わらないということがある。現代では機能的核磁気共鳴画像法（ｆＭＲＩ）等の装置で、たとえば計算しているときに、脳のどの特定の部位が主に使われるかを画像で見ることができ、機能によって脳の活性部位が異なることが確認されている。

また⑤については、人は大人になって、それぞれの知能の使い方が異なるように発達する。世の中にはそれぞれの知能を活かす、多くの職業が存在するからである。すると⑥のように、それぞれの分野には名人や**天才**がいるが、どんな天才でも、限られた領域でのみ才能を示す。誰でもみな、得意な分野と苦手な分野があるが、そのギャップが極端な場合には、**サヴァン**のように、一人の人がある領域（たとえば音楽、絵画、数学）でずば抜けた才能を示すが、他の領域では知的障害や自閉症などの障害を示すこともある。読み書きが苦手な発達障害児でも、他の領域では才能を示すこともある。[6] ＭＩ理論から見ると、そういうこともごく当然なのである。

なお、一般知能の存在を支持する研究があるという理由から、これらの知能の独立性への批判もあるが、ＭＩ理論はもともと一般知能を否定しない。[7] しかし多くの経験的根拠から、一般知能としてテストで測定可能な論理数学的知能等のほかに、多様な知能が存在することを指摘したのである。

［6］「1-11　2E教育」参照。

［7］Armstrong, T.（2009）*Multiple intelligences in the classroom*（3rd ed.), Alexandria, VA: ASCD.

表1-3　音楽のチェックポイント

音楽の知覚：	◇音の強弱に敏感　◇速度やリズムのパターンに敏感
音楽の産出：	◇正確な音程を保つ　◇正確な速度とリズムのパターンを保つ ◇歌唱や楽器演奏で表現力を示す　◇歌や曲の特徴を再生
作曲：	◇簡単な曲を出だし・中間・終わりの感じをつけてつくる ◇簡単な曲を記譜する

■MIの識別

MIはテストでは測定できない。質問紙法は、言語的・論理数学的知能の測定に向いていて、**知能に公正**ではない。それぞれの知能は現実の課題解決や創造活動で発揮されるので、個人の得意な知能を識別するには、教師等が子どもの現実の学習活動を観察するのが、最適な手がかりとなる。

ガードナーの共同研究者による「**プロジェクト・スペクトラム**」では、プレスクールから小学校低学年の子どもがさまざまな学習活動をしている場面を観察し、**カギとなる能力**をチェックポイントとして明確にし、子どものMIを把握する目安とした[8]。領域は、①技術製作、②理科、③音楽、④運動、⑤算数、⑥社会的理解、⑦言語、⑧美術であった。表1-3に、音楽のチェックポイントの例を一部あげる。教師は、これらのポイントを網羅的にチェックするのではなく、ふだん念頭に置いて、子どものきらめきを示す行動や学習の成果を見つけるように、注意するのである。

各領域は、知能が複合しているものもある。カギとなる能力は、比較的低年齢での学習への興味や技能レベルを観察するために考えられたが、幅広い年齢の学習者の**MIプロフィール**を見出す参考にもなるであろう。

〔松村暢隆〕

[8] Chen, J. Q., Isberg, E. & Krechevsky, M.（Eds.),（1988） *Project Spectrum: Early learning activities*（Project Zero frameworks for early childhood education, Vol.2), New York: Teachers College Press.
松村暢隆（2003）『アメリカの才能教育：多様な学習ニーズに応える特別支援』東信堂 pp.47-48.

◆参考書
●H・ガードナー／松村暢隆（訳）（2001）『MI：個性を生かす多重知能の理論』新曜社

1-6 知能の三部理論

■スターンバーグの知能理論

ガードナーの多重知能（MI）理論が、伝統的な知能（IQ）テストを扱う精神測定学への批判として現れた1980年代の同時期に、同じ趣旨で、スターンバーグの知能理論が現れた。

スターンバーグ[1]によれば、従来の知能の諸理論は、①個人の内界との関係（頭のなかで何が起こっているか）、②外界（社会）との関係、および、③その両者を媒介する経験のあり方について、説明しようとしてきた。スターンバーグは、これら3つの側面を統合してより完全な理論とするために、**知能の三部理論**（triarchic theory）を提唱した[2]。三部理論とは、「知能がどんな過程で、どんな経験（内容）について、どんな結果を出すか」という観点から、知能を3つの**下位理論**（subtheory）とそれらの相互作用によって説明するものである。

[1] Sternberg, R. J. (1990) *Metaphors of mind: Conceptions of the nature of intelligence.* New York: Cambridge University Press.

[2] Sternberg, R. J. (1985) *Beyond IQ: A triarchic theory of human intelligence.* New York: Cambridge University Press.
Sternberg, R. J. (1986) *Intelligence applied: Understanding and increasing your intellectual skills.* Orlando: Harcourt Brace Jovanovich.
Sternberg, R. J. (1988) *The triarchic mind: A new theory of human intelligence.* New York: Penguin Books.

■3つの下位理論の構造と機能

①**構成要素的**（componential）**下位理論**　思考に含まれる心的過程を**構成要素**である。構成要素はさらに3種類に分かれる。すなわち、管理の要素である**上位要素**、その下位要素であり、上位要素の命令（解決方略）を実行する**遂行**（performance）**要素**、および、問題解決の方法を学習するのに用いられる**知識獲得要素**である。これら3種類の構成要素は、相互作用する。

②**経験的**（experiencial）**下位理論**　特定の問題に関する経験が、内界と外界を媒介する役割を果たす。つまり内的な構成要素を、以前何らかの経験がある課題や状況に適用するとき、同じ問題であっても、その経験によって用いる構成要素が異なってくる。たとえば大人には慣れた（自動化された）「読む」経験が、子どもには新奇である。すなわち課題は、自動化されているか、新奇かの両端をもつ連続体の間のどこかに位置する。経験的下位理論では、次の2種類の能力が用いられる。

ひとつは、**新奇さに対処する能力**で、手持ちの心的資源（過程やデータ）から新しい解決を創造したり、新奇な問題と関連する過去の経験の間に類似点を見出したりして、新奇な問題を解決する。[3]知能は、問題が比較的新奇な場合に発揮される。問題がまったく新奇だと、解決するためにどの構成要素を使うべきかわからないし、まったく自動化されると、単なる記憶の問題になるからである。個人や文化によって、同じ

[3] Gardner, M. K. & Sternberg, R. J.(1994) Novelty and intelligence. In R. J. Sternberg & R. K. Wagner (Eds.), *Mind in context: Interactionist perspectives on human intelligence*, New York: Cambridge University Press, pp.38-73.

問題でも新奇さが異なる。

もうひとつは、**情報処理を自動化する能力**で、これにより、心的操作の本質的な部分が自動化され、最小限の努力で問題解決できたり、より良い解決ができる。たとえば、読みの技能が自動化されるほど、文章の理解が良くなる。この能力と、新奇さに対処する能力との間の資源配分は、いわばトレードオフの関係にある。すなわち一方に資源を割りあてるほど、他方に資源を割りあてられなくなる。知的技能の優れた者は、問題を効率的に自動化し（その割合や水準を高め）、新奇さへの対処に多くの資源を割りあてられる。

③ **文脈的**（contextual）**下位理論**　日常生活で、経験に応じて内的な心的過程（構成要素）を働かせ、環境に知的に対応する。これには3つの機能がある。すなわち、生活に関連する現実世界の環境への**適応**、新しい環境の**選択**、および環境の**形成**（shaping）（変化させること）である。これら3つの機能は、価値・興味・能力・適合性に応じて用いられる。知能のメカニズムとしての構成要素的あるいは経験的下位理論の働きや、それらと文脈的下位理論の関係には普遍性があるが、それが日常場面で「どう具体化されるか」や適用される目標は、文化・集団・個人で異なる。

■3種の知能

知能の三部理論の下位理論は、知能のメカニズム（構造）、機能（過程）についての説明である。どの下位理論が、あるいはさらにその下位のどの過程が働くかによって、発揮される能力・技能が異なる。スターンバーグはそれを**3種の知能**として分類している[4]。

①**分析的**（analytic）**知能**　問題解決や意志決定の場面で働く。良い解決を発見したり、アイデアの質を判断するのに必要である。従来の知能検査で測定できる**学業的知能**に反映されるが、それと同一ではない。構成要素的下位理論における上位要素の過程が多く関与する。

②**創造的**（creative）**知能**　経験的下位理論の、新奇さに対処する能力と関係する。これは、なじみのある問題や状況を新しいやり方で見るとき、または新奇な問題・状況を古いやり方で見るときに働く。問題解決では、まず良い問題を提示する（どの問題を解くべきか決める）、あるいはアイデアを立てる段階で使われる。なお**創造性**は、創造的知能より広い概念であるが、創造的知能は、創造性の最も重要な側面であり、新奇で興味深いアイデアを生み出すために必要である。

③**実際的**（practical）**知能**　文脈的下位理論と関係し、問題解決が有効になるように、あるいはアイデア（創造的知能による）とその分析（分析的知能による）が日常生活でうまく働くように用いられる。現実生活の問題を解く方略を思いつく「常識」であり、**日常的賢さ**（street smarts）とも呼べる。現実の問題は、学業的問題とは違って、問題が何かが明確に決まっていない、内発的興味がある（質問と答えが自分に

[4] Sternberg, R. J. (1996) *Successful intelligence: How practical and creative intelligence determine success in life*. New York: Simon & Schuster.

とって重要)、日常経験からかけ離れていない、明確な正答・誤答がない(より良い・悪い答えはある)、などの特徴がある。これは従来の知能検査では測定できない。流動的(学業的)知能は年齢とともに衰えても、結晶的(実際的)知能、つまり文化的に適応した知識というかたちで、日常の問題解決能力は維持・増大する。

なお、学業的知識は分析的知能に優れた人が獲得・利用しやすいのに対して、技能のような**暗黙の知識**(**手続き的知識**とも言う)は実際的知能に優れた人が獲得・利用しやすい。暗黙の知識は熟達の領域、すなわち職業に固有であり、個人の仕事では実際的知能が活かされる場面が多い。

3種の知能は、互いに比較的独立だが関連・統合して働く。スターンバーグは、これらが統合された**うまく生きる**(successful)**知能**が、すべての人が重要な人生の目標を達成するために必要だと言う。3種の知能の高さには個人差があるが、バランスをとり、いつどれをどう使うべきかを知り、自分の長所を利用し短所を補償するのが、うまく生きる知能である。この理論を発展させた、**WICS**(Wisdom, Intelligence, Creativity, Synthesised)モデルでは、知恵、知能、創造性の統合が、才能あるリーダーの不可欠な要素とされる。[5]

■学校教育への応用

スターンバーグの3種の知能は、統合的知能理論として提起された。学校での才能

[5] Sternberg, R. J. (2005) The WICS model of giftedness. In R. J. Sternberg and J. E. Davidson (Eds.), *Conceptions of giftedness* (2nd ed.), New York: Cambridge University Press.

教育においては、創造的知能は、才能の要素ではあるが知能とは別個の、創造性をもたらす能力として捉えることができる。[6] また実際的知能は、現実の問題解決能力として、学校での教科学習を超えて、実生活、社会で「生きる力」として発揮される総合的学力とも見なせるであろう。

スターンバーグは、三部理論を自ら心理学の授業方法に適用し、教育実践において有効であることを示した。[7] しかし、3種の知能ともペーパーテストで評価できるという考えに固執し、自ら批判する心理測定学の限界から抜け出ていない。そのため、知能の三部理論は、多様な知能が表れる活動そのものを通じて評価するというMI理論ほどには、学校教育に広く浸透していない。しかし、たとえば**才能全体ポートフォリオ**[8]にも、考慮すべき個人の認知特性として取り入れられている。3種の知能は、生徒の多面的な認知的個性の把握に有用な一つの側面であろう。

〔松村暢隆〕

[6]「1-2 才能と才能教育」参照。

[7] Sternberg, R.J.（1997）*Thinking styles.* New York: Cambridge University Press.［松村暢隆・比留間太白（訳）（2000）『思考スタイル：能力を生かすもの』新曜社］

[8]「1-3 才能の認定と評価」参照。

◆参考書

●松村暢隆（2003）『アメリカの才能教育：多様な学習ニーズに応える特別支援』東信堂

1-7 創造性

■創造性とは？

創造性（creativity）という概念は、才能教育において重要な意味をもつ。なぜなら創造性は、才能児として特別プログラムの対象者に認定される際のひとつの基準となるし、そうしたプログラムを学習した結果として、才能児が創造的な成果を生み出すことが期待されるからである[1]。現代の教育の実践や理論に示されている創造性の概念は、実は20世紀半ばになって登場した比較的新しいものである。それ以前の時代において創造性と言えば、もっぱら神がかりの霊感とか、個人的な天分という意味にとられることが多かった。しかし1950年代になると、アメリカの心理学者であるギルフォード[2]やトーランス[3]ら先駆的な研究者によって創造性についての理論的で科学的な研究が始められ、その後、創造性の原理や特質、促進方法、測定方法などに関する研究が行われるようになった[4]。

しかしながら現在も、すべての研究者の間で共有されるような普遍的な創造性の定義は存在していない。創造性ということばは、理論的・科学的研究の対象となる以前

[1] 松村暢隆（2003）『アメリカの才能教育：多様な学習ニーズに応える特別支援』東信堂 pp.50-58.

[2] J. P. Guilford（1897-1987）因子分析法を用いて知能の研究を行った。

[3] E. P. Torrance（1915-2003）創造性の教育と評価の研究で著名。

[4] Treffinger, D. J.（2004）Introduction to creativity and giftedness: Three decades of inquiry and development. In D. J. Treffinger（Ed.），（2004）*Creativity and giftedness*（Essential readings in gifted education vol.10）. CA: Crown press, pp.xxiii-xxx.

から社会で広く使用されてきたし、歴史的にその意味が何度も変化し、文化的な違いによっても創造性に関連する行動に多くの差がある。このため、創造性の範囲や複雑性、多様性を説明する唯一の定義を見つけることは容易ではない[5]。そこでここでは暫定的に、国内と海外の定義を一つずつあげてみたい。まず国内においては、高橋[6]が1983年に日本創造学会の会員83名に対して「創造とは何か」についてのアンケートを行い、その結果から創造性を次のように定義している（筆者が要約）。

> 創造とは、人が問題を異質な情報群を組み合わせ統合して解決し、社会あるいは個人レベルで、新しい価値を生むことであり、創造性とは、そうした創造を生み出す人間のもつ力である。

いっぽう、海外における創造性の定義についてもさまざまな見地が存在するが、多くの人々がある程度同意できるのは、ヴェロン[7]による次のような定義であろう。

> 創造性とは、専門家が科学的、美学的、社会的、技術的な価値を認定する、新たなまたは独創的なアイデア、洞察、再構築、発明、芸術的な産出物を生み出す人間の能力である。

ここで重要なのは、創造性とは**新たな価値や産出物を生み出す能力**を指すが、それら新たに達成された価値や産出物は、その時代や社会における伝統や価値、文化とい

[5] Kerr, B. (Ed), (2009) *Encyclopedia of giftedness, creativity, and talent* (Vol.1). Los Angeles: Sage, pp.200-202.

[6] 高橋誠（編）(2002)『新編 創造力事典』日科技連出版社 pp.16-20.

[7] Veron, P. E. (1989) The nature-nurture problem in creativity. In J. A. Glover, R. R. Ronning, & C. R. Reynolds (Eds.), (1989) *Handbook of creativity*, New York: Plenum Press, p.94. Jeon, K. W. (2005) *Creology* (revised ed.). Seoul, Korea: Hakmun publishing, pp.107-113

う文脈のなかで、見識ある個人や組織に評価されなければならないという点である。したがって、単に自由奔放であったり目新しいだけで、既存の伝統や価値とまったく無関係のものを創り出す能力を創造性とは呼ばないのである。[8]

■創造性はテストで測ることができるか？

創造性では、**拡散的思考**[9]の役割が重要視される。しかし従来の一般的な知能テストは、すでに正解の存在する問題を解く**収束的思考**を測るものであるため、拡散的で成果が無限に開かれている創造性を測ることはできない。そこでこれまで、トーランスによる「トーランス創造的思考テスト（Torrance Test of Creative Thinking)」や、ギルフォードによる「拡散的生産性（Divergent Production）測定テスト」といった、創造性を測るための行動テストが開発されてきた。これらのテストには、図形の自由完成をはじめとして、ブリキ缶のユニークな利用法をあげたり、レンガの使い方を可能な限りあげるといった、拡散的思考によって表出される独創的なアイデアを測るための課題が含まれている。[10]

しかし、こうした創造性テストにもさまざまな限界が存在している。たとえばテストによって測ることのできる能力が拡散的思考という一側面に限られていたり、テストの基準や得点化の方法に開発者の主観が入り込む余地が存在していたりといった点である。また、多くの創造性テストには、創造的思考の基礎となる認知過程を検討す

[8] 前掲［1］p.53. および、S・ベイリン／森一夫・森秀夫（訳）(2008)『創造性とは何か：その理解と実現のために』法政大学出版局

[9] ギルフォードが心理テストの因子分析として抽出した思考の一因子で、既知の情報から多方向の新しい情報を生産する思考。

[10] その他、創造性テストとしては、さまざまな人や領域を対象として創造的達成や活動に関係するパーソナリティの特性を調べるためのパーソナリティ・テストや、個人の伝記的データからその人の創造的達成を予測しようとする伝記的目録の分析なども用いられてきた。

吉田靖（2005）「創造的産出物に基づいた創造性の定義と評定」『立命館人間科学研究』立命館大学 8, pp.45-46.

ることが困難であるといった弱点も存在している。

つまり、創造性テストは子どもの創造性を見出すひとつの手段として利用できるが、テストだけでその子どものもつ創造性を正確に測ることはできないということである。したがって、創造性をできるだけ正しく評価するためには、テストだけでなく、その他の評定尺度や行動観察のチェックリスト、アウトプット（作品等の産出物）などを組み合わせつつ、日常において子どもが実際に活動している教育・学習場面を観察することが不可欠となる。[11]

■領域や教育・学習活動ごとの創造性の凸凹をどう捉えるか？

さて、右で述べた創造性テストはおおむね、どのような領域でも通用する創造性、つまり「一般的な創造性」というものが存在するという前提に立って開発されてきたものである。これまで、知能から独立した構成概念として創造性を捉えるような計量的アプローチによる創造性研究においては、個人の創造性を一般的な能力として測定してきたし、実際にいくつかの一般的な創造性因子も特定されてきた。

しかしながら、近年の認知研究では、問題解決における特定の専門分野の領域固有知識の重要性が指摘されており、**創造性は領域に固有**なものであるという証拠が増えてきている。[12] たとえば、ガードナーのＭＩ理論においては独立した８つの知能があると考えられているが、これら独立した知能が組み合わさって創造的活動や問題解決に

［11］前掲［1］pp.53-56. および、［10］の、吉田（2005）pp.45-48. 参照。

［12］駒崎久明（2000）「創造的思考の認知過程における制約緩和と表象変換」教育工学関連学協会連合第6回全国大会課題研究 2000.10.07-09.

活用されるため、創造性もそれぞれの知能の組み合わせを活かす領域に固有のものであると捉えられる[13]。創造性の領域固有性については、各学問領域を背景として構成される学校の教科学習についても同じことが言える。たとえば安藤ら[14]による研究では、中学校における7教科（英・数・国・理・社・美術・家庭）について拡散的思考の評定を実施した結果、すべての教科に共通する創造的因子は見出されず、さらに理科については他の教科とは違った特有の創造的思考が存在することが示唆されている。

このように創造性が領域固有性をもつ以上、ある領域の創造性の高さから他の領域の創造性の高さを予測することはできない[15]。また、日常的な教育・学習活動においても、ある場面で創造性を示す子どもが、他の場面ではまったく創造性を示さないことは十分に起こり得る（たとえば、理科の授業では独創的な解法をどんどん出す子どもが、音楽や図工はからっきし不得手だったりするかもしれない）。

つまり一人の子どものなかにも、領域や教育・学習活動の種類によって創造性の凸凹が存在すると考えられるのである。したがって、教育・学習場面の一部分を見て「この子は創造性がある」、あるいは「この子は創造性がない」といった判断を軽率に下すことは慎まねばならないだろう。また反対に、「すべての子どもは創造的である」として、ただ単に奇抜であったり自由奔放であるだけの行動にまで創造性を認めることもやはり、右で述べた創造性の定義に照らせば誤りであると言える。こうした類の認識を無批判に受け入れることは、創造性の個人的・社会的意味を曖昧にし、教育・

[13] 特定の種類の知能から特定の創造性が1対1の関係で生じるわけではなく、たとえば、論理数学的知能と空間的知能といった具合に、ある領域で2つ以上の知能が複合して創造性が発揮される。

「1-5 多重知能（MI）の理論」参照。
前掲［1］p.53. 参照。

[14] 安藤雅夫・尾崎浩巳・渡辺亨（1997）「創造的思考の領域固有性の考察」『年会論文集』第21回日本科学教育学会 pp.163-164.

[15] 前掲［1］p.54. 参照。

学習活動（あるいはそれ以外）のさまざまな場面で発揮される、真の創造性を等閑視することにもつながりかねないからである。

個々の子どもがもつ創造性を活かすためには、親や教師は、どの子どもがどのような領域や場面において創造性を示す（あるいは示さない）のかをできるだけ正確に把握し、一人ひとりの子どものなかに存在する**創造性の凸凹**の状態を知る必要がある。そしてさらに重要なことは、明らかになった創造性の凸凹を、その子どもの認知的個性を構成するひとつの要素として包括的に捉えることであろう。そうすることで、個々の子どもの創造性の凸凹に応じて教育・学習を個性化させることができ、より豊かで多様なアウトプットの創出が可能となると考えられる。

〔石川裕之〕

◆参考書
●高橋誠（編）（2002）『新編 創造力事典』日科技連出版社

1-8 教科の優れた能力／高学力

■変化するものとしての学力観

従来の日本においては、授業中に教師から提示された、あるいは教科書に示されている知識や技能を習得し、テストにおいて再生するという能力が重視される傾向が見られた。多くの漢字を正確に読んだり書いたりすることのできる子どもや、複雑な計算を速く正確に行うことのできる子どもは、それぞれ国語や算数の「優れた能力をもっている」「学力が高い」とみなされてきたのである。

しかしながら、**ＰＩＳＡ調査**[1]における**リテラシー**[2]という概念の提起や、１９９８年版以降の学習指導要領の基盤とされる**生きる力**[3]の提唱に見られるように、近年の学校教育に求められる育成すべき学力の内実は変化してきている。すなわち、記憶した教科内容の量や再生のスピードに重点が置かれていた従来の学力観から、獲得した知識や技能などを用いて、直面する課題の解決に向けて思考し、判断し、表現することに重点が置かれた学力観へと移行してきているのである。

このように、学力の内実は社会からの要請や学力モデル研究の進展などに伴って変

［1］ＰＩＳＡ調査（Programme for International Student Assessment）経済協力開発機構（ＯＥＣＤ）が進めている教育インディケータ事業。義務教育修了段階にある15歳児を対象として、各国の子どもたちが将来生活していく上で必要とされる知識や技能をどの程度身につけているかを測定することを目的としている。

国立教育政策研究所（編）(2002)『生きるための知識と技能：ＯＥＣＤ生徒の学習到達度調査（ＰＩＳＡ）２０００年調査国際結果報告書』ぎょうせい p.2.

［2］ＰＩＳＡ調査では、読解力（読解リテラシー）、数学的リテラシー、科学的リテラシーを主要3分野として調査が行われる。ＰＩＳＡ調査において、たとえば読解力は、「自ら目標を達成し、自らの知識と可能性を発展させ、効果的に社会に参加するために、書かれたテキストを理解し、利用し、熟考する能力」と定義されている（同右 p.13）。

［3］中央教育審議会答申「幼稚園、小学校、中学校、高等学校及び特別

遷してきた。したがって、社会や人々が求める能力が変化すれば、**教育目標**、すなわち、身につけさせたい学力の内実も変化する。また、どのような評価基準を設定し、どのような方法で**教育評価**を行うのかによって、子どもの学力や認知的個性の把握のされ方は変化する。[4] そこで以下では、個々の子どものもつ認知的個性の多様性を踏まえた教育目標の設定と教育評価のあり方について考えていこう。

■教科における教育目標をどのように設定するのか

先述のように学力観は変化するものであり、「教科の優れた能力」「高学力」とは一義的に決まるものではない。しかしながら、「学力を一義的に設定することはできない」「個々の子どもの認知的個性に対応することが重要である」からといって、「何でもあり」としたり、「一定の学力をすべての子どもにつけさせようとすることは適切ではない」とすることはできない。「何でもあり」とした場合、「できるのもできないのもその子の個性」として、教育・学習活動が子ども任せになってしまう危険性がある。これでは、すでに発現している個性を活かすことはできても、新たな個性の発現を促すことや、不得意な分野の個性を伸ばすことは難しい。また、学校教育において行われる教科教育が「教科の内容を系統的に指導し、学習させることによって児童・生徒の人間的発達を保障するとともに、社会の存続と発展を図る営みである」[5] ことに鑑みれば、指導すべき教科内容を選択して教育目標の設定を行い、すべての子どもに

支援学校の学習指導要領等の改善について」（２００８年1月17日）によれば、「生きる力」とは、「基礎・基本を確実に身に付け、いかに社会が変化しようと、自ら課題を見つけ、自ら学び、自ら考え、主体的に判断し、行動し、よりよく問題を解決する資質や能力、自らを律しつつ、他人とともに協調し、他人を思いやる心や感動する心などの豊かな人間性、たくましく生きるための健康や体力など」であるとされている。

[4] ここで述べる教育評価とは、子どもたちの学力保障と教育実践への参加を促すことを目的として、教師にとっては指導の改善に活かす情報を得るために、子どもにとってはその後の学習の指針を得るために行われる活動であり、「値踏み」としての「教育評価」とは区別される。教育評価の詳細については次を参照されたい。
田中耕治（2008）『教育評価』岩波書店

[5] 天野正輝（1995）『教育方法の探究』晃洋書房 p.83.

一定の学力を保障することは、学校教育に課せられた重要な使命である。

それでは、教育目標をどのように設定すればよいのだろうか。「あれも必要」「これも必要」というかたちで子どもの認知的個性に対応しようとすれば、結局「何でもあり」となってしまう。こうした事態を防ぎ、教科教育の意義を十分に活かすためには、人類がこれまでに文化遺産として積み上げてきた科学や技術の体系に即して、各教科の教育目標を設定することが重要である[6]。

もちろん、教育目標の設定は、子どもと完全に切り離されたところで行われるべきものではない。なぜなら、教師の設定する教育目標にすでに子どもが到達している場合や、逆にまったく手の届かないレベルにある場合、その教育目標は子どもにとって効果的なものとはなり得ない。また、子どもをとりまく社会状況は時代や地域によって異なるため、学校教育において重点的に取り組むべき内容の選択や構造化の際にはこれらの要因も考慮される必要がある。そのため、教師の考える教育目標は、子どもの認知的個性や学力の実態、社会状況などを踏まえて修正されたうえで、授業に活かされる必要がある。

このように、教育目標を設定する際には、当該教科の背景にある学問領域の成果を踏まえるとともに、学習者である子どもの実態や子どもをとりまく社会状況を踏まえる必要がある。そしてそのためには、個々の子どもの認知的個性を把握したり、現在の到達状況および次の課題を見極めたりするための教育評価を行うことが求められる

[6] たとえば天野（1995）は前掲[5]で、「教科教育の究極の目的は、いうまでもなく、人類の文化遺産の体系であり今日までの達成である科学・技術の基本を、すべての子どもに確実に習得させること、それをとおして認識能力・技能をはじめとする諸能力を育成することである」（p.87）と述べている。ここからわかるように、教育目標とは「人類の文化遺産の体系であり今日までの達成である科学・技術」とのかかわりにおいて設定される必要がある。

のである。

■教育評価をどのように行うのか

たとえば、授業中に自身の意見を明確に発表することはできるのに、それを文章にしてノートに書くことは苦手な子どもがいる。こうした子どもの能力が、記述式のペーパーテストによってのみ測られた場合、そこで得られる結果からは、理解が不十分なのか、表現形式が苦手だから表現できていないだけなのかを見極めることは難しい。

もちろん、文章で記述できなくてもよいというわけではない。しかし、子どもの現状を正確に把握することができなければ、次に行うべき指導の手立てが定まらないため、効果的な指導・学習の改善はなしえない。したがって、個々の子どもが自身の能力を十分に発揮できるような評価課題と評価方法を用いることによって、まずは子どもの多様な認知的個性を正確に把握することが重要である。

そのためのひとつの手立てとして、近年注目されている**ポートフォリオ評価法**の活用が考えられる。ポートフォリオ評価法とは、「ポートフォリオづくりを通して、子どもの学習に対する自己評価を促すとともに、教師も子どもの学習活動と自らの教育活動を評価するアプローチ[7]」である。学習の過程で子どもが生み出したさまざまな作品(ワークシート、レポート、インタビューのメモ、絵、資料など)や自己評価の記

[7] 西岡加名恵(2003)『教科と総合に活かすポートフォリオ評価法：新たな評価基準の創出に向けて』図書文化社 p.52.
また、ポートフォリオ評価については、「2-8 ポートフォリオ評価」も参照。

録、教師による指導と評価の記録（子どもの作品に対するコメント、学習について子どもと話し合ったときのメモなど）を蓄積したポートフォリオを作成・利用することにより、教師は、子どもの学習の最終的な成果だけではなく、学習の過程をも詳細に把握することが可能となる。これは、個々の子どもの認知的個性を把握し、得意な面を活かしつつ不得意な面を伸ばす手立てを、多面的に検討し実践に活かすための重要な手がかりとなるだろう。また、子どもにとっても、自身の認知的個性を自覚したり、その後の学習の指針を得るための助けとなる。

このように、教育評価を行う際には、子どもの認知的個性の状況を正確に把握し、その後の教育・学習活動の改善をめざすことが肝要である。その前提に立ったうえで、具体的な評価方法を工夫することが求められよう。

■「教科の優れた能力をもつ子ども」「高学力の子ども」の育成をめざして

学力保障の立場に立てば、教育活動において、個々の子どもができることや得意な分野の能力をさらに伸ばすとともに、できないことや不得意な分野の能力をいかに伸ばしていくのかが重要な課題となる。そのためには、教科の背景にある学問領域の成果や子どもの実態、社会状況を踏まえて教育目標を明確に設定すること、その目標の達成をめざして実践を行うこと、そして評価活動を行うことによって学習の成果を把握し、その後の教育・学習活動に活かしていくことが肝要である。

もちろん、授業場面において、子どもの認知的個性をうまく活かし、高め合えるような工夫を行うことも重要である。それはたとえば、教え合いや学び合いを促すための集団編制[8]、**教材**の選択と組織化、**発問**づくりなど多岐にわたる。また、子ども一人ひとりの能力が発揮されるような多様な学習場面や学習活動を授業のなかに位置づけることも重要である。これにより、子ども一人ひとりが自身の能力の長所を理解することによって自信をもったり、逆に短所を理解することによって次に努力すべき点を把握したりすることが可能になる。また、自他の能力に対する理解を深めることは、教え合いや学び合いを促すための重要な契機にもなるだろう。

ただし、これらはすべて、適切な教育目標の設定と評価活動に基づいてなされるものである。そのため、何よりもまず、本項で述べてきた2つの要素、すなわち教育目標の設定と教育評価に関する工夫が重要となってくるのである。「高学力かどうか」を測るだけではなく、そこで想定されている「学力の質」を吟味すること、そして、個々の認知的個性に配慮しつつ、すべての子どもの学力保障をめざした取り組みを行うことが肝要である。

〔木村裕〕

[8]「1-17 学校での集団編制」参照。

◆参考書

●西岡加名恵（2003）『教科と総合に活かすポートフォリオ評価法：新たな評価基準の創出に向けて』図書文化社
●佐藤学（2001）『学力を問い直す：学びのカリキュラムへ』岩波書店
●田中耕治（2008）『教育評価』岩波書店

1-9 美術・音楽の優れた能力

美術・音楽の能力を知能と捉えて伸長する

■多重知能（MI）理論における美術・音楽の能力

美術・音楽の優れた能力について考える際には、その基礎的な概念として、ガードナーの**多重知能**（MI）理論についての理解が重要となる。[1] 伝統的な知能の概念においては、もっぱら言語あるいは数学に関する能力にばかり注目が集まる傾向があり、美術や音楽の能力は**才能**（talent）とみなされることはあっても、**知能**（intelligence）とはみなされてこなかった。しかし、知能の概念をより包括的に捉えるMI理論においては、音楽やスポーツ分野における能力も、言語や数学の能力と同様に、多様な知能の表れとしてみなされる。[2]

ガードナーの示した8つの知能のうち、特に芸術の分野に認められるのが、リズムや音程・和音・音色などの識別、音楽の演奏や作曲・鑑賞のスキルに関する**音楽的知能**、体全体や身体部位を問題解決や創造のために使う能力に関する**身体運動的知能**、空間のパターンを認識して操作する能力に関する**空間的知能**である。[3] ガードナーによれば、8つの知能はそれぞれ独立しているが、それが働く際には、各知能が何らかの

[1]「1-5 多重知能（MI）の理論」参照。

[2] たとえばスターンバーグは、MI理論において知能として認定されている音楽的知能や身体運動的知能は言語的能力などと異なり、「知能」ではなく「才能」と呼ぶべきであると批判している。これに対しガードナーは、言語的能力と音楽的能力を同等に「才能」と呼ぶことはかまわないものの、いっぽうを「知能」と呼んで、他方を「才能」と呼ぶような不当な順位づけはすべきでないと反論する。ガードナーは、音楽やスポーツ分野の能力も文学や科学分野の能力と同等に尊重するならば、同等に文化的な価値のある問題解決・創造の能力、すなわち知能として認めることができるというのである。

松村暢隆（2003）『アメリカの才能教育：多様な学習ニーズに応える特別支援』東信堂 pp.49-50.

[3] H・ガードナー／松村暢隆（訳）（2001）『MI：個性を生かす多重知能の理論』新曜社 pp.58-61.

領域の学習や仕事に1対1で対応して働くのではなく、いくつかの知能が複合して働くという。たとえば感動を与える曲を演奏するときには、右にあげた音楽的知能や身体運動的知能はもちろん、「対人的知能」や「内省的知能」といった**個人的知能**（両者の総称）も同時に働いているのである。したがって、実際の教育・学習の場面における8つの知能の組み合わさり方もやはり、場面ごとに異なったものとなる。しかも、ある子どもの知能の発達程度は、知能ごとにばらばらである（たとえば、音楽的知能はとても発達しているが、対人的知能の発達はそれほどでない等）。つまり、一人の子どもがもつ**MIプロフィール**は凸凹なものとなるし、**学力**や**能力**、**障害**などさまざまな認知的特性を包括した**認知的個性のプロフィール**も凸凹なものとなるのである。そうした凸凹が存在する当然の結果として、ある**教育・学習の場面における認知的個性の現れ方**は、個々の子どもによって異なってくるということを理解しておく必要がある。

このように認知的個性のプロフィールの凸凹によって、必然的にそれぞれの子どもに得意な分野と苦手な分野が出てくる。しかしいっぽうで、得意な分野があるならば、それを伸ばすことで苦手な分野の克服に利用できるだろう。たとえば、教科学習が苦手な子どもであっても、芸術分野が得意ならば、美術・音楽の能力を伸長することで、教科学習における「失敗」を克服することができると考えられる。そのために必要な前提条件は、第一に、知能に対する教師や親の認識を転換することである。つまり、伝統的に重視されてきた言語や数学に関する能力と同等に価値ある知能として、美術や音楽に関する能力を捉える視点が広まらなければならない。第二に、多様な認知的個性をもつ子どものなかから、芸術分野が得意な子どもを選び出す方法が開発され、彼らのために十分に個性化された教育プログラムが用意されることである。なお、そうした**個性化教育のモデル**は、通常教育や特別支援教育の実践のなかだけでなく、才能教育の実践のなかにも求めることができる。以下ではアメリカで行われている実践をもとに、その一例をあげてみよう。

■美術・音楽の能力を伸ばす個性化教育——"Talent Beyond Words"を例に

以下では、アメリカの非営利団体によって提供されている芸術プログラムである「**Talent Beyond Words**（ＴＢＷ）」を紹介することで、美術や音楽の能力を伸ばす個性化教育の可能性を探ってみたい。

ウェイクフィールド[4]によれば、学校には2つのレベルの芸術プログラムが必要であるという。ひとつはすべての子どもを対象としたもので、もうひとつは芸術分野の才能をもつ子どもだけを対象としたものである。こうした芸術プログラムは、幼い年齢から始めるのが望ましいとされる。ところがアメリカにおいても、芸術プログラムが提供されるのはもっぱら中学校からであり、大部分の小学校では2つのレベルとも提供されていないのが実情であるという。ここで紹介するＴＢＷは、現在、アメリカの

[４] Wakefield, J. F.（1992）*Creative thinking: problem-solving skills, and the arts orientation.* Norwood, NJ: Ablex.

小学校において実施されている数少ない芸術プログラムのひとつである。

ＴＢＷの実践として、ケイらによる[5]、音楽とダンスのプログラムに関する実験的研究を取り上げてみよう。彼女たちはまず、ＴＢＷを実施する実験学校として、多様な文化、言語、人種、社会経済的な背景を有する子どもが通うニューヨーク市ブルックリンの2つの小学校を選定し、さらにそれらの学校の3年生と4年生をプログラムの対象として選んだ[6]。ＴＢＷに関するこうした実験的な実践研究は、ガードナーのＭＩ理論と、レンズーリの**才能の三輪概念**[7]を理論的な基礎としている[8]。

ＴＢＷの特徴は、すべての児童を対象に、複数回のオーディション形式のレッスンを通じて才能を認定するというプロセスをとっている点にある。その過程で芸術分野に特に優れた能力があると認定された才能児については、その後も長期的な**拡充プログラム**[9]を受ける機会が提供される。ケイらは、2つの学校の3・4年生全員に、専門家が指導する音楽またはダンスの基礎レッスンを毎週1回、7週間にわたって受けさせた。これにより、すべての児童が音楽・ダンスの基礎スキルに触れ、体系的な練習の機会を得ることができた。

ＴＢＷにおける才能の認定には、レンズーリの三輪概念に基づいて開発された基準が用いられた。評価者は教師（学級担任）と各学校のＴＢＷ担当者であり、彼らは7回のオーディションにおける審査を通じて、児童のなかから才能児を認定した。これにより、すべての児童が、7つの異なる状況において、自らの潜在的な能力を示

[5] Kay, S. I. & Subotnik, R. F. (1994) Talent beyond words: Unveiling spatial, expressive, kinesthetic, and musical talent in young children. In E. Zimmerman (Ed.), (2004) *Artistically and musically talented students* (Essential readings in gifted education vol.9), CA: Crown Press, pp.73-82.

[6] ケイらによって特に3・4年生がＴＢＷの対象として選ばれたのは、この時期に芸術プログラムを経験することで、中学校に進学した後に芸術分野の才能教育プログラムの対象として選ばれるための準備が可能となることや、本格的な音楽やダンスのトレーニングが伝統的にこの年齢で始められるといった理由による。

[7] 「1-2　才能と才能教育」参照。

[8] 他に、バウムらによる、ニューヨーク市ブルックリンに所在する2つの学校の3年生を対象とした、

すための機会を7度得ることができたし、**才能認定の公平性**も確保することができたという。なお、教師たちはあらかじめワークショップに出席し、芸術家や芸術分野の教育者から、オーディションを審査するために必要なトレーニングを受けている。ケイらによれば、TBWは、児童の幅広い才能を見分ける教師の能力を向上させることに成功したし、教師たちはTBWへの参加を通じて、芸術活動を小学校における教育に統合させることの重要性を認識するようになったという[10]。

また、TBWによって芸術分野の才能を認定された児童の多くは、実はリーディングや算数などの成績が低かったことがわかっている。彼らのうち、62％はリーディングの点数が50パーセンタイル未満であったし、25パーセンタイル未満の児童も26％含まれていた。算数についても、34％が学年水準に満たなかったし、そのうち6％は下位4分の1に位置していた。これら言語や数学に関する認知的能力にかかわる教科学習の成績は、伝統的に教師が重要視してきたものであり、2つの学校の教師たちも、TBWを実施する以前には、自分が教えている児童の大部分に学習障害の傾向があると考えていたほどであった。しかし教師たちは、TBWのプログラムを進めるなかで、子どもたちのなかに存在する隠された能力を発見するに至ったという。

さらに、TBWが児童の学業成績に直接の影響を与えることはなかったものの、才能を認定された児童に教師や友人が敬意を払うようになったり、児童の**自尊感情**が上がったり、児童に目的意識や希望が生まれるといったプラスの効果をもたらしたとい

音楽とダンスの潜在的な才能を認定する方法（Talent Identification Instrument: TII）に関する研究がある。

Baum, S., Owen, S. V. & Oreck, B. A. (1996) Talent beyond words: Identification of potential talent in dance and music in elementary students. In E. Zimmerman, (Ed.), (2004) *Artistically and musically talented students* (Essential readings in gifted education vol.9), CA: Crown Press, pp.57-72.

［9］「1-12　早修と拡充」参照。

［10］前掲［5］pp.79-80 および、Zimmerman, E. (2004) Introduction to artistically and musically talented students. In E. Zimmerman (Ed.), (2004) *Artistically and musically talented students* (*Essential readings in gifted education* vol.9), California: Crown Press, p.xxvi.

う。バウムらの研究[11]においても、芸術活動における経験が、教科学習の「失敗」を克服する手助けとなることが示唆されている。このように、たとえ勉強以外であっても、自尊感情をもつことができる何かを見つけることは、多様な能力あるいは障害をもつ子どもが学校生活に順応するために大切なことであり[12]、ＴＢＷはそれを促進する効果をもっていると言えよう。

ＴＢＷは、芸術分野の才能児を探し出し、彼らにその能力と適性に応じた教育を提供するための才能教育プログラムである。しかしそれは単に才能児を探し出すことだけを目的とするものではなく、知能を多様なものと捉え、子どもの個人差を尊重して学習を個別化させることで、すべての子どもの才能伸長をめざす実践である[13]。したがってＴＢＷのプログラムは、個性化教育への応用可能性があり、認知的個性の概念との親和性も高いと言える。今後は、こうした才能教育の知見を、認知的個性を活かすための個性化教育に積極的に活用していくことが求められよう。

〔石川裕之〕

[11]［８］の、Baum, Owen, & Oreck (1996) pp.69-71.

[12]「1-11　2E教育」参照。

[13]「1-15　全校拡充モデル（ＳＥＭ）」参照。

◆参考書

●Ｊ・Ｓ・レンズーリ／松村暢隆（訳）（2001）『個性と才能をみつける総合学習モデル：ＳＥＭ』玉川大学出版部

1-10 思考スタイル

知能は多様なもので、個人の得意な知能によって、どんな内容・方法の課題が得意か不得意かが違ってくる。では、同じ種類の知能が同じように高い人どうしでは、課題への取り組みは同じなのであろうか。当然、能力が同じだとしても、人によって学習や作業のはかどる方法・条件の「好み」は異なる。それらを心理学では、**学習スタイル**や**認知スタイル**と言い、1960年代以降盛んに研究されてきた[1]。

■スターンバーグの思考スタイル

スターンバーグ[2]は、彼の**知能の三部理論**をより包括的にするために、認知、性格、教授・学習に関する従来のスタイル理論を統合し、知能理論と関連させて、**思考スタイル**（thinking styles）として理論化した[3]。思考スタイルは、知能（認知）と性格の接点（橋渡し）として位置づけられる。思考スタイルは知能の使い方の好みであって、このスタイルによって、個人の日常生活における問題への反応が決まってくる。

知能の理論では、個人は知能の高さで評価されるが、思考スタイルのモデルでは、

[1] 辰野千寿（1989）『学習スタイルを生かす先生』図書文化社

[2] Sternberg, R. J.（1997）*Thinking styles*. New York: Cambridge University Press.［松村暢隆・比留間太白（訳）（2000）『思考スタイル：能力を生かすもの』新曜社］

[3]「1-6　知能の三部理論」参照。

知能の方向づけや用いられ方が問題となる。すなわち、2人の能力が同程度でも思考スタイルは異なり、個人差は、スタイルの方向と程度として生じる。

また、個人は一部の型だけをもつのではなく、全部の型をいくらかずつプロフィールとしてもつ。個人でどの型の割合がどの程度高いのかを測定するために、スターンバーグは標準化された自己評定尺度を開発した。ただし、同じ個人でも課題や状況で好みが変動するし、現実に問題にどう取り組むことが許されているかでも活用する型が変わってくる。それぞれの型自体に良し悪しはなく、何に対して良いか悪いか、つまり状況に適合するかどうかがそのつど決まる。

■知能の三部理論との関連

スターンバーグの「知能の三部理論」では、①創造的知能、②分析的知能、および③実際的知能の**3種の知能**が総合して、**うまく生きる知能**として働く。[4]

この3種の知能と思考スタイルとの関連は、表1-

表1-4 思考スタイル（松村, 2003より抜粋・改変）

スタイル	特徴（好む活動・やり方）
機能 (FUNCTIONS)	
立案型 (Legislative)	創造，発明，デザイン。物事を自分のやり方でする。
順守型 (Executive)	指示通りにする。言われた事をする。型が決まっている。
評価型 (Judicial)	人や物事を判断・評価する。
形態 (FORMS)	
単独型 (Monarchic)	一度に一つの事をして，そこへ精力と資源を注ぎ込む。
序列型 (Hierarchic)	多くの事を同時にするが，時間・労力の優先順位を決める。
並列型 (Oligarchic)	多くの事を同時にするが，優先順位は決めにくい。
任意型 (Anarchic)	問題に順序なしに取り組む。制度・指針や制約を嫌う。
水準 (LEVELS)	
巨視型 (Global)	全体図や一般的・抽象的な事を扱う。
微視型 (Local)	詳細や特殊・具体例を扱う。
範囲 (SCOPE)	
独行型 (Internal)	独りで活動する。内界に集中する。自己独立している。
協同型 (External)	他人と活動する。外界に集中する。相互依存している。
傾向 (LEANING)	
革新型 (Liberal)	物事を新しいやり方でする。慣習に挑戦する。
保守型 (Conservative)	物事を定着したやり方でする。慣習に従う。

4の「機能」の次元の「立案型」（創造的スタイル）と「評価型」（分析的スタイル）に見ることができる。思考スタイル（好み）と知能（能力）のタイプとは別の概念であって、たとえば立案型の優位な人が創造的知能に優れているとは限らない。けれども**立案型**と**創造的知能**、あるいは**評価型**と**分析的知能**がうまく適合すると有利になる。つまり各々の知能が対応するスタイルを用いて学習や仕事をするのが望ましい。ただし**順守型**は、直接3種の知能と対応しない（知能モデルの分析的知能の下位部分である「遂行・知識獲得要素」と対応する）。**実際的知能**は、さまざまな思考スタイルを現実に活かす知能とも言える。

［4］「1-6　知能の三部理論」参照。

■思考スタイルを学習に役立てる

学校など学習の場では、指導・学習や評価の方法と子どもの思考スタイルが適合するよう配慮されるべきである。同じ教科内容の学習でも、また同じ子どもでも、学習領域によって、思考スタイルを活かせる学習や評価の方法は異なる。たとえば「立案型」は創造的知能を重視する方法（プロジェクトなど）で有利であるし、「評価型」は分析的知能を重視する方法（論評など）で、「順守型」は記憶を重視する方法（講義など）で有利な傾向がある。また班での協同学習は「協同型」に有利であるが、いつ誰にでも個別学習より優れた学習方法であるとは限らない（「独行型」には個別学習が有利）。

さらに、**教師と生徒両者の思考スタイルの適合**も重要である。ある研究では、教師が好む教え方の型と、生徒の同じ型どうしの高さが一致するほうが、生徒の成績は良く、教師にもその生徒はよくできると評価された。なお教師の思考スタイルは、教師の年齢や担任の学年が高いほど「順守型」が高く、学校の種類（公立・私立など）によっても、生徒に奨励され成績と関連する型が異なる（芸術志向の私立は「立案型」等）といった傾向があった。生徒にとって教師の思考スタイルとの適合性が重要であるなら、教師の側にも、さまざまな思考スタイルをもつ者どうしの協働が求められるであろう。

多様な思考スタイルを考慮することによって、学習や評価が改善され、成績の予測性が高まる。そのためアメリカの学校では、思考スタイルを考慮することが、有用な実践課題として**才能教育・個性化教育**に取り込まれている。一人ひとりの子どもが自分の認知的個性、すなわち興味、能力および思考スタイルに応じて学習するとき、才能は最も活かされ伸ばされる。教師は生徒全員に一定の学習内容・方法を押しつけるのではなく、個人ごとに思考スタイルを活かして、自ら学ぶ楽しさを実感させることが重要である。

〔松村暢隆〕

◆参考書
●R・J・スターンバーグ／松村暢隆・比留間太白（訳）（2000）『思考スタイル：能力を生かすもの』新曜社

1-11 2E教育

■発達障害と自尊感情

学習障害（LD）や高機能自閉症、アスペルガー症候群、注意欠陥／多動性障害（ADHD）などの発達障害のある子どもは、成績が伸び悩んだり、周囲の人間とうまくコミュニケーションが図れなかったりして孤立してしまい、精神的に落ち込んで、二次的障害に陥ることがよくある。このような子どもが楽しく学校生活を送るには、友だちから認めてもらうことが大事であり、**自尊感情**をもてる何かがあると、うまくいくことがある。[1]

このように、発達障害の子どもの才能や自己肯定感に着目した教育が、アメリカで始まった**2E《トゥーイー》教育／二重の特別支援教育**[2]（education of twice-exceptional children）である。「2E」とは、「発達障害の補償」と「才能の伸長」という、二重に特別な教育支援を必要とする「2Eの／二重に特別な（twice-exceptional）」という意味である。2E教育は、学習における才能に着目するが、アインシュタインやエジソンなどの発達障害の天才を育てる教育ではない。

［1］たとえば、勉強でもスポーツでも、絵を描くことでも何でもいいのだが、何らかの才能をもつということに気づくことが大切である。教育によって才能を伸ばすことができるなら、それが自己肯定感につながるし、友だちから一目置かれることで、二次的障害に苦しむ子どもでも、学校生活にうまく順応できる可能性がある。

［2］日本語の用語は筆者の創案による。

学習を通して才能のある部分への機能強化訓練をすることが、自己コントロールが苦手な発達障害の子どもにとって有益なことが、2E教育関係者から指摘されている。自身の感情、意図、動機づけを認識し、それらを踏まえて適切に行動することが困難、または苦手な多くの発達障害の子どもにとって、自己理解、自己統制ができるようになる可能性をもつからである。

アメリカでは、研究プロジェクトに指定された学校が主な拠点、モデルとなって、2E教育が行われてきた。しかし、その実施には、普遍的なプログラム開発の困難さや、予算獲得の難しさ（障害児教育のプログラムに予算が優先的に配分されやすい）、教師に障害児教育と才能教育両方の専門性が必要ということから、当初、全国的な広がりを見せなかった。ところが2006年に、全国最大規模の教員組合である「全国教育連盟」が、『**二重に特別なジレンマ**』という啓発冊子[3]を発行して、2E教育に関する教員研修の重要性を訴えて以来、2E教育に関する関心が高まってきた。2Eの子どもがどの学校にも存在し、二重に特別な教育支援が必要なことが、全国の教師に広く認識されるようになったのである。

[3] National Education Association (2006) *The twice-exceptional dilemma*, Washington, DC: Author.

2E児の特徴

LDの2E児は、学習する際、得意な認知領域を無意識のうちに活用したり、理解するための手がかりになるものを見つけたり、類推したりすることによって、障害が目立たなくなり、障害があると周囲に気づかれないことが多い。２Ｅ児の41％が、大学に進学するまで障害の診断をされていないという研究結果がある。[4]

たとえば、あるディスレクシア（読み書き障害）のある２Ｅの生徒は、単語を読むことは非常に苦手なのに、短い話を黙読してもらい、質問をすると、内容をきちんと理解していた。表題や挿し絵、文脈から類推して、文章や話全体の意味をつかむことができるのである。また書く字は判読不可能だが、数学が得意で、問題解決能力に優れていた。この生徒は単に言語系統に局所的な障害があるだけで、他の機能は優れているために、このようなことが起こるのである。

この例に見るように、ある領域が苦手、もしくは困難なだけで、認知機能全体には問題がなく、他の領域が優れていることが２Ｅ児の特徴である。すなわち、ある領域で学習上の問題を抱えているが、同時に、それとは異なる１つもしくは２つ以上の領域で秀でている。

■バウムの3類型

バウムは、ＬＤの２Ｅ児をその特性によって、３つにグループ分けした。[5] 第一は、才能児として認定されるが、軽い障害をもつグループ、第二は、才能とＬＤの両方をもつが、才能児ともＬＤ児とも認定されないグループ、第三は、ＬＤ児として認定されるが、才能ももつグループである。各グループには以下のような特徴がある。

[4] McEachern, A. G. & Bornot, J. (2001) Gifted students with learning disabilities: Implications and strategies for school counselors, *Professional School Counseling, 5* (1), pp.34-41.

[5] Baum, S. M. & Owen, S. V. (2004) *To be gifted & learning disabled: Strategies for helping bright students with LD, ADHD, and more*, Mansfield Center, CT: Creative Learning Press, pp.29-34.

第一のグループ　高い言語能力をもつが、綴りを正確に記すことができないことが多い。そのため、成長するにつれて、期待される成績と実際の成績との間でギャップが大きくなる。中等教育段階になると、質・量ともに重くなる課題にうまく対処できずに、努力しても良い成績に結びつかない生徒が増える。

第二のグループ　優れた知的能力がLDによって引き起こされる弱点を補うので、普通の学年レベルの成績を示す。才能が障害を隠し、障害が才能を覆い隠しているので、障害も才能も発見されにくい。「2E児の特徴」であげた例が、このグループに属する。K-ABC[6]などの認知機能検査を行えば、認知処理過程尺度の数値や下位検査の評価点にはかなりの偏りがあるが、習得度尺度は、平均に近い数値になる[7]。

第三のグループ　最も危険な状況に置かれている子どもたちである。なぜなら、LD児というレッテルが貼られているので、親も教師も障害にばかり目を向けてしまい、生徒の得意な領域や興味に注意を払うことがほとんどないからである。しかし、このグループの子どもが自分の趣味に向ける創造力や知力、情熱は、潜在的才能の明白な指標となる。これらの子どもは感受性が鋭く、自分の学習上の困難に気づいているものである。さらに、学業上の失敗や低い達成度から生じる感情を、能力の欠如という感覚として捉えてしまう傾向がある。

第三のグループが、2E教育の対象となる。しかし、第一のグループと第二のグループも注意が必要である。なぜなら、成績の伸び悩み、低下が見られると、教師や親

[6]「3-7　K-ABC、DN-CAS」参照。
[7] 同右参照。

から、努力不足、やる気の無さを指摘されてしまい、本人は努力しているにもかかわらず責められるので、やる気を失ったり、自分を守るために反抗的な態度に出てしまったりすることがあるからである。

2E教育とRTI

2E認定の一環であるLDの診断には、「不一致モデル（discrepancy model）」が用いられることが多い。このモデルは、子どもの能力（知能検査で測定された知能）と達成（標準学力検査での学業成績）との水準間の不一致を比較検討して、LDの診断を行うものである。アメリカでは連邦政府の施行規則によって、能力と達成水準との差が顕著な場合、LDだと診断され、さらに潜在的に知的水準が高いと思われる子どもが低い達成水準を示す場合、2Eの可能性が高いと判断される。[8]

しかしながら、両者の間に差のある子どもと差のない子どもとの間で、学業成績の特徴に違いがあるという説は実証データに基づいておらず、懐疑的である、という反論が出たこと、そして、このモデルによって得られた結果からは、指導プランが立てにくいといったことなどから、見直しが求められていた。そこで、近年、不一致モデルに代わって、新しい診断モデルである**RTIモデル**（Response to Intervention model: 指導への反応に基づく介入モデル）が用いられるようになってきている。

読みに関するRTIは、全米規模で小学校低学年の段階で実施され、学習につまず

[8] 2E児は、認知能力に偏り・ばらつきがあるために、全検査IQが境界知能（IQ70〜85）になってしまうことが多い。そのため、WISC知能検査の動作性IQもしくは言語性IQのいずれかいっぽうで、たとえば125以上の場合、あるいは下位検査群の得点に著しい乖離を示す場合に、一般的に2E児と認定されることが多い。

く前の段階で、つまずく可能性のある生徒を発見する、セーフティネットとして機能している。従来の、つまずいた後で教育支援を行うという発想とは、大いに異なる。

■コロラド州のＲＴＩ

コロラド州では、州規則に2E教育の推進が明記されている。ＲＴＩは、通常教育、補償教育、才能教育、特殊（特別支援）教育をつなぐものであり、これらの教育の統合を推進する枠組みであると考えられている[9]。

ＲＴＩの目的は、すべての子どもの教育結果を向上させることである。証拠に基づく（evidence-based）3段階の指導レベルからなり[10]、達成度を頻繁にモニタリングし、その結果に合わせて、一人ひとり異なる教育方法・内容が提供される。また、担任教師、保護者、専門家らの協働のもとで、子どもの教育ニーズの把握、教育介入の手段の選定、教育介入後の生徒の進歩状況を測るための個人データの活用も行われる。保護者が加わっているのは、子どものことをいちばんよくわかっているので、成績向上のための指導計画を立てるときに情報を提供してもらうためである。

また、成績の向上が見られない場合は、問題解決チームが対処する。これは、専門的に研修を受けた専門家、読み指導を専門とする教師、特殊教育の教師、学校心理士、スクール・カウンセラーらによって構成される。このチームは、学級担任や保護者をサポートし、子どもの成績や行動を向上させるために、学習方略をデザインしたり、

[9] Colorado Department of Education (2008) *Response to intervention (RtI) : A practitioner's guide to implementation*, Denver: Author.

[10] 第一段階：すべての子どもを対象にして、共通指導が提供される。80～90%の子どもの教育ニーズに合致するとされている。
第二段階：行動観察やベンチマーク・アセスメント（判断基準評価）によって、読字のスキルや読みに問題がある場合、さまざまなリスク（教材の適切さの問題や環境要因、英語以外の言語が母語である等）が同定される。ここでは、5～15%の子どもがカバーされると想定されている。
第三段階：第二段階で補足的な指導を受けても、依然として困難さを示す子どもたちがおり、最終的に、1～5%の子どもが何らかの障害をもつと認定される。子どもは、より頻繁にモニタリングされ、障害と同時に、得意な認知領域も判明する。これにより、2E教育がスタートする。

選択したりする。

■日本の特別支援教育への示唆

発達障害のある子どもの場合、「自分には他の子どもたちよりも優れたところがある」と自覚することが、自己信頼を取り戻すうえで大切である。また、クラスメイトに、良いところ、優れたところを認めてもらえたら、それがきっかけとなって、クラスメイトとうまくやっていける可能性がある。

しかし、アメリカのように、才能を他の子どもとの比較による相対的に高い認知能力として狭義に捉えてしまうと、2E教育は、一部の発達障害の子どものためだけの教育、といった議論になるだろう。そこで、日本では、子どもの認知機能プロフィールのなかで、個人内比較を行うことが有意義であろう。すなわち、自身のなかで、他の領域よりも少しでも高い数値を示す認知領域を才能として捉え、それを活用し、教育支援を行うのである。そしてその際、補償的治療教育の枠を超えて、潜在的能力を最大限に伸長させることを目的とするのである。

また、才能を広く、「好きなもの」「得意だと感じるもの」「自己肯定感を促すもの」として捉え、自ら学ぼうとする気持ちを促すことも大切だろう。特別支援教育においては、良いところを才能と認めるような、**新しい才能観**が必要だと思われる。

〔野添絹子〕

◆参考書
●野添絹子（2007）「学習障害児のための才能教育に関する考察：メリーランド州モンゴメリー郡公立学校を例に」『アメリカ教育学会紀要』18, pp.41-53.
●野添絹子（2009）「発達障害と才能を併せ持つ子どものための教育方法の工夫：2E（二重の特別支援）教育の新しい支援のあり方RTIについて」『アメリカ教育学会紀要』20, pp.31-44.

1-12 早修と拡充

才能教育の2つの形態・方法

■早修と拡充の区別

才能教育の形態・方法は多様であるが、大きく**早修**（acceleration）と**拡充**（enrichment）に区別される。早修は、上位学年相当の科目を早期履修して単位修得が認められる措置である。いっぽう拡充は、通常カリキュラムの範囲を超えて、学習内容を「拡張・充実」させ、より広く深く学習する。拡充では進んだ内容を先取り学習しても、上位学年の単位修得は伴わない[1]。

早修と拡充は、個々の子どもの学習ニーズに応じて組み合わされる。小学校から高等教育まで、多様な学習の集団や指導方法、措置が連携して提供される、才能教育の望ましいシステムを、レンズーリは**特別指導の連携**（continuum of special services）と呼んだ[2]。

■早修の種類

アメリカでは早修の措置によって、子どもは上位学年配当科目の単位を修得できる。

[1] Davis, G. A. & Rimm, S. B. (2004) *Education of the gifted and talented* (5th ed.). Boston: Pearson.

[2] Renzulli, J. S. (1995) *Building a bridge between gifted education and total school improvement.* Storrs, CT: NRC/GT. ［松村暢隆（訳）(2001)『個性と才能をみつける総合学習モデル：ＳＥＭ』（第Ⅰ部）玉川大学出版部 p.36］

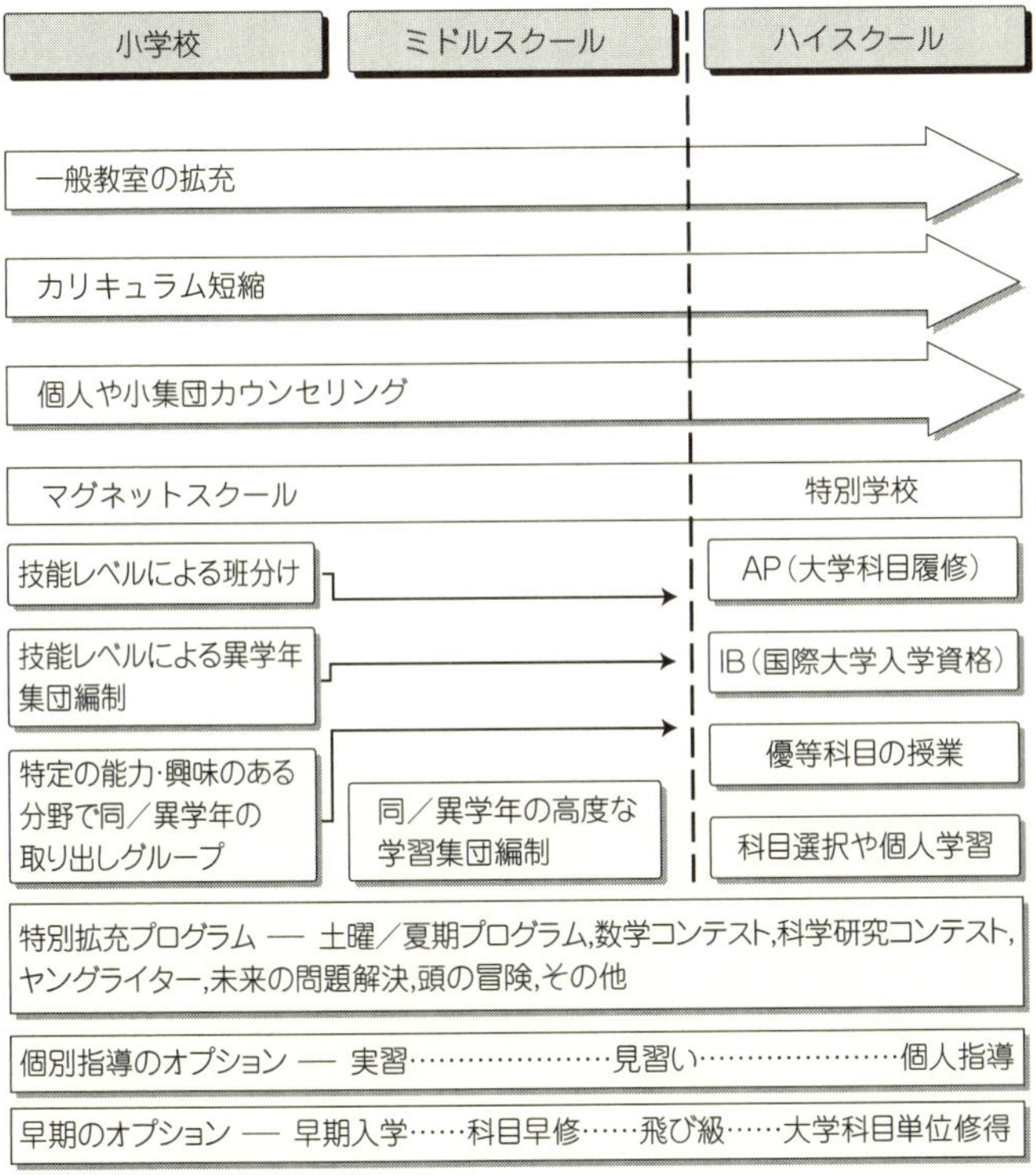

図1-3　特別指導の連携（レンズーリ／松村訳，2001，p33，一部用語を改変）

そのためには学校の管理上の変更が必要であるが、学習内容としては特別プログラムを用意しなくても、子どもを空間的に移動させるだけで実施できる。移動した後も指導に注意が必要という負担はあるが、拡充のように新しいプログラムや教材を開発・作成しなくてもすむので、いわば簡便な方法である。

アメリカでも一度に複数の学年を飛び級するような例はまれで、子どもの精神発達的な弊害を心配して、比較的避けられる傾向があった（優遇措置は不平等であるという批判もあった。）

しかし、2004年に公刊された、多くの実証的研究をまとめた報告書『**欺かれた国家**』[3]では、早修は、概して高学力の児童生徒には学業的効果が最大であること、また、社会的や情緒的な発達の面でも、良い影響があることが確かめられている。

早修には多様な方法があって、右の報告書では、18のタイプに区分されている。大きく分けると、本来の学年より上位学年に早く在籍（課程修了）できる措置を**完全早修**、本来の学年に留まりながら上位学年配当の科目を科目ごとに履修（単位修得）できる措置を**部分早修**と呼んで区別できる。たとえば、完全早修には、**飛び級**や**飛び入学**（**早期入学**）などがあり、部分早修には、**科目ごとの早修**や**アドバンスト・プレイスメント**（**AP**）、**二重在籍**などがある。[4]

[3] Colangelo, N., Assouline, S. G. & Gross, M. U. M. (Eds.), (2004) *A nation deceived: How schools hold back America's brightest students*, (Vols.I and II, Templeton National Report on Acceleration). Iowa City: University of Iowa.

[4] 「1-13 飛び級・飛び入学」「1-14 科目ごとの早修」参照。

■拡充の種類

拡充の学習モデルは、1970年代からアメリカで数多く（主要なものだけで十数種）考案された[5]。いずれも、その目的と実施可能性、子どもや地域のニーズなどに応じて、有用と思われる種々の教育学・心理学理論に基づいて、さまざまな学習形態を柔軟に（いわば「いいとこ取り」で）組み合わせることが多い。

拡充のための特別プログラムは、学校の内外で多様な企画が用意されている。すなわち、**個人学習・プロジェクト**、**土曜・夏期プログラム**、**コンテスト**といった活動である。いずれの活動にも、すべての子どもを対象とするが才能児にも共通して有益な活動を提供するものと、特に才能児に焦点を合わせた特別プログラムとがある。

これらは子ども一人ひとりの能力、興味、学習スタイル等の認知的個性を把握して、その学習ニーズに応じた方法・内容を提供する、**個性化教育**として実施することができる。子ども個人や小集団、学級単位で取り組まれることが多いが、学校ぐるみで子どもの才能伸長を図る拡充の取り組みも広まってきている[6]。

〔松村暢隆〕

[5] Renzulli, J. S. (Ed.), (1986) *Systems and models for developing programs for the gifted and talented.* Mansfield Center, CT: Creative Learning Press.

[6]「1-15 全校拡充モデル（SEM）」参照。

◆参考書

●松村暢隆（2003）『アメリカの才能教育：多様な学習ニーズに応える特別支援』東信堂

1-13 飛び級・飛び入学

■「飛ぶ」ことに適した能力のタイプ

飛び級（grade-skipping）や**飛び入学**（early admission）は、**完全早修**の一種である。[1] 早修は才能教育の代表的な形態・方法の1つであるが、認知的個性に応じた教育の方法は、個々の子どもがもつ能力のタイプによって異なる。さらに、同質な集団として捉えられがちな才能児も、実際には一人ひとり異なる能力のタイプをもっている。したがって、才能児であれば誰でも飛び級・飛び入学によって「飛ぶ」ことが適しているということにはならない。

それでは、「飛ぶ」ことに適した才能児としては、どのようなタイプが想定できるだろうか。そのひとつの典型は、同年齢集団に比べて知的に早熟な**高ＩＱ児**であろう。[2] なかでもＩＱ１６０を超えるような、「知的に極度に早熟（extreme intellectual precocity）」な子どもには、**取り出し授業**（pull-out）など通常の才能児のために開発された部分早修のみでは不十分であり、科目ごとの早修などによって補完された完全早修を、適切な間隔を置いて複数回行うのが適していると言われる。[3]

[1]「1-12 早修と拡充」参照。

[2]「1-4 才能児の特性」参照。

[3] Gross, M. U. M.（1992）The use of radical acceleration in cases of extreme intellectual precocity. In L. E. Brody (Ed.),（2004）*Grouping and acceleration practices in gifted education*（Essential readings in gifted education vol.3）, CA: Crown Press, p.15.

ホリングワース[4]が指摘しているように、高ＩＱ児のなかでもＩＱ１２５～１５５の子どもは情緒的バランスも良く、社会的によく適応し、友人も多いが、ＩＱが１６０を超えると、他の子どもとの違いがあまりに大きすぎて、能力や興味などを共有できず、逆に社会に適応できなくなる傾向が生じるという。高ＩＱ児の場合、ＩＱが高ければ高いほど、生活年齢（実際の年齢）と精神年齢のギャップは大きくなる。たとえば、ＩＱが１８０の６歳児の知的レベルは11歳児と同等であり、同じくＩＱ１８０の10～11歳児の知的レベルは高校卒業者に近い。８歳で『レ・ミゼラブル』を読んだり、９歳で心理学や芸術史に強い興味を示すような子どもが、同年齢の子どもと知的関心を共有することは一般的に言って難しいだろう。[5]そうした知的に極度に早熟な子どもの場合、彼らの精神年齢や社会的・情緒的発達レベルに近い子どもと一緒に学ぶことが、より適切な選択肢となり得ることを多くの研究が指し示している。[6]

注意すべきは、知的に極度に早熟な子どもを、無理やり通常クラスに留めておいたり、一度しか飛び級・飛び入学のチャンスを与えないといった場合には、飛び級・飛び入学を行うことで予想される副作用よりも、さらに多くの不利益を彼らに与えかねないことである。[7]たとえば、年齢にそぐわない興味・関心や言動によって教師や友人から拒絶され孤立したり、知的刺激の不足から来る退屈さや、無意味な反復学習によってもたらされるストレスなどから反抗的な態度を示すようになり、教室内で問題児とみなされるリスクがある。また、学習意欲がそがれたり、学習習慣が身につかない

［4］ Hollingworth, L. S.（1926）*Gifted children: Their nature and nurture.* New York: Macmillan.
Hollingworth, L. S.（1942）*Children above IQ180: Their origin and development.* New York: World Books.

［5］ 前掲［3］p.27. 参照。

［6］ Davis, G. A. & Rimm, S. B.（Eds.),（2004）*Education of the gifted and talented*（5th ed.）. Boston: Allyn and Bacon, pp.118-138.
松村暢隆（2008）『本当の「才能」見つけて育てよう：子どもをダメにする英才教育』ミネルヴァ書房 p.150.

［7］ 前掲［3］p.15, pp.24-25, pp.27-28. および、［6］の、Davis & Rimm（2004）pp.125-127.

ことによって、ＩＱがきわめて高いがゆえにかえって学習不振に陥るといった問題を引き起こすことさえある。同年齢の友人との協調・共同を優先し、彼らを知的刺激の少ない環境に放置することは、「あなたの能力の向上は期待しない」、「優秀な知的達成よりも社会的な適応のほうが重要だ」といったメッセージを暗黙のうちに送ることを意味しており、彼らの**自尊感情**を低下させることにつながるのである。

さらに、たとえ知的に極度に早熟な子どもが表面上は通常クラスに適応したように見えても、実際には教師の期待や同級生の学業達成水準に合わせて、自らの潜在的な能力を隠すことを覚えただけのケースもある。そうした場合、彼らの反抗的な態度が消えていくとともに、その知的な鋭さや優れたユーモア感覚までもが同時に消え去っていくのであるが、不幸にも教師たちはこのことにまったく気づかないことが多い。以上のように、知的に極度に早熟な子どもが通常の教育環境に放置された場合、学習にいき詰まってしまったり、心理的な問題が生じる可能性があることを理解しておく必要があろう。

なお、飛び級・飛び入学には特別プログラムを用意する必要がないとはいえ、さまざまな配慮や心理的ケアまでもが必要ないということにはならない[8]。飛び級・飛び入学を実施する際には、子どもの知的な早熟度（少なくともＩＱ１３０以上が望ましいとされる）、身体的な発達の程度（特に標準就学年齢未満の幼児の場合は重要）、基礎的技能（basic skill）の熟達度、社会的・情緒的成熟度等に対する適切な診断とケア態

［8］前掲［6］Davis & Rimm（2004）p.126. 参照。

勢、教師やカウンセラー等による援助態勢が整えられなければならない。また、飛び級・飛び入学後は適切な適応期間を用意したり、不適応が生じた場合は原級に復帰できるようにするといった制度的配慮も必要である。特に小学生の場合、一度に「飛ぶ」のは1年に留めるといったことも考慮するべき事項である。

■日本における飛び級・飛び入学

認知的個性を活かす教育という観点から見た場合、日本における飛び級・飛び入学の今後についてどのように考えればよいだろうか。現在日本では、完全早修としては唯一、17歳での大学への飛び入学が認められている。大学への飛び入学が認められるようになったのは1998年度以降であるが、その知名度はまだまだ低く、2006年度に飛び入学を実施した大学は5校、飛び入学者はわずか10名に留まっている。[9] ちなみに、日本と同じように年齢主義が強い隣国の韓国では、1990年代半ばからすべての学校段階で飛び級・飛び入学が認められている。もちろん韓国の飛び級・飛び入学にも課題は少なくない（大学への飛び入学以外はまったく人気がない、数学・科学分野に極端に偏っており、科学者速成のためのエリート教育的な傾向が強いなど）。しかし、韓国の子どもには「飛ぶ（あるいは飛ばない）」自由が保障されており、日本の子どもにはそうした自由がほとんど保障されていないということは、個人の能力に応じて等しく教育を受ける権利を保障するという観点から見た場合、大きな差であ

[9] 大学への早期入学及び高等学校・大学間の接続の改善に関する協議会（2007）『報告書：一人一人の個性を伸ばす教育を目指して』文部科学省

ると言えよう。

もちろん、一般的に言って「飛ぶ」ことに対する情緒的・社会的・道徳的な問題が指摘されることは少なくない。飛び級・飛び入学が非常に盛んなような印象を受けるアメリカにおいても、実際には飛び級・飛び入学に対する批判は根強く存在する。仮に飛び級・飛び入学する場合でも、一度に何年も飛ばすのは例外と考えてよい。通常は小学校低学年で1年飛ばし、子どもによっては上位学年でもう1年飛ばすなど、高校卒業までに2～3年程度飛ばし、15～16歳で大学入学するケースが多いという[10]。しかし、どんな国や社会のいかなる集団のなかにも「飛ぶ」ことに適した能力のタイプをもつ子どもが一定の割合で存在しているとすれば、さらに飛び級・飛び入学によって彼らの能力が伸長されたり、あるいはスポイルされることを防止できるならば、現在の日本のようにいわば「飛ぶことのできない」制度をすべての子どもへ一律に適用することが本当に理にかなっているのか、十分な科学的根拠に基づいた議論を広く行っていく必要があるだろう。

〔石川裕之〕

[10] 前掲［6］Davis & Rimm（2004）p.125. および、松村（2008）pp.151-153. 参照。

◆参考書
●小林哲夫（1999）『飛び入学：日本の教育は変われるか』日本経済新聞社

1-14 科目ごとの早修

部分早修には、特定の科目についてのみ、進んだ内容を通常よりも早い年齢段階で学習するものがある。[1] このような**科目ごとの早修**は、アメリカでは、ハイスクールの生徒に対する大学の単位早期修得というかたちで、さまざまなプログラムが用意されている。これらのプログラムを利用した生徒は、ハイスクール時代に大学の単位を先取りして修得することから、大学の在学年数を短縮することも可能となる。

ここでは、大学の単位早期修得プログラムとして最もよく知られている、**アドバンスト・プレイスメント**（Advanced Placement **AP**）**・プログラム**、**国際バカロレア**（International Baccalaureate）**・ディプロマ・プログラム**、**二重在籍**（dual enrollment）**プログラム**を取り上げる。

■アドバンスト・プレイスメント（AP）・プログラム

APプログラムは、カレッジ・ボード[2]が管理運営を行っている、文字どおり「先取り履修」のプログラムである。APプログラムに参加するハイスクールの生徒は、A

[1]「1-12 早修と拡充」参照。

[2] 高校と大学の接続にかかわる教育事業を営む非営利団体である。本部はアメリカのニュージャージー州プリンストンにある。

Pコースと呼ばれる大学レベルの授業を1年間履修した後、毎年5月に実施されるAPテストを受験する。APテストの結果は5点尺度で採点され、その得点が、生徒が指定した大学に送付される。生徒は、各大学のAPポリシーに従って、大学進学後に、単位認定やアドバンスト・プレイスメント（大学入学後すぐに上級科目の授業から履修すること）が認められる[3]。

APコースは、カレッジ・ボードによる審査プロセス（AP Audit）を経て、各ハイスクールにおいて開設され、ハイスクールの教師によって教えられる。ただし、APテストの受験にあたって、APコースの履修は必須要件ではない。

APプログラムでは、2009－10年度に、6つの領域（芸術、英語、歴史・社会科学、数学・コンピュータ科学、科学、世界の言語）にわたって、33科目が提供されている。近年のAPプログラムでは、公平性の達成が重要な政策課題とされており、従来APプログラムにあまり参加していなかった、マイノリティや低所得層の参加を拡大する取り組みが積極的に行われている[4]。

■国際バカロレア・ディプロマ・プログラム

国際バカロレア・ディプロマ・プログラム[5]は、国際バカロレア機構[6]によって管理されているプログラムであり、中等教育の最終2学年の生徒に共通カリキュラムを設定し、統一試験を実施し、生徒にディプロマ資格を授与するものである。ディプロマ資

[3] カレッジ・ボードは一般に3点以上を合格点としているが、具体的な基準は大学によって異なる。
HP（URL: http://www.college-board.com/）2009/08/31アクセス

[4] たとえば、APテストの受験には受験料を支払う必要があるが、低収入家庭の生徒に対しては、受験料の一部を減額する措置を設けている。

[5] ディプロマ・プログラムは国際バカロレア・プログラムを構成する3つのプログラムのうちのひとつである。国際バカロレア・プログラムには他に、初等課程プログラム（3－12歳対象）と中等課程プログラム（11－16歳対象）がある。

[6] 国際教育の推進を目的とする非営利教育団体。本部はスイスのジュネーブにある。
HP（URL: http://www.ibo.org/）2009/08/31アクセス

[7] 課題論文は、研究課題を決め、独自に調査研究し、英文4000語

格取得者は、世界の多くの国々で大学入学資格と同等の資格を有すると認められる。他方、ディプロマ資格を取得しない場合は、科目別成績証明書が授与される。

生徒は、6つの科目グループ（第1言語、第2言語、個人と社会、実験科学、数学と情報処理学、芸術学と選択科目）から1科目ずつ選択する。このうち、3科目はハイレベル（240時間に相当するコース）、残りの3科目は標準レベル（150時間に相当するコース）で学習する。また、公式の教育言語は、英語、フランス語、スペイン語である。ディプロマを取得するには、3つの要件（課題論文[7]、知識の理論[8]、創造性・活動・奉仕[9]）を満たし、1科目を7段階で評価したうえで、6科目の合計が原則として24点以上でなければならないことになっている。

■二重在籍プログラム

二重在籍プログラムは、ハイスクールの生徒が大学の授業を受講し、大学の単位を修得するものである[10]。二重在籍プログラムは、単一の団体が管理するものではなく、機関ごとに運営されている。

全米の調査によれば、二重在籍プログラムは、ハイスクールや中等後教育機関、または遠隔教育を通して教えられ、これらのコースは、英語、歴史、外国語といったアカデミック面に焦点を置いたコース、またはコンピュータ・メンテナンス技術、機械技術のような、技術的・職業的側面に焦点を置いたコースを含んでいるという[11]。

以内の学術論文を作成するものである。

[8] 知識の理論（TOK）は、学術的な観点から個々の学問分野の知識体系を検討し理性と客観的精神を養うことを重視するものである。100時間以上の学習と、小論文と発表作品の提出が義務づけられている。

[9] 創造性・活動・奉仕（CAS）は、学問以外の生活、地域に根ざした奉仕活動による体験や共同作業による協調性の重要性を重視するものである。芸術・音楽・演劇などの創造的活動、スポーツ活動、奉仕活動などが必修である。

[10] 二重在籍プログラムはAPプログラムと異なり、大学で実施されたり、大学教員が指導したりする場合もある。また、APプログラムでは外部テストの成績によって単位を与えられるが、二重在籍プログラムでは、コース修了に対して単位が認められる。

■大学の単位早期修得プログラムへの高まる関心

以上の大学の単位早期修得プログラムのいずれにおいてもアカデミックに焦点を置いた科目だけではなく、多様な科目が提供されている。こうした多様な科目の提供は、生徒の多様な個性を伸長しようとするものであり、科目ごとの早修は、まさに認知的個性に対応した学習方法であると言える。

また、大学の単位早期修得プログラムは、ハイスクールの生徒に対し、大学レベルの課題に従事させるものであるが、今日では、こうした大学の単位早期修得プログラムに、アフリカ系アメリカ人や低所得層などの、歴史的に高等教育への進学が阻害されてきた層の生徒が参加することによって、彼らの高等教育への進学が促進されるのではないかといったことに関心が集まり、調査が進められている[12]。

このことは、大学の単位早期修得プログラムが、生徒の出身家庭の社会経済的地位による影響を抑えながら、個々の生徒の能力を伸長させる仕組みとして機能する可能性を有していることを示していると言える。しかし、大学の単位早期修得プログラムに関する研究蓄積は十分ではなく、生徒の能力伸長の具体的なメカニズムは十分に明らかにされていない。この点については、今後の研究の進展が待たれるところである。

〔福野裕美〕

[11] Waits, T., Setzer, J.C., & Lewis, L. (2005) Dual credit and exam-based courses in U.S. public high schools: 2002-03 (NCES 2005-009). U.S. Department of Education. Washington, DC: National Center for Education Statistics.

[12] Western Interstate Commission for Higher Education (2006) Accelerated leaning options: Moving the needle on access and success. A Study of State and Institutional Policies and Practices.

◆参考書

●麻生誠・岩永雅也（編）（1997）『創造的才能教育』玉川大学出版部
●相良憲昭・岩崎久美子（編）（2007）『国際バカロレア：世界が認める卓越した教育プログラム』明石書店

1-15 全校拡充モデル（SEM）

■全校拡充モデル（SEM）

拡充を学校ぐるみで実践するモデルの代表的なものが、レンズーリが開発した**全校拡充モデル**（Schoolwide Enrichment Model **SEM**）である。[1]

SEM全体は、3つの次元から捉えられる。

①**組織の構成要素**　誰が、すなわち、どんな指導体制で指導するのか、という側面である。教師の専門チームを中心に、保護者も含めて、学校ぐるみで指導組織を整備しよう、という学校運営の問題である。

②**学校の構成**　どこで、すなわち、どんな学習の場で指導するのか、という側面である。そのうちの1つ目は**通常学級**で、通常のカリキュラムに従う。2つ目の場は**拡充クラスター**（enrichment clusters）といって、日本の総合学習やクラブのような子どもの興味に基づく学習集団であるが、正規の授業時間内に、特別の時間を設ける。[2] 3つ目は、**特別指導の連携**と呼ばれる。[3]

③**指導実施の構成要素**　何を、実施するのか、という側面である。これは、さら

［1］Renzulli, J. S. (1995) *Building a bridge between gifted education and total school improvement.* Storrs, CT: NRC/GT.［松村暢隆（訳）（2001）『個性と才能をみつける総合学習モデル：SEM』玉川大学出版部］
Renzulli, J. S. & Reis, S. M. (1997) *The Schoolwide Enrichment Model: A how-to guide for educational excellence* (2nd ed.), Mansfield Center, CT: Creative Learning Press.

［2］前掲［1］の、Renzulli (1995)［松村（訳）（2001）］で詳説されている。

［3］「1-12 早修と拡充」参照。

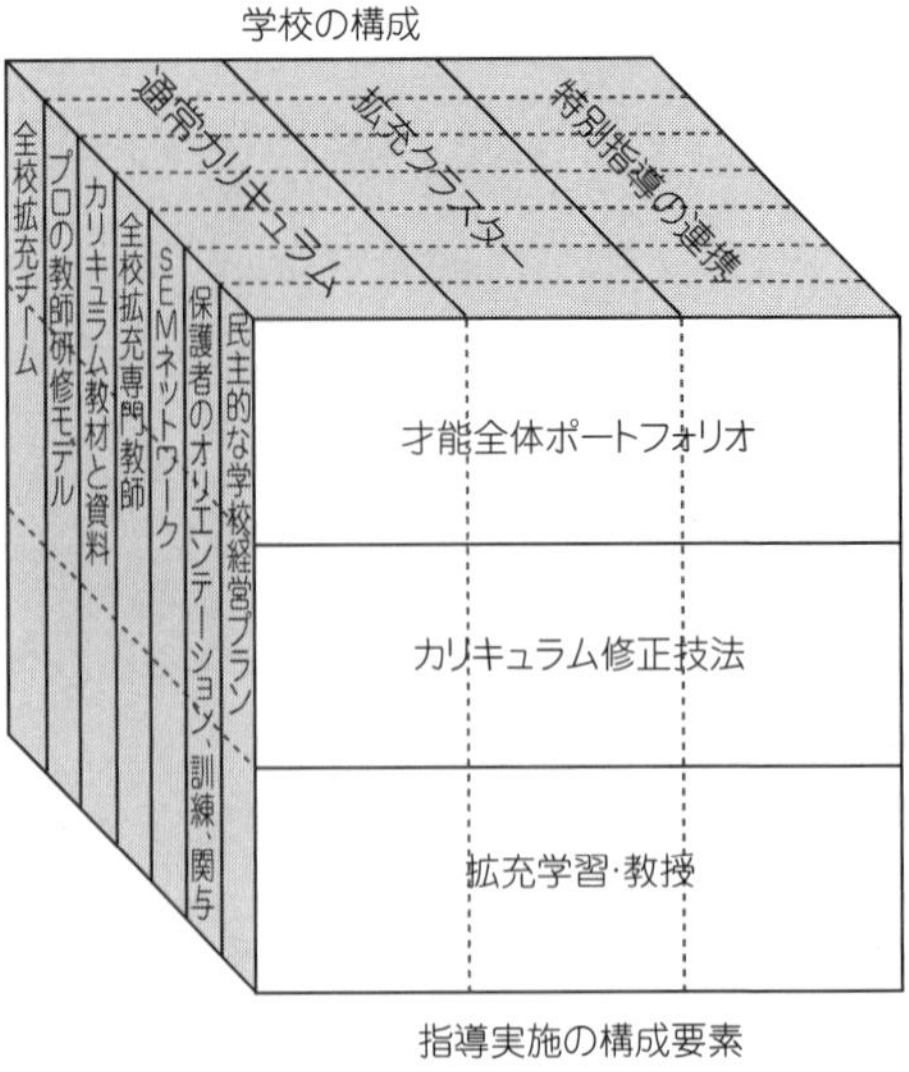

図1-4　全校拡充モデル（SEM）（レンズーリ／松村訳, 2001, p28, 一部用語を改変）

に3つの要素に分かれる。まず、**才能全体ポートフォリオ**[4]を用いて、個々の子どもの能力、興味、スタイルの好みや、学習の現状と進歩のようすを捉え、学習を個性化する計画を立てる。次に、**カリキュラム修正技法**で、個人ごとに通常カリキュラムの習熟度に応じて、教材の進度・水準を変化させる。そのために繰り返しなど、教材の無駄を省いて、学習の個性化に必要な時間を生み出す。そして**拡充学習・教授**で、拡充の指導と学習を行う。ここが、拡充の活動のいちばん中心となる。

[4]「1-3　才能の認定と評価」参照。

■拡充三つ組モデル

SEMの「拡充学習・教授」の部分で実施される学習活動のモデルは、レンズーリが開発したもので、**拡充三つ組モデル**（Enrichment Triad Model）と呼ばれる。名前の通り、3つのタイプの学習で構成される。

① **タイプⅠの拡充：一般的探索の活動**　新しい領域やテーマの学習を、学年や学級全体の子どもたちに、一斉に導入する。通常カリキュラムではあまり取り上げられないような、新しくておもしろい分野やテーマ、考え方などに子どもたちが触れられるように、内容を工夫する（「酸性雨」等、日常の事象を科学的概念の観点から考えさせたりする）。

方法は、講演、デモンストレーション、見学、ビデオなど多様である。タイプⅠの拡充は、子どもごとに個別に、さらに学習が発展するために行うものである。だから、ただ単に新しいことの紹介に留まるなら、あるいは集団で一斉に次の同じ学習活動に移るなら、それはタイプⅠの拡充ではなく、通常カリキュラムの学習で終わってしまう。

② **タイプⅡの拡充：集団訓練の活動**　発展的な学習を続けるために必要なスキル、技能を、小集団で学習する。それぞれの子どもの学習ニーズに応じて、通常カリキュラムのなかで、幅広いスキルの基礎訓練をする。たとえば、考え方や、学習のやり方、調査・研究のやり方、発表のやり方などである。

タイプⅡの拡充では、教師が自分で授業をつくったり、市販の教材を活用したりする。また、次のタイプⅢのプロジェクトを進めながら、それに必要なスキル

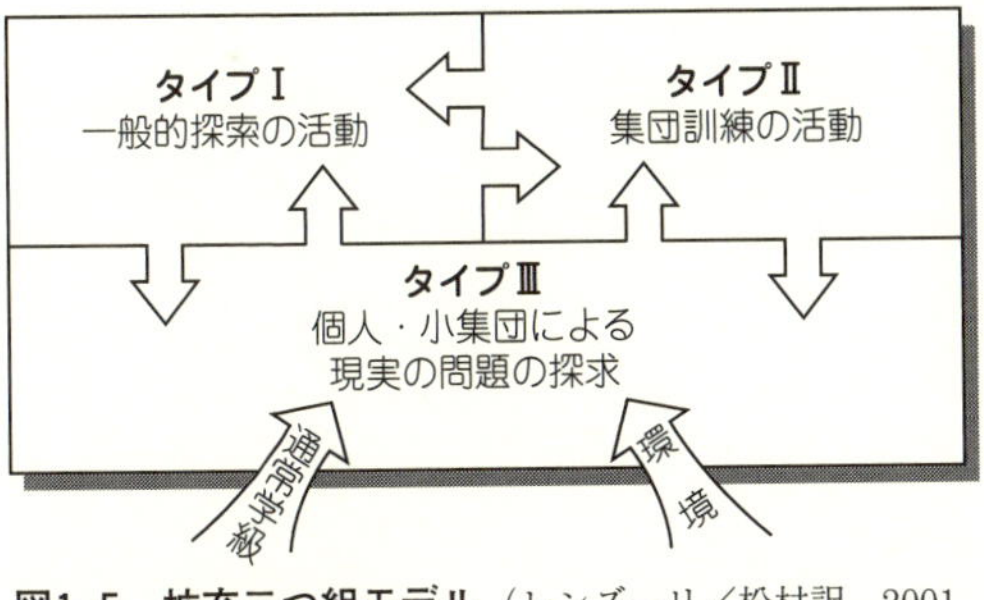

図1-5　拡充三つ組モデル（レンズーリ／松村訳，2001，p33，一部用語を改変）

を習得する。たとえば、理科の調査研究には、仮説設定やデータ分析、研究レポートの作成といった訓練が必要である。

③ **タイプⅢの拡充：個人・小集団による現実の問題の探求**　個人や小集団で、個別化・個性化された学習を続ける。最も高いレベルの拡充だと言える。学級外で特別に設定した学習集団や、学校外の種々の活動で行える。個人学習では、学校でも家庭でも、パソコンでインターネットを利用して、学習を文字どおり拡充できる。

ここでの目標は、まず子ども一人ひとりが、興味をもった現実の問題について、高度な、専門家によく似た学習を進めるということである。これは、「**本物の成果**発表」をめざす学習だと言われる。[5]

以上の3つのタイプの拡充は、**相互作用**する。タイプⅠの拡充からタイプⅡやⅢの拡充にうまく発展するのが望ましいが、タイプⅢの拡充をやりながら必要なスキルをタイプⅡの拡充に求めに行ったり、あるいはタイプⅢの研究を発表して、それが他の子どもには、タイプⅠの拡充の経験になったりする。子どもどうしのほうが、大人よりも良いモデルになることはよくある。図1‐5の矢印は、そういった相互作用を表している。

このように、拡充を3つのタイプに分けると、今行われている学習の位置づけが明確になる。拡充では、ずば抜けた才能だけでなく、すべての子どもの得意な認知的個

[5]「1‐16　MI実践」参照。

性を押さえて、それに合った多様な学習方法を提供しようとする。そのとき、未習の知らない内容は見せないと興味が湧かないし、能力を発揮するかどうかもわからない（タイプⅠ）。そして興味をもった領域、テーマで学習を高度に発展させる（タイプⅢ）ためには、必要な知識、技能を習得しないといけない（タイプⅡ）。

ＳＥＭでは、すべての子どもたちを対象にした拡充によって、一人ひとりの認知的個性すなわち、学力、創造性、関心・意欲を捉えて、最も適した学習を進める。そうすることによって、**高学力**でも**学習困難**でも、すべての子どもの学力が底上げされ、そのなかで多様な優れた才能も伸ばせる。

ＳＥＭの諸要素の有効性の研究は、１９８０年代からレンズーリと共同研究者たちによって多様な角度から行われた（20以上の論文にまとめられている[6]）。それらの結果から、ＳＥＭプログラムを実施した学校では、概して、ＳＥＭは教師や親、子どもに好意的に受け止められること、学習成果の創造性や質が高いこと、社会性が発達すること、学習困難な子どもの学習改善に効果があること、自己効力感や学習スタイルが改善されること、などのプラスの効果が見出された。

〔松村暢隆〕

[6] Renzulli, J. S.（1999）What is this thing called giftedness, and how do we develop it?:A twenty-five year perspective. *Journal for the Education of the Gifted, 23*, pp.3-54.
Renzulli, J. S. & Reis, S. M.（1994）Researches related to the school-wide enrichment model. *Gifted Child Quarterly, 38*, pp.7-20.

◆参考書
●Ｊ・Ｓ・レンズーリ／松村暢隆（訳）（2001）『個性と才能をみつける総合学習モデル：ＳＥＭ』玉川大学出版部

1-16 MI実践

■多重知能（MI）を活かす拡充

拡充は、才能児だと認定された一部の子ども対象の場合もあれば、すべての子どもを対象とする場合もある。どちらの場合も、子どもの能力や興味、創造性、スタイルの好みといった認知的個性を捉えて、それに合った学習を展開しないといけない。その点で、**多重知能（MI）**を活かす学習を拡充に取り入れると、学習が有意義になることがある。

ガードナーの「多重知能（MI）」理論は、1983年に彼の著書『心の構造』で提唱されたが、[1] ガードナー自身は心理学者なので、当初、教育への応用は考えていなかった。ところが早くも80年代後半に、同書を読んだアメリカの学校現場の教師たちが、MI理論を熱狂的に歓迎した。「子どもの得意な分野を見つけて、得意な方法で学習させて、評価する」という、個性化教育の実践の理論的支柱になるからであった。MI理論の実践への応用は**MI実践**（MI practice）として、草の根的に爆発的な広がりを見せるようになった。

[1] Gardner, H. (1983) *Frames of Mind: The theory of multiple intelligences*. New York: Basic Books.

ＭＩ理論の応用のされ方としては、学校全体でＭＩ実践する、いわゆる**ＭＩスクール**がある。また、教師たちが個人やチームで授業を工夫する**ＭＩ教室**もある。その共通の理念は、教科や領域ごとに、教師と子どもが活用できるＭＩを見つけて、多様な方法を用いて、すべての子どもの得意な知能に学習を適合させることをめざすことである。

■ＭＩスクール

ＭＩスクールとして最初に創設されたのが、「**キー・ラーニング・コミュニティ**（Key Learning Community）」であった[2]。これはアメリカのインディアナ州インディアナポリスの公立学校で、現在では小学校からハイスクールまでそろっている。１９８７年に小学校として創設されたときは、「**キー・スクール**」と呼ばれた。２番目のＭＩスクールが、１９８８年に創設された、「**ニューシティ・スクール**（New City School）」である[3]。これは、私立の小学校で、ミズーリ州セントルイスの郊外にある。

この２つの学校では地域の条件は違うが、ニューシティ・スクールが当時のキー・スクールの実践をかなり取り入れて、両校でＭＩ実践の手本のようなものができた。それを他の学校が真似して、ＭＩスクールが全国に増えた。ただし、ＭＩスクールとして認定する基準も団体もないので、アメリカ全土に百数十校あるとも言われるが、正確な数はわからない。

[2] Armstrong, T.（2009）*Multiple Intelligences in the Classroom*（3rd ed.), Alexandria, VA: ASCD.

[3] Hoerr, T. R.（2000）*Becoming a Multiple Intelligences School.* Alexandria, VA: ASCD.

ＭＩスクールで行われている種類の拡充学習として、ニューシティ・スクールのＭＩ実践がひとつの典型になる。他の学校でも取り入れられる、代表的な要素を簡略に紹介する。

まず、学校全体で、教師たちが協力して取り組む活動である。

①**テーマ・プロジェクト**　1年間、全校の、あるいは学年ごとのテーマを設ける。たとえば、「熱帯雨林」などである。全体テーマに沿って、子どもたちは、熱帯雨林の模型を作って教室中を飾るなど、プロジェクトを選んで、学習・発表する。複数の教科の知識・技能が複合するので、子どもたちは役割を分担して、自分の得意な知能を、学習のなかで発揮できる。

②**学習センター**　1つの教室内に、それぞれ異なる活動ができるテーブルあるいは仕切ったコーナーが設けられ、教師の手づくりや市販品を取り入れた材料が置いてある。子どもたちは、この部屋へやってきて、好きなセンター（コーナー）で学習する。こうして、興味や能力に応じて学習材料を活用して、各教科の拡充を体験できる。[4]特にＭＩを意識した学習センターは、**ＭＩセンター**と呼ばれる。ＭＩセンターには、視覚教材が豊富な「空間センター」、辞典などがあってことばを豊富に使える「言語センター」、手を動かして物を扱える「身体運動センター」など、各知能を活用するコーナーがある。教科学習でも、各知能を活かして学習できる方法として、実践が広まっている。特定の分野に才能のある子どもも、その才能を伸ばすことができ、通常

[4] オープンスペースを活用した学習センターについては「2-14 オープンスペース」参照。

学級のなかで才能教育が可能になるひとつの有用な方法である。

■MI教室

ＭＩ実践は、一人の教師が、ある教科の１つの単元の学習で、子どもの得意な知能に応じて、教材や学習方法を変える工夫ができる。たとえば、言語的知能を活かすために、ことば遊びの表現をさせたり、空間的知能を活かすために、理解したことを図に描いて発表させたり、等である。

ＭＩ実践の人たちでさえ誤解したこともあったが、「単元ごとに８つの知能を伸ばす８通りの学習方法を用意すべきだ」というわけではない。ある教科・単元の具体的な学習内容にかかわる知能は複合しているが、有効に使える知能とそうでない知能があるからである。現実的には、主要教科では、教師が**ことば**で説明するだけでなく、**図**や**絵**を多く用いたり、生徒が手で扱えるものを**動かしながら**考えると、言語的知能だけでなく、空間的知能や身体運動的知能も活用できる。

ただし、子どもたち自身には、ＭＩには８つの知能があって、学習場面に応じて自分の得意な知能を活用できることを教えて、**ＭＩを意識**させておくと、有効である。小さいときから実感を伴ってＭＩの概念になじむことは、貴重な体験である。

■本物の学習と評価

①本物の成果の発表をめざす学習　ＭＩ実践では、ＳＥＭ[5]のタイプⅢの拡充と共通して、**本物の**（authentic）**学習**ということが強調される。これは、**本物の成果**（products）の発表をめざす学習である。本物の成果の発表というのは、**発表相手**（audience）を意識して、どうやったらうまく伝えられるかを考えながら、学習成果を創り出すことである。学習成果の発表に対しては、その領域の専門家が用いる基準に従って、成果が発表相手にねらい通りに伝わったかどうかという評価を受ける。これは、**本物の評価**（assessment）と呼ばれる。

本物の学習は、ペーパーテストで良い点をとることが目的ではなく、学習したことを生活、仕事、人生のなかでどう活かすかという、目的、意義が明確である。発表相手に評価してもらえる成果を生み出すことは、現実の会社や商売、学問研究などの活動をなぞることになって、有意義である。

発表の最良の機会が、展示会、発表会、コンテストなどであり、校内や校外で、教師や親、家族だけでなく、広く地域の人々に成果を披露できる。

②ポートフォリオ評価　学習の成果としての、２次元の作品や、立体物の写真、受けた評価の記録、学習途中での進歩の記録などは、１年ごとに全部まとめて、厚めのフォルダに入れて保存する。これを**ポートフォリオ**（portfolio）と呼ぶ。ポートフォリオには画像記録もある。ニューシティ・スクールでは、ポートフォリオに、作品の

[5]「1-15　全校拡充モデル（ＳＥＭ）」参照。

写真やビデオなどもつけて、学年の終わり近くに、親との会合で報告する。

ペーパーテストだけでなく、ポートフォリオに入れる総合的な評価を**ポートフォリオ評価**という。これは、日本の総合学習でも取り入れられてきている。[6]

■通常学級にMI理論やSEMはどう取り入れられるか

アメリカのMI実践は、MIスクールだけでなく、普通の公立学校で個々の教師が一部の教科や学習活動でMIを意識して活用するかたちで、広まった。SEMも同様で、たいていの学校では何らかの拡充の学習を実施していて、そこには部分的にでもMIとSEMの理念が取り入れられている。

その取り入れられ方は、非常にアメリカ的な実用主義とも言える。つまり、その学校の都合に応じた、MIとSEMの「いいとこ取り」なのである。拡充はそもそも方法が多様なので、支柱となる理論も、MI、SEMや他の理論が混ざり合っている。現場の教師は、今ここにいる子どもたちにどう働きかければ学習がうまくいくかを、ようすを見ながら考えている。そしてその場で最も役立つように、MIやSEMを臨機応変に応用しているのである。

MI実践は、唯一正統な方法がなく草の根的であるだけに、MI理論の誤用・乱用もあり、玉石混交である（市販教材も多いが同様）。優れた実践の要因を調べるために、ガードナーもかかわっているハーバード大学の研究所（**プロジェクト・ゼロ**）の

[6]「1-8　教科の優れた能力／高学力」「2-8　ポートフォリオ評価」参照。

研究プロジェクトで、ＭＩスクールの実践を評価したところ、好ましい効果（学力、保護者の参加、学習障害の改善等）のある実践について、指導・学習や評価に共通の特徴が見出され、ＭＩ実践がうまくいくための目安となっている[7]。

ＭＩ理論は、ＭＩ実践の背景理論であるが、実践理論そのものではなく、あくまで知能についての心理学理論である。しかしそれは人間の能力観や教育観について変革を迫るいわば思想的背景として、教育実践家の信念や考え方をしっかりと支える。子ども一人ひとりの個性を見出してそれを伸ばすという理念に立ちながら、具体的な教育方法は学校の状況と変化に応じてたえず工夫・変更されるべきで、ＭＩ理論はその重要な参照枠になるであろう。

〔松村暢隆〕

[7] Kornhaber, M., Fierros, E. & Veenema, S. (2004) *Multiple Intelligences: Best ideas from research and practice.* Boston: Pearson.

◆参考書
●松村暢隆（2003）『アメリカの才能教育：多様な学習ニーズに応える特別支援』東信堂
●H・ガードナー／松村暢隆（訳）（2001）『ＭＩ：個性を生かす多重知能の理論』新曜社

1-17 学校での集団編制

■集団編制の原理と習熟度別指導

学年や学級などの集団の編制に関して考慮すべきことのひとつに、**等質化原理**と**異質化原理**のいずれを採るのかというものがある。等質化原理とは、年齢や性別、学習内容に対する習熟度、進路など、特定の観点から子どもたちを分類して同質の者を集めようとする考え方であり、異質化原理とは、そうした属性とは関係なく、できるだけ多様な子どもたちを1つの集団に編制しようとする考え方である。

日本では近年、集団編制に関して、**習熟度別指導**の是非をめぐる議論が盛んに行われている。これは、学習内容に対する習熟度という観点から子どもたちを分類するものであり、等質化原理に基づく集団編制であると言えよう。習熟度別指導は、**個に応じた指導**の一環として、高等学校では1978年版の学習指導要領において、中学校では1989年版の学習指導要領において、小学校では2003年12月の学習指導要領一部改正において強調され、急速に広まっていった[1]。ここではこの習熟度別指導をめぐる議論に焦点を当てて、学校での集団編制と個々の子どもの認知的個性とのかか

[1] 急速な広まりの背景には、習熟度別指導が学校への予算配分や加配教員の配置と連動させて実施されてきたという経緯がある。こうした経緯の詳細については、たとえば、次を参照されたい。
佐藤学(2004)『習熟度別指導の何が問題か』岩波書店

わりについて考えていこう。

■習熟度別指導をめぐる賛否と認知的個性

一口に習熟度別指導と言っても採られる形態は多様であるため[2]、賛否をめぐる議論の論点も1つには絞れないが、賛成派・反対派の主張はおおよそ次のようにまとめられる。まず、賛成派は主に、「同程度の理解度や学習速度の子どもを集めてグループを編制することで授業内容や進度が子どもに適したものになるため、学習内容を確実に身につけることができる」「学習内容を身につけることによって、特に低位層の子どもの学習意欲が高まる」「個に応じたきめ細かい指導を行うことで習熟の遅い子どもの底上げと速い子どもの伸長が可能になり、子ども全体の学力の向上を図ることができる」などの理由を主張する。いっぽう、反対派は、「これまでの調査結果から、上位グループの学力の向上に効果があった事例も見られるが、中・低位グループには効果がないことが明らかである」「教育内容の段階的組織と学習集団の均質化によって学びの経験が狭められるとともに、競争と失望を促進して歪んだ優越感と劣等感が助長される」「教育内容と学びの質の違いによって、学力格差は拡大し、学校全体の学力向上にもつながらない」などの理由を主張する[3]。このように、習熟度別指導をめぐっては、それが子どもの学力向上に寄与するかという点で議論が行われている。

ところで、習熟度別指導は、特定の範囲（教科や単元）の学習内容に対する習熟度

[2] たとえば、実施される範囲（「特定の教科のみ」「すべての学習活動にわたる」など）や期間（「学年ごと」「単元ごと」「単元の一部」など）、コースを分ける際の基準（「成績」「希望進路」など）などによって、多様な形態が採られる。

[3] 賛否両方の主張をまとめるにあたり、文部科学省による平成20年度全国学力・学習状況調査追加分析における「習熟度別少人数指導について」（２００８年12月15日）（http://www.mext.go.jp/b_menu/houdou/20/12/__icsFiles/afieldfile/2009/01/19/1217991_2.pdf：２００９年９月10日確認）や前掲［1］佐藤学（2004）などを参考にした。

というかたちをとって表出した認知的個性の状況によってグルーピングを行い、学力向上をめざすものである。そこでは、グルーピングのためにある一律の尺度（たとえば、「ある教科のある単元の学習内容に対する理解度を記述式のテストで表現する能力の高低」）が設定されるため、その尺度になじまない認知的個性（たとえば、口頭発表や集団思考を得意とする場合）については看過される危険性がある。したがって、認知的個性とのかかわりという視点から習熟度別指導を考える際には、それが子どもの学力向上に寄与するかどうかという点だけではなく、そこで向上させることがめざされている学力の質とはどのようなものなのか、また、習熟度を測るための尺度や方法が個々の子どもの認知的個性に配慮したりそれを発揮させたりするものとなり得ているのかという点も、十分に検討することが必要となるだろう。

■認知的個性を活かす学習文化の創造と集団編制

学校での集団編制の方法に関する議論は、学力向上や学力保障という文脈に収まるものではない。これは、学校や学級という学習および生活の場をどのような性質のものとして創り上げていくのかということとも深くかかわっている。

たとえば、等質化原理に基づき個々の能力や興味・関心などに応じた学習を進めることが過度に強調された場合、そこには個人主義的な学習文化が醸成されやすくなる。そのため、能力や特性の異なる者どうしが教え合い、高め合うということが意識されにくくなる。いっぽう、異質化原理に依拠すると、互いの能力や特性は異なっているという前提に立ち、認め合い、補い合いながら学習を進めていくという学習文化の醸成が行いやすくなる。こうした学習文化の差は、子どもが身につける他者との関係づくりのあり方に大きな影響を与える。さらにこのことは、学校卒業後に子どもたちが創り上げていく社会のあり方にも影響を与えるだろう。学校での集団編制をめぐる議論は、育成すべき子ども像や実現すべき社会像とも深く関連していると捉える必要がある。

ＭＩ理論[4]の主張に代表されるように、知能を発揮するうえで得意な分野や不得意な分野、発達の程度などは一人ひとり異なっている。したがって、多様な認知的個性の持ち主が存在している。また、国内外における相互依存関係や他国とのかかわりが急速に強まってきている現代の社会状況を見れば、文化的・社会的背景の異なる人々とかかわる機会も、今後ますます増加していくことが予想される。こうした事実に鑑みれば、社会生活を送るうえでは異質な者が集まった集団で協力し合いながら多様な活動を行うことが原則であり、学習および生活の場としての学校や学級もまた、こうした前提のもとに編制されるべきであろう。

■認知的個性を活かす集団編制と授業のあり方

以上を踏まえると、個々の子どものもつ認知的個性を活かすためには、異質化原理

[4]「1-5　多重知能（ＭＩ）の理論」参照。

に基づく集団編制を原則とすることが必要であると言える。もちろん、子どもによって理解度や学習速度に違いがあることは事実である。したがって、そうした違いへの十分な配慮を欠いた一斉授業は改められる必要がある。しかしながら、一斉授業と対置されるものとして習熟度別指導が規定されるわけではなく、また、一斉授業の否定が習熟度別指導を導入する必要性と直結するわけでもない。授業づくりにおいてまず重要なことは、子どもの認知的個性を、個々に適した教育内容決定のための条件と捉えるのではなく、互いを補完し高め合っていくための要件として捉えることである。そのうえで、個々の子どもが自身の特長を活かして教え合いや学び合いを行い、互いに高め合えるような授業のあり方を工夫する必要がある。

その際の留意点として、次の3点を指摘したい。1つ目は、**教材**の提示と**発問**づくりについてである。特定の知識や技能がなければ考えたり理解したりできない教材や発問が提示された場合、学習に取り組むことのできる子どもは限られてしまう。こうした教材や発問はまた、子どもの間の「教える－教えられる」関係を固定化させやすいため、教え合いや学び合いが成立しにくくなってしまう。子ども一人ひとりが自身の経験や知識に基づいて多様な意見を出したり、多様な子どもが活躍できるような教材の提示と発問づくりが求められよう。

2つ目は、**学習形態**の工夫についてである。多様な考えを生み出すためには、ただ集団で学習を進めればよいというわけではない。各自が自身の考えをもつための個別

[5] 小寺は、品川区荏原第三中学校における数学の実践例を取り上げている。そこでは、一斉授業とティーム・ティーチングによって単元の大半を進み、単元の最後の1時間のみ、同じ教室内で4グループに分かれた習熟度別学習が行われている。ただし、生徒はグループに分かれて個別の課題に取り組むだけではない。グループ内やグループ間での教え合いを促す取り組みが取り入れら

学習の時間を保障することや、大勢の前では発言しづらい子どもの意見を共有するために、小グループのなかで発言する機会を設定することも必要となるだろう。個別学習やグループ学習、一斉学習などを効果的に組み合わせた授業展開が求められる。

そして3つ目は、**評価課題**の設定と**評価方法**の選択についてである。授業中に多様な意見や解法を認めたとしても、評価場面において特定の意見や解法しか許さなければ、子どもの学習の成果を正確に把握することは難しい。また、結局は評価場面で許されるもののみが正答であるという意識を子どもにもたせてしまう危険性もある。評価場面においてもまた、多様な認知的個性への対応を意識する必要がある。

最後に付言するならば、習熟度別指導に必ずしも効果がないというわけではない。たとえば小寺[5]は、習熟度別指導の抱える問題点を指摘する一方で、教師の工夫によって子どもどうしの教え合いや学び合いが活発に行われた実践例も紹介している。学校での集団編制を考える際には、等質化原理と異質化原理の良し悪しを論じるだけでなく、子ども一人ひとりの能力を十分に伸ばすという観点に立ち、その集団に存在する多様な認知的個性を活かせる授業づくりを行うことが肝要である。[6]

〔木村裕〕

れたり、習得すれば次のコースに進むことが認められたりしていることによって、差別意識を生み出さず、競争原理によらない実践が行われている。

小寺隆幸（2005）「子どもたちの学び合いを断ち切り学力格差を拡大する危険性」梅原利夫・小寺隆幸（編）『習熟度別授業で学力は育つか』明石書店 pp.113-116.

[6]「2-1 個別指導システムづくり」「2-2 ATI（適性処遇交互作用）」参照。

◆参考書

●加藤幸次（2004）『少人数指導習熟度別指導：一人ひとりの子どもをいかに伸ばすか（親と教師で考えるこれからの学校）』ヴィヴル

●西川信廣（2006）『習熟度別指導・小中一貫教育の理念と実践』ナカニシヤ出版

●梅原利夫・小寺隆幸（編）（2005）『習熟度別授業で学力は育つか』明石書店

1-18

学習集団内の相互作用①

相互作用の形式に注目する

授業は、教師と子ども（児童・生徒）が、また、子どもどうしがさまざまなコミュニケーションをとりながら進められる。そこで直接表明される内容のみならず、形式もまた、子どもの学習に重要な影響を与えている。

■教師と子どもの間の相互作用

授業が教師主導で進められるときに顕著となる相互作用の形式とは、教師の問いと子どもの応答、その応答に対する教師の評価の連鎖である（**IRE連鎖**[1]）。こうした相互作用と対照的な教師の行為として、**リボイシング**があげられる。リボイシングとは、教師がある子どもの発言を取り上げ、言い換えや明確化、コメントの付与などを行い、他の子どもの注意をひきつける行為である。ここには、子どもに発言の**オーナーシップ**を与え、その発言を受けて他の子どもらが議論に参加することへの期待がある[2]。

このように、教師が子どもに行う質問の仕方など、コミュニケーションの仕方には、

[1] ミーハンは、教室の会話の特徴として、教師の質問・説明・指示などによる「開始（initiation）」、子どもの「応答（reply）」、それに対する教師の「評価（evaluation）」というパターンを見出した。
Mehan, H. (1979) *Learning Lessons: Social organization in the classroom*. Cambridge, MA: Harvard University Press.

[2] O'Connor, M. C. & Michaels, S. (1993) Aligning academic task and participation status through revoicing: Analysis of a classroom discourse strategy. *Anthropology and Education Quarterly, 24*, pp.318-335.

学習観や子どもに期待する役割、さらには知識の性質について教師がもっている信念が表れる。そこから間接的に価値づけられる問いや思考の仕方に沿って、**受容される応答**をすることが子どもの学校での成功につながる。ただし、子どもの学習に対する教授行為の影響は、教師の意図によってのみ決まるのではなく、**子どもの心理的な反応**によって媒介される。よって、子どもが教師のある行為からどのように教師の期待を認知し、解釈するかが、子どもの学習や**動機づけ**に影響を与えることになる。

　子どもや初心者に対し、次にできることを見定め、それを引き出すような支援（促し・ヒント・質問）を与えることを**足場づくり**（scaffolding）と言う[3]。授業のなかであれば、何の説明も加えずに答えのみを求めるのではなく、説明やモデルを示しながら理解を促したり、子ども自身がどう考えているのか理解を説明するよう促したりすること、また、肯定的感情や進歩に焦点を当てたフィードバックを行うといった教授行為には「足場づくり」が組み込まれている。中学1年生を対象としたターナーら[4]の分析によると、足場づくりの伴った教師の発言の割合が高いクラスでは、生徒の誤りに焦点を当てるようなクラスとは対照的に、**熟達目標構造**[5]を認知する傾向が強く、**セルフ・ハンディキャッピング**[6]などの回避方略の報告が少なかった。こうしたタイプの発言は、教師が、生徒の学習における努力を支援し、進歩できると信じていることを間接的に表現するため、動機づけに良い影響を与え得る。

　ただし、子どもの解釈には、**既有知識**[7]、経験、自己評価、目標、期待、そのクラス

[3] Wood, D., Bruner, J. S., & Ross, G. (1976) The role of tutoring in problem solving. *Journal of Child Psychology and Psychiatry, 17*, pp.89-100.

[4] Turner, J. C., Midgley, C., Meyer, D. K., Gheen, M., Anderman, E. M., Kang, Y., & Patrick, H. (2002) The classroom environment and students' reports of avoidance strategies in mathematics: A multi-method study. *Journal of Educational Psychology, 94*, pp.88-106.

[5] 学習内容を理解すること、そのために努力すること、個人内での進歩が生じることを重視する学習環境を指す。これに対し、よい点数や順位をとることが強調される学習環境を遂行目標構造という。
　Ames, C. (1992) Classroom: Goals, structure and student motivation. *Journal of Educational Psychology, 84*, pp.261-271.

[6] セルフ・ハンディキャッピングとは、ある課題を行う際に、努力

や他の集団での経験の蓄積などが影響するため、同じ教師の行為の受け取り方にも個人差が生じ得る。たとえば教師が子どもを「ほめる」行為に対しても、子どもによってさまざまな捉え方がある。[8] 教師に従属するかのように見られることを好まない子どもにとっては、ほめることが心理学的には罰としての効果を持ち得る。この場合、教師によってほめられることで望ましいと評価された応答が減少する可能性がある。また、簡単な課題や多くの子どもができる課題の遂行をほめることは「能力が低い」というメッセージだと受け取られることもある。[9]

　教師からの支援に対しても、子どもによっては過度に依存し、援助がなければすぐあきらめるような場合もあれば、自分のやり方で問題に取り組むことを好み、教師の手本を干渉のようにみなす場合もあり、同じ状況、同じ教授行為であっても、異なる風に解釈され得る。[10] このように、一般的に支持された理論的基盤をもつ教授行為であっても、必ずしもすべての教師と子どもとの関係においてうまくいくとは限らない点には注意が必要である。したがって教師は、一人ひとりの子どもの認知的個性や、子どもと自らの関係をよく理解したうえで、それぞれの教授行為を選択していくことが求められる。

■子どもどうしの相互作用

認知的個性を活かす教育のためには、教師と子どもの間の相互作用と同じく、もし

しても失敗してしまった場合に能力が低いと評価されることをおそれて、わざと努力しないこと。

[7] 人が先行経験から得た知識（既有知識）は、新しい情報の解釈に影響を与える。

[8] Brophy, J.（1981）Teacher praise: A functional analysis. *Review of Educational Research, 51*, pp.5-32.

[9] Weiner, B., Graham, S., Taylor, S. E., & Meyer, W.-U.（1983）Social cognition in the classroom. *Educational Psychologist, 18*, pp.109-124.

[10] Järvelä, S.（1995）The cognitive apprenticeship model in a technologically rich learning environment: Interpreting the learning interaction. *Learning and Instruction, 5*, pp.237-259.

くはそれ以上に、子どもどうしの相互作用への配慮が重要である。子ども間の相互作用が学習成果や動機づけに影響を与えるメカニズムを説明するもののひとつは、**社会認知的葛藤理論**である[11]。人は、既存の理解と経験することとが矛盾していると認知すると、自分の信念に疑問を感じる（**認知的葛藤**）。この認知的葛藤が、社会的なやりとり、すなわち他者との相互作用のなかで触れる新しい情報によって生じると、自分の考えを説明したり、考え直して別の見方をとることが促されると考えられる。また、社会的相互作用の重要性は、個人内の精神機能が社会的相互作用への参加に由来するとの理論的立場からも支持される[12]。この立場では、他者とのコミュニケーションの手段であることばが、個人内の思考の手段として転化・発達するプロセスに力点があるため、積極的に学習集団内の相互作用（たとえば協調学習やペア学習など）に参加することが重視される[13]。

〔河﨑美保〕

［11］Piaget, J.（1923）*Le langage et la pensée chez l'enfant*. Paris: Delachaux & Niestlé.［大伴茂（訳）（1954）『児童の自己中心性』同文書院］

［12］Vygotsky, L. S.（1978）*Mind in society: The development of higher psychological processes*（M. Cole, V. John-Steiner, S. Scribner, & E. Souberman, Eds. and Trans.）, Cambridge, MA: Harvard University Press.

［13］「1－19　学習集団内の相互作用②」参照。

◆参考書

●秋田喜代美（編）（2006）『授業研究と談話分析』放送大学教育振興会

●松下佳代（2007）「非ＩＲＥ型の教室会話における教師の役割」グループ・ディダクティカ（編）『学びのための教師論』勁草書房 pp.193-220.

1-19

学習集団内の相互作用②

子どもの能力差と社会的関係に注目する

学習集団内の相互作用は、役割の平等性（対等、教師－子ども役）や相互性（発言につながりがあるかどうか）に関して多様である。[1] そうした差異は、明示的に決められた要因だけでなく、明示的ではない要因（子どもどうしの関係性、評価の仕方、教師が価値を置いている参加構造、クラスの文化など）によっても生じる。ここでは、個人内の**認知的葛藤**が生じるかどうか、あるいは、メンバーの相互作用への参加機会が平等に分かちもたれるかどうかに影響を与える集団内における子どもの**能力差**や子どもどうしの**社会的関係**といった要因についてみていこう。

[1]「1-18 学習集団内の相互作用①」参照。

■子どもの能力差と社会的関係

社会的相互作用が個人のなかに葛藤を創り出すためには、**対等の意見交換**が起きることが重要となる。権威のある他者の考えについては認知的葛藤を経験することなく、単に受け入れてしまいやすい。このため、子どもたちどうしの社会的な支配関係もまた、他者の答えを受け入れるかどうかに影響し、正しい答えをもっているだけでは他の子どもを説得するのに十分でないことがある。よって子どもたちどうしの関係性が対等でないことは、相互作用を通じた学習の効果を妨げ得る。子どもの集団内での地位が何によって決まるかは、教室や学校の文化にもよるが、能力（その教室で価値が置かれている能力。運動能力の場合もある）や人気の高さ、性別などに影響を受けることが知られている。[2] 通常、高い地位の子どもは、集団内での相互作用においてより大きな影響力をもち、発言する機会が多い。他の子どもたちは高い地位の子どもの考えに単に従うことになるかもしれない。このようにペアや小グループの学習を取り入れても、他者に自分の考えを説明するなどといった学習に効果的な認知的活動に従事する機会をすべての子どもが得られるとは限らない。子どもどうしの相互作用は、複雑な要因に左右されている。

[2] Cohen, E. G., & Lotan, R. A. (1995) Producing equal-status interaction in the heterogeneous classroom. *American Educational Research Journal, 32*, pp.99-120.

■能力の差異とグループ編制

それでは、グループを編制する際に、同じようなレベルの能力をもつ子どもを集めた**同質集団**と、異なるレベルの能力の子どもを集めた**異質集団**では、能力の差異によってそれぞれの子どもにどのようなメリット・デメリットが存在するだろうか。[3] さまざまな実証研究を総括すると、異質集団では、成績が下位の子どもにメリットがあり、上位の子どもにとっても同質集団と同等か、それ以上のメリットがあるとされる。[4] たとえば、より低い能力の子どもは、**同質ペア**よりも**異質ペア**で学習成果が高いという。

[3]「1-17　学校での集団編制」参照。

[4] Webb, N. M. (1989) Peer interaction and learning in small groups. *International Journal of Educational Research, 13*, pp.21-40.

これは、異質ペアのなかでは、能力が低い子どもが能力の高い子どもから多くの説明を受けるという相互作用が生じた結果である。この相互作用は、能力が高い子どもにとってもメリットをもたらす。能力の高い子どもを同質ペアにした場合、彼らは互いに援助の必要がないと考え相手への説明が生じにくいのに対し、異質ペアでは相手に理解可能なように内容を明確化し再構成することで、自分自身が理解を深めることにつながるからである。

いっぽうで、能力が中位の子どもにとっては、異質集団はリスクがあることが示唆されている。特に上位、中位、下位で構成されるような能力の幅が広い異質集団の場合には、上位と低位の子どもの間に教師－子どものような関係でインタラクションが生じ、その結果、中位の子どもが相互作用に参加する機会が制限されてしまうという問題が指摘されている。このように、グループ編制の際には、子どもの能力の組み合わせ方によって異なる相互作用が生じることに十分留意せねばならない。

なお、子どもだけで編制するグループによって教育・学習活動を進める場合、子どもどうしで説明し合うほうが、大人が説明するよりもペースや表現が子どもに合ったものになるというメリットがある。しかし他の子どもから一方的に答えを教えられるだけのような場合には、教えられるほうの子どものつまずきの大本が放置されるばかりでなく、理解への動機づけを失わせ、教師に援助を求めることもしなくなるおそれがある。したがって、教師は子どもたちがどのように説明しているかという、質的側面に気を配る必要がある。また、精緻な説明を聞くことが直接、学習成果の向上につながるというよりは、受けた説明を利用して自分なりに問題を解いてみるなどの活動が重要であり、そうした機会が確保されるような配慮も求められる。

■認知されたコンピテンス

ある子どもが異質な学習集団で高いリーダーシップを発揮する場合、その子どもの能力は、必ずしも他の場面での能力やテストで測られた得点と一致するとは限らない。このような集団において表出され、相互作用に影響を及ぼす能力は、その子どもの実際の能力というよりも、むしろ教師やクラスメイトによって**認知されたコンピテンス**[5]なのである。認知されたコンピテンスは、その子どもが実際にもっている能力と同じこともあれば、関係が弱いかまったくない場合さえある。

こうした認知されたコンピテンスを、学習集団内の相互作用においてうまく活用することができれば、有効な教育的アプローチとなり得る。たとえば、国語や算数が苦手な子どもがいた場合、「運動が得意だ」「音楽や美術が得意だ」「リーダーシップがある」等、その子どもの能力が周囲から肯定的に認められる場を提供し、集団内の地位を上昇させることで、国語や算数の学習活動においても、その子どもが自分の考えを説明する機会を増やすことができるだろう。[6] しかし同様のメカニズムが逆方向に働くこともあり、相互作用のなかで社会的地位の差異を意図せずして増幅させるリスク

[5] 心理学で言うコンピテンスとは、環境に能動的に働きかけ、その結果環境に変化をもたらすことができる能力、あるいはそういう能力を発揮できるという自己効力感をいう。

[6] 「1-9 美術・音楽の優れた能力」参照。

に配慮せねばならない。学習にうまく参加できないであろうというネガティブな期待が特定の子どもの相互作用への参加の機会を制限し、読み書き障害といったラベルを生み出すこともあるからである。[7]

■学習課題・社会的スキルの教授・規範の協同構築による相互作用の支援

以上のように、子どもの集団内での地位は、学習場面での相互作用への参加頻度や、生徒が従事する認知的活動の種類（説明する、質問する、など）に影響を与える。すべての子どもの参加を最大化する方法をとることによって教室での地位による影響を抑えることができるかもしれない。その方法をいくつか見よう。

学習課題からのアプローチとして、グループで取り組む課題に、多様な能力を必要とする課題を用意するという方法がある。教室では通常、学業にかかわるコンピテンス（読み、書き、計算等）という限られた範囲の能力に焦点が置かれ、これらにおいて苦戦する子どもたちは学習集団のなかで低い地位にあるとみなされることが多い。しかし、達成するためには多様な能力を必要とする課題[8]を用意することで、多くの子どものインクルージョン[9]が可能になる。たとえば、そうした課題を与えられた子どもたちは、その達成のためにどのような能力が必要であるかを議論することで、独力では達成できない課題の存在を認識するだろう。また子どもの取り組みに対する教師のことばかけが、一人で正確に何かを行ったという側面ではなく、それがグループの課

[7] McDermott, R. P.（1993）The acquisition of a child by a learning disability. In S. Chaiklin & J. Lave（Eds.）, *Understanding practice: Perspectives on activity and context*（pp.269-305）, Cambridge, England: Cambridge University Press, pp.269-305.

[8] たとえば、動物園をデザインする課題を完成させるために必要なコンピテンスは、測定能力、インストラクションを書く、適切な飼育条件を調べる、動物園の動物にとって必要な食べ物を調べる能力や、模型をつくるための芸術的能力、他に多くの特定の能力を含む。前掲［2］参照。

[9] インクルージョン（inclusion）統合、包括などと訳される。インクルージョン教育では、能力の相違、障害の有無などにかかわらず、すべての子どもたちが学習し、参加することが保障される、すべての子どもたちに開かれた教室、学習施設、教育制度を意味する。

題にとっていかに重要なスキルであり、貢献であるかに焦点を当てて行われることで、子どもたちはそれぞれの異なるスキルを発揮してクラスの取り組む課題に貢献することの重要性を学ぶことが期待される。これを通して、何ができないかではなく、何ができるかに焦点を当てた他者理解を育むことにもつながるだろう。

他に、課題を分割する、という点でよく知られた手法として、**ジグソー学習**がある。[10] それは、あるトピックについて学習するとき、グループのメンバーがいったん別れてサブトピックごとに別のグループをつくり、そこで理解を深めた後、元のグループに戻って各自が学んだことを伝え合うという手続きをとる。各自が1つのサブトピックを担当しているため、全員が説明する機会が確保され、多くの子どもたちの積極的な相互作用への参加を促すことが期待できる。

学習障害をもった子どものなかには、グループ活動を好まない子どもや、協調的な課題への参加に必要な社会的スキルの未熟な子どもがいるかもしれない。[11] しかし協調的学習の経験のなかで、そうした子どものクラス内での社会的な立場が向上するという可能性を考えるならば、他者と一緒に活動するために必要な社会的スキルを教授し支援するというアプローチもある。こうした社会的スキルとしては、基本的なコミュニケーションスキル（他者の理解や同意を確認する等）、グループの行動の規範（注意して聞く等）、援助スキル（詳しい説明をする、明確な質問をする等）などがあげられる。[12]

[10] Aronson, E., Blaney, N., Stephan, C., Sikes, J., & Snapp, M. (1978) *The jigsaw classroom*. Beverly Hills, CA: Sage.

[11] Pearl, R. (1992) Psychological characteristics of learning disabled students. In N. Singh & I. Beale (Eds.), *Current perspectives in learning disabilities: Nature, theory, and treatment*, New York: Springer-Verlag, pp.96-117.

[12] Webb, N. M., & Farivar, S. (1994) Promoting helping behavior in cooperative small groups in middle school mathematics. *American Educational Research Journal, 31*, pp.369-395.

[13] たとえばコブらは、小学2年生の算数の授業において、教師と生徒が社会的・学問的規範（社会・数学的規範）をいかに協同構築しているかを分析している。また松尾・丸野は、小学5年生の国語の授業において、話し合いのなかで教師が即興的にルールを生成し共有を図る過程を分析している。

ただし、対立する見解をめぐってどのように議論すればよいかなど、あらかじめ一般的なルールとして教授するだけでは実行できないスキルもあるだろう。また、仮にグループ活動中に必要な援助要請をしない場合、それは方法がわからないというよりも、クラス内の暗黙の規範に影響を受けている場合もある（他者のじゃまをせず一人で静かに作業することが望ましいと考えられているクラスなど）。したがって、子どもたちの相互作用のなかに教師も参加しながら、具体的な相互作用に即して、教師の期待を伝えたり望ましいあり方を子どもたちと議論したりすることを通じて規範を協同構築することもまた、重要だと言える。[13]

〔河崎美保〕

Cobb, P., Yackel, E., & Wood, T.（1989）Young children's emotional acts while engaged in mathematical problem solving. In D. B. McLeod & V. M. Adams（Eds.）, *Affect and mathematical problem solving: A new perspective*, New York: Springer-Verlag, pp.117-148.

松尾剛・丸野俊一（2007）「子どもが主体的に考え、学び合う授業を熟練教師はいかに実現しているか：話し合いを支えるグラウンド・ルールの共有過程の分析を通じて」『教育心理学研究』*55*, pp.93-105.

◆参考書

●佐藤公治（1999）『対話の中の学びと成長』金子書房

●A・F・ガートン／丸野俊一・加藤和生（監訳）（2008）『認知発達を探る：問題解決者としての子ども』北大路書房

2

個性化教育で活きる認知的個性

2-1 個別指導システムづくり

■「子ども一人ひとり」に焦点を置いた個別指導システム

先進諸国は1880年代に近代学校を作り上げた。日本でも、1872年（明治5年）に「学制」が敷かれた。指導の基本のかたちは、軍隊の組織を模して、教室という空間に一人の教師を配し、同じ暦年齢の約50人の子どもの指導にあたらせるというものであった。ごく初期の学校は能力別の「等級制」が採用されたが、やがて、学年別の「学級制」が定着していった。そこでの指導法は「一斉指導」と言われるものである。学級全員で同じ学習課題に挑み、同じペースで、同じ教材を用いて、同じ解答に向かって指導するというもので、今日の学校もまたこの指導法を踏襲している。ここでは、子どもは「一人ひとり」という視点では捉えられず、「全体として」捉えられてきた。

こうした子どもを「全体として」捉える指導法への反省は、1957年、当時のソビエト連邦によるスプートニクの打ち上げに端を発する。この打ち上げの成功は、西洋世界を震撼させ、教育をも見直させることになった[1]。まず、教育内容の現代化がめ

[1] 世界初の人工衛星スプートニク1号の成功は、「宇宙開発のリーダー」を自負していたアメリカをパニックに陥れた。このスプートニク・ショックを受けて、アメリカでは科学教育や研究の重要性が再認識され、アメリカの軍事・科学・教育が大きく再編された。

ざされ、科学・学問の最先端の成果を取り込んだ優れた教科書教材が開発された。同時に、「教育方法の現代化」も追求された。教育機器の開発、学習空間の柔軟化・オープン化、ティーム・ティーチングの導入などによって、一斉指導の改革がめざされ、「子ども一人ひとり」の学習に焦点を置いた個別指導が志向された。これには、世界人権宣言を受け継いだ、1959年の国連による「子どもの権利条約」における子どもの人権への関心の高揚もまた背景にあった。21世紀社会にふさわしい学校教育の課題は、いかにして「子ども一人ひとり」に焦点を置いた**個別指導システム**を開発するかにある、と言っても過言ではない。

■個別指導システム開発のための方略（1）
――個人差、すなわち認知的個性の処遇

伝統的な一斉指導は、文字どおり学級全員「一斉」に、すなわち同じペースで学んでいく。同時に、「画一」に、すなわち同じ学習課題について学んでいく。たしかに、一斉指導という枠組みのなかでも「子ども一人ひとり」への配慮はなされてきている。教師は指示や発問（ことばかけ）を工夫して、個に応じようとする。板書やノート指導を通して、あるいは、グループ学習、特に、「話し合い・助け合い活動」を強調して、個に応じようとする。しかし、そこには、一斉指導を根本から改革するという展望がない。すなわち、一斉指導のもつペースの一斉性と学習課題の画一性に挑戦する

ところからこそ、個別指導システムは創造される。

まず、個の「何」に応じて、指導を改革していくべきかが問われねばならない。**一斉指導**と言われる指導法は、学級全員で同じ学習課題に挑み、同じ時間（ペース）で、同じ教材を用いて、同じ解答に向かって指導するという枠組みをもつ。この枠組みに対応して、**5つの「個人差（認知的個性）」**という概念を認識し、一斉指導改革の手立てとする。それらは、①達成度（achievement）、②学習時間（learning pace）、③学習適性（learning style）、④興味・関心（interest）、⑤生活経験（experience）、である。

子どもは一人ひとり達成度（レディネス）が違う。学習するペースやスタイルも異なる。一人ひとりがもつ興味・関心や生活経験も違う。一斉指導のもつ一斉性は学習時間、学習適性という個人差と鋭く対立し、画一性は達成度、興味・関心、生活経験という個人差を覆い隠してきた。言い換えると、5つの個人差を正面から処遇することによってこそ、「21世紀型」学校教育にふさわしい個別指導システムを創造することができる。

■「個人学習」と「集団学習」のバランス

誤解を解かねばならない。伝統的な一斉指導に代わって、子どもたちのもつ個人差（認知的個性）を処遇した個別指導システムを創造しようとするとき、

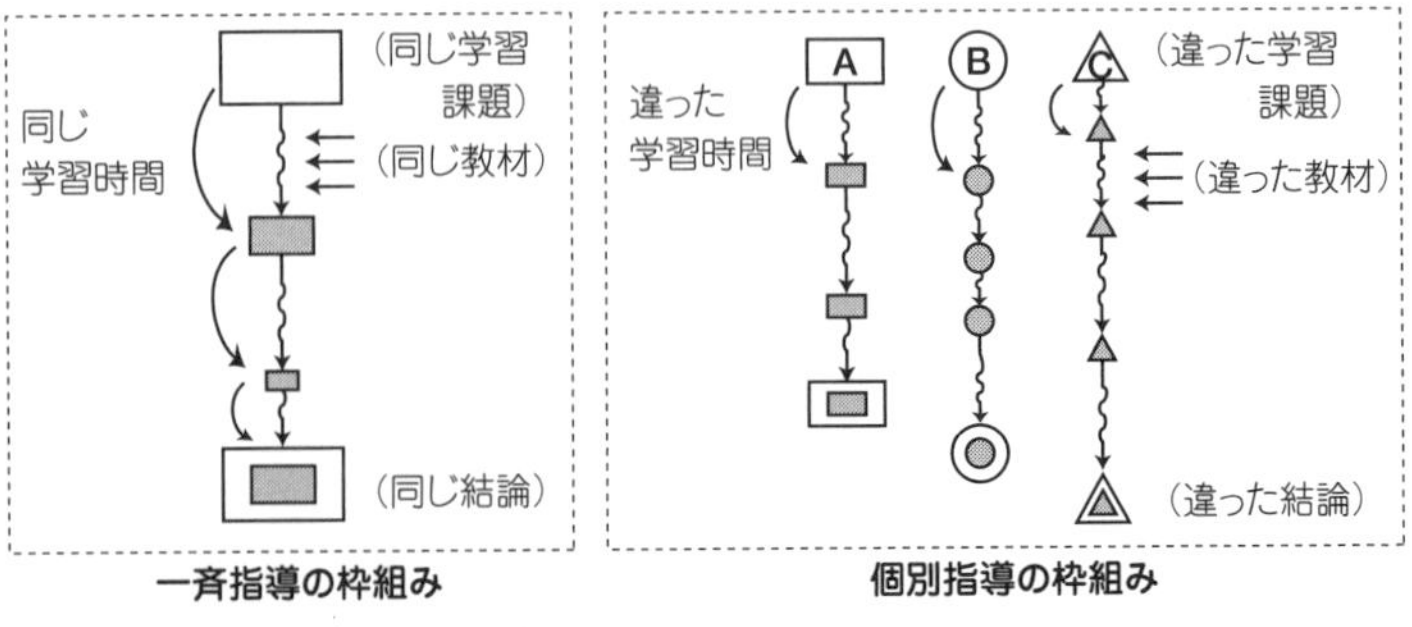

図2-1　一斉指導の枠組みと，対比される枠組み

集団学習が無視され、「話し合い、助け合い、響き合い」と言われる活動が消滅してしまうのではないか、という誤解である。学校は集団から成り立っており、集団のもつ教育力を活用することは改めて言うまでもない。そもそも、学習は一人だけで成り立つものではなく、集団のなかでこそ成り立つものである。自分のわからないところは人から訊き学びたいし、自分の意見は他の人に聞いてもらい反応を得たいし、批判も受けたい。このような至極当然のことが理解されず、「個別指導」ということばから「集団学習」が無視されるに違いない、と即断される。

一斉指導は、学習形態として、常に「学級集団」を前提として行われ、教師の指示でグループが編制され、グループ学習が行われる。それに対して、個別指導システムでは、「個人学習」「ペア学習」「小グループ学習」「中グループ学習」「学級集団学習」「学級合同集団学習」「異学年集団学習」など、学習のねらいに応じて多様な学習形態をバランスよく取り入れる。しかも、グループ編制は学習課題ごとに変わり、自らグループを選択し、途中での出入りは自由であることを原則とする。子どもたちが自発的にグループ活動に参加し、「話し合い、助け合い、響き合い」と言われる活動ができることが重要であることは言うまでもない。

■個別指導システム開発のための方略（2）── 指導の個別化・学習の個性化

次に、学校の行う教育活動、すなわち、教科指導と生徒（生活）指導のなかで、どのように5つの個人差（認知的個性）を処遇するかということである。ここでは教科指導の特性に考慮しつつ、個人差を処遇する。

教科は用具系教科（国語、算数・数学、英語など、いわゆる読み書き計算：スリー・アールズ）、内容系教科（社会、理科、生活科・総合学習など）、表現系教科（音楽、図工・美術、体育）に3分して考えられる。指導内容の系統性をめぐって、用具系教科は系統的（積み上げ型）指導として編成されているのに対して、内容系教科は必ずしも系統性にこだわって編成されているとはいえない。表現系教科は、用具系教科（個人的技能）と内容系教科（音楽史、美術史、保健）の両者を含む。

用具系教科は指導内容の系統性が「強い」と考え、達成度、学習時間、学習適性の3つの個人差を「生かし（活用し）」、指導システムをつくる。「指導の個別化」という概念は、指導内容の系統性が強く、教師の指導が重要であり、しかも、子ども一人ひとりの確実な習得が重要で、したがって、個別化せざるを得ないと考えられるからである。最後は、その子が独力で「やれる、できる」べきである。他方、**内容系教科**は指導内容の系統性が「弱い」と考え、興味・関心、生活経験の2つの個人差を「育てる（伸ばす）」ことをめざして、指導システムをつくる。「学習の個性化」という概念は、指導内容の系統性が弱く、教師の指導というよりは、子どもの学習が重要であり、子ども一人ひとりが自ら選択した課題を自らのやり方で追究し、自らが納得する結論を得る学習が重要で、したがって個性化せざるを得ないと考えられるからである。

■個人差（認知的個性）を活かし、育てる「学習」プログラム

結論から言って、用具系教科と内容系教科をめぐって、次の10の**新しい「学習」プログラム**をつくることができる。①完全習得学習（mastery learning）、②到達度別学習（ability grouping）、③自由進度学習（self-paced learning）、④無学年制学習（non-graded learning）、⑤適性処遇学習（aptitude treatment learning）、⑥順序選択学習（sequence choice learning）、⑦発展課題学習（extended task learning）、⑧課題選択学習（task choice learning）、⑨自由研究学習（free task learning）、⑩契約課題学習（contract learning）。

■個別指導システム開発のための方略（3）
——協力指導体制・学習環境・学校経営

改めて言うまでもなく、伝統的な一斉指導は、「教室」という限られた空間のなかで、「一人」の教師が40人近い子どもたちを対象に指導していく形態である。複数の教師が学級という単位を越えて協力し指導にあたる体制ではない。しかし、個別指導システムは、ボランティアを含んだ、多様で、豊かな「人的」学習環境（learning

学習プログラムと学習パターン（例）

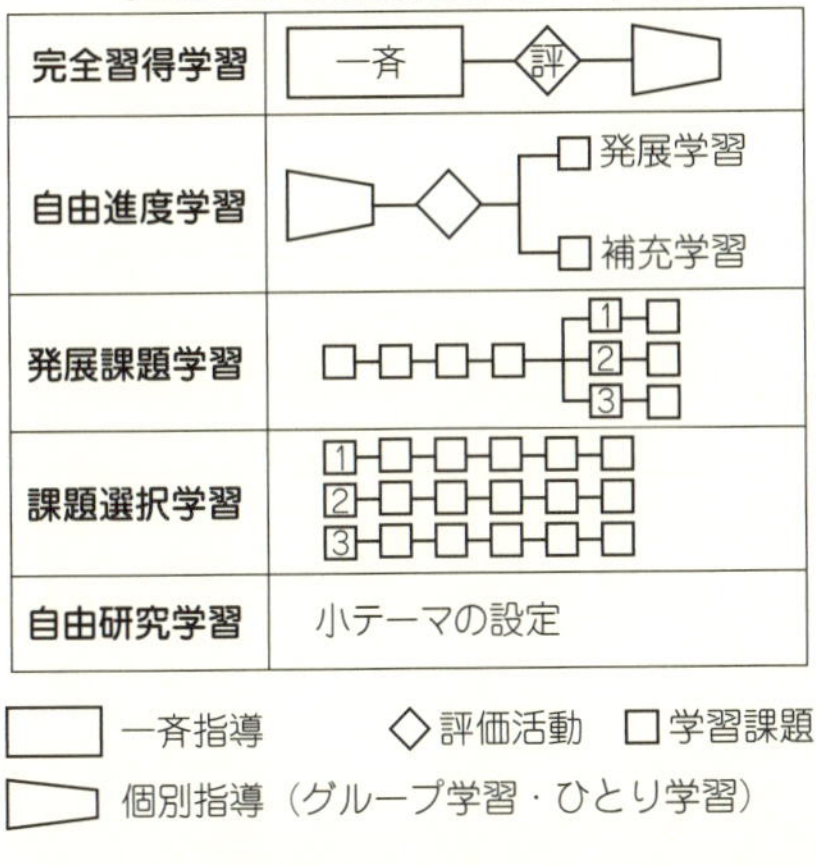

図2-2　完全習得学習，自由進度学習，課題選択学習，自由研究学習のフローチャート

environment）の存在を前提としている。同時に、個に応じた指導を支えるために、空き教室やオープン・スペースを活用して、多様で、豊かな「物的」学習環境をもった「学習・情報センター」を構成し、活用する。今日、コンピュータを含めて学習材、学習具は、実に多様で豊かである。

他方、個に応じた指導（教育）を中核にした「21世紀型」学校教育にふさわしい個別指導システムを創造しようとするとき、協力指導体制（team teaching）の確立や学習環境の充実というレベルを超えた、同じ教育的使命感をもった地域や保護者を含んだ協同体をつくり、学校経営を行う必要が出てくるに違いない。現在のチャーター・スクール[2]（charter school）という概念がそれに近い。

〔加藤幸次〕

［2］チャーター・スクールは、アメリカで1990年代から増えつつある一種の公募型研究開発校である。保護者、地域住民、教師、市民活動家などが、その地域の新しいタイプの学校をチャーター（charter）と呼ばれる特別認可を受けて設立する。公的な資金の援助を受けるが、運営は設立申請を行った民間のグループが担当する。

◆参考書
●加藤幸次（1982）『個別化教育入門』教育開発研究所
●加藤幸次（監修）・全国個性化教育研究連盟（編）（2004）『学力向上をめざす個に応じた指導の理論』黎明書房

ATI（適性処遇交互作用）

何が良い教え方かは、学習者によって異なる

■ATIとは何か

ATIとは、1957年にクロンバック[1]が学習と教育の新しい研究方法論として打ち出した概念であり、"aptitude×treatment interaction"の略語である。**適性**（aptitude）を表すA、**処遇**（treatment）を表すT、**交互作用**（interaction）を表すIという3つの頭文字を並べたもので、**適性処遇交互作用**と訳される。

適性とは、能力や性格、認知や思考のスタイル、学習環境の好み、価値観など、学習に影響を与えるすべての個人差要因、本書で言うところの認知的個性を指す。処遇とは、広く学習指導法や与えられる学習環境を指し、個々の教師に特徴的な教授スタイルから性格特性や信念までも含む。

交互作用とは、この適性と処遇が相互に複雑に影響し合い、ある場合には相乗的効果をもたらし、ある場合には相殺的効果をもたらすという現象を意味する。

このように、ATIとは「学習者の適性の個人差によって、与えた学習指導法や学習環境の効果が異なる」、したがって「何が良い教え方であるかは、学習者の個人差

[1] Cronbach, L. J.（1957）The two disciplines of scientific psychology. *American Psychologist, 12*, pp.671-684.

によって変わってくる」ことを指摘し、重視する理論的立場である。

■ATIの理論と実際

ATIの考え方は、図2-3のように表現できる。横軸に適性、たとえば知能検査や性格検査のスコアを、縦軸に学習結果、たとえば単元終了時に実施したテスト得点をとる。今、同じ単元について2種類の処遇AとB、たとえば講義式の授業と視聴覚教材を中心にした授業を実施したとしよう。それぞれの場合のテスト結果を図にプロットしていき、一般的な傾向を見るために回帰直線を求めるという統計的処理を施す。

このとき、もし処遇Aの回帰直線と処遇Bの回帰直線が交差したならば、その交点に対応する適性のスコアを境として、2つの処遇の効果が逆転していることになる。したがって、図2-3で言えば、交点より右側の適性を示す者には処遇Aを、左の者には処遇Bを選択すれば、すべての学習者に対して、より効果的な指導が実施できる。

小学生を対象に入門期の英語指導に関して文法中心の指導と会話中心の指導を比較した安藤らの研究[2]によれば、個人差を考慮せず2つを比較した場合にはほとんど効果に差がなかった。しかし、**言語性知能**に関する個人差を適性として考慮したところ、言語性知能の高い子どもたちは文法中心の指導の下でよりうまく学べ、逆に言語性知能の低い子どもたちは会話中心の指導の下でよりうまく学べていた（図2-4）。

ATIは、現状ではうまく学べていない学習者も、別な種類の指導法や教材ならば

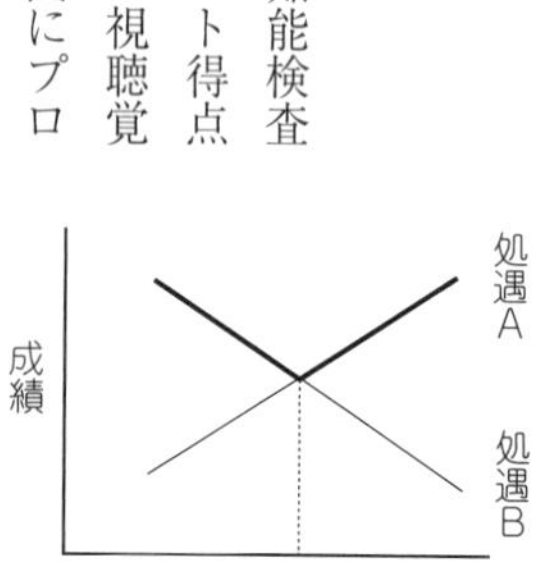

図2-3　ATIの考え方

[2] 安藤寿康・福永信義・倉八順子・須藤毅・中野隆司・鹿毛雅治（1992）「英語教授法の比較研究：コミュニカティヴ・アプローチと文法的アプローチ」『教育心理学研究』40, pp.247-256.

うまく学べるかもしれないという視点を提供するとともに、授業づくりに際しては、一人ひとりの適性に応じて多様な指導法や教材が準備されることが望ましいという原理を示している。子どもたちがうまく学べないのは「能力がない」からではなく、その子の適性に適合した指導法や教材を与えられていないからである。

■教科の特質とATI

ATIとのかかわりで問題となってくるものに、**教科の特質**がある。たとえば、理科では実験や観察を通して具体的な事例を検討し、そこから**帰納**的に法則を導く筋道で指導するのが常道である。しかし、帰納的な思考が苦手な子どもは、この筋道ではうまく学べない。ところがこのような子どもも、最初に法則を教わり、それが個々の事例にもあてはまることを確認し納得していく**演繹**的な筋道でなら、うまく学べるかもしれないのである[3]。

これに対し「それは理科ではない」との反発は必至であろう。経験科学の論理やその方法論を体得することが、理科の教科としての重要な特質だからである。しかし、うまく学べないのではどうしようもないのではないか。

もし、帰納と演繹の2つの筋道で教材や教育方法を準備し、子どもの思考スタイルに合わせて選択できるようにすれば、もっと多くの子どもが理科をうまく学べ、結果的に理科を好きになるかもしれない。そして、演繹的な教育方法でうまく学べた子ど

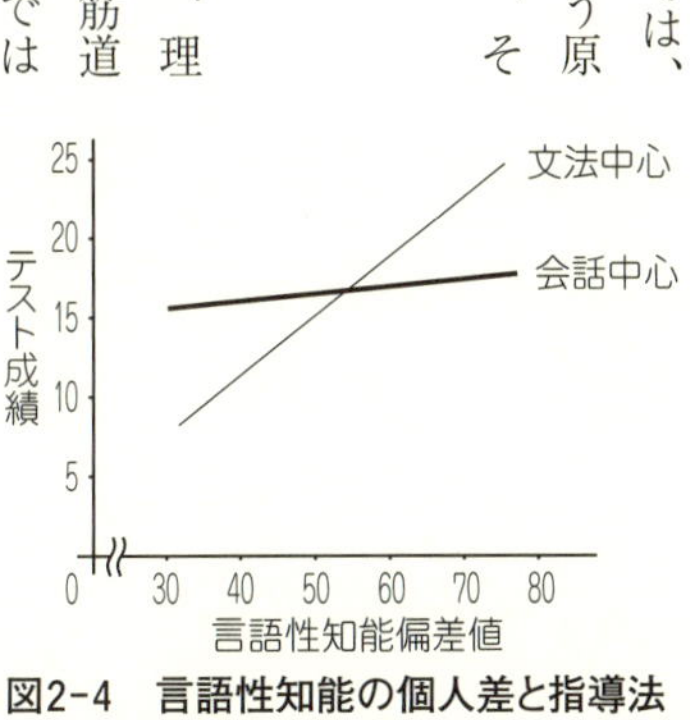

図2-4　言語性知能の個人差と指導法のATI

[3] 理科の学習指導において、実験や観察を先に行い、そこから後に知識獲得に至る伝統的な筋道ではなく、先に実験の結果を教え、その意味にかかわる知識を学んだ上で実験や観察を行うという筋道での授業を提案したものに、近年、市川（参考書）が提唱している「教えて考えさせる授業」がある。

もについては、その経験を足場に別途帰納的な思考の意義や良さをさらに指導すればよく、またそのようにカリキュラムを構成する工夫が望まれるのである。

■心理学研究のパラダイムシフト

クロンバックは、ATIの考え方を、単に学習指導の合理的改善の手段として提唱したわけではない。彼がATIの概念を最初に述べたのは「科学的心理学の2つの方法論（The two disciplines of scientific psychology）」と題して行われた、アメリカ心理学会の会長講演であった[4]。彼はその席上、心理学史上においてそれぞれ独自に発展してきた2つの流れ、すなわち**実験心理学**と**差異心理学**の垣根を取り払い、統合することによって、心理学研究のパラダイムシフトを図ったのである。

実験心理学とは、いくつかの外的条件を実験的に操作し、各条件下での人間の意識や行動の違いを比較することで、心のメカニズムを知ろうという心理学のアプローチである。そこでは、外的条件そのものがもつ効果に関心が集まるため、各条件下の人々の間に存在するであろう個人差のもつ影響力は、誤差として処理されてきた。

いっぽう、差異心理学とは、この個人差にもっぱら関心を寄せる立場で、「こんな性格の人はこんな行動をとりやすい」といったことを問題にする心理学のアプローチである。同様の性格の人でも、置かれる状況によって行動に違いが生じるのは当然だが、そのような外的条件のもつ効果に対し、差異心理学は十分な注意を払ってこなか

[4] アメリカ心理学会の年次大会における会長演説には、このクロンバックの講演以外にも、後の心理学の動向を左右した歴史的に重要なものが多い。たとえば、ウィリアム・ジェームズ（1884年）、デューイ（1899年）、ソーンダイク（1912年）、ワトソン（1915年）などに始まり、本稿で紹介したクロンバック（1957年）、ブルーナー（1965年）、バンデューラ（1974年）など、各時代を代表する錚々たる講演者による一世代の講演が目白押しで、そのままアメリカ心理学史になっているとさえ言える。なお、これらはすべて*Psychological Review*誌および*American Psychologist*誌に収録されており、心理学科を擁する大学の図書館等で比較的容易に閲覧できるほか、21編を抜粋した本も出版されており、その翻訳もある（参考書にあげた『アメリカ心理学史』）。

った。

しかし実際には、外的条件と個人差要因の両方が相互に複雑に影響し合って、その人の認知や感情、行動は決まってくる。そこで、クロンバックは、実験条件と個人差要因との間に見られる交互作用に着目することにより、より現象に忠実で緻密な心理学研究が可能になると考えたのである。このように、ATIの提唱は、心理学、あるいはもっと広く人間科学や社会科学の研究方法論をめぐってなされたものであった。

■教育を問い直す視点としてのATI的発想

クロンバックのこのような主張は、教育や人間理解をめぐって私たちが抱きがちな視点が構造的に抱え込む問題を、浮き彫りにしてくれる。

たとえば、教育方法学の研究や、ときには校内研究などでも、「良い教え方」の提案とその効果の実証がめざされることがある。その際、従来の教え方と新たに開発した教え方を1組と2組でそれぞれ実施し、授業後のテスト成績について各組の平均値を比較するというのが典型的な手法である。実はこの視点は、実験心理学のアプローチと酷似している。そこでは、学習者の個人差が無視されていた。

いっぽう、差異心理学に対応する視点も、私たちは無意識のうちに用いている。学習指導がうまくいかない子どもについて、ある種のハンディキャップの存在を知るやいなや、それを理由にし、さらなる指導に対する努力を放棄するといったことが、残念ながら行われることがあった。ここには、能力という個人差が学習成立の当否を運命的に決定するという見方が潜んでいる。そして、別の指導法を用いた場合には、大いに結果が変わってくるかもしれないという視点が欠如している。

このように私たちは実験心理学的視点や差異心理学的視点を、教育にまつわるさまざまな出来事の解釈に用いている。そして意外なほど、ＡＴＩ的視点は用いていない。

しかし、教育をはじめ人間の意識や行動をめぐって現実に起きていることは、およそすべてＡＴＩ的である。クロンバックの主張に耳を傾け、私たち自身の物事を捉える視点を自覚し、改革することが望まれている。

〔奈須正裕〕

◆参考書

●Ｅ・Ｒ・ヒルガード（編）／成瀬悟策（監訳）（1983）『アメリカ心理学史』誠信書房
●市川伸一（2008）『「教えて考えさせる授業」を創る：基礎基本の定着・深化・活用を促す「習得型」授業設計』図書文化社
●並木博（1997）『個性と教育環境の交互作用：教育心理学の課題』培風館

2-3 パーソナライズド・ラーニング（PL）

多様な優秀さを認め結果の平等を図る

■パーソナライズド・ラーニングの理念と特質

パーソナライズド・ラーニング[1]（Personalised Learning **PL**）とは、教育における**平等**（equity）、**優秀さ**（excellence）の調和的実現をめざして、２００４年7月にイングランドの教育技能省（DfES）[2]が提案した一連の教育方法に関する改革の総称である。そこには、教授方法、学習方法から学校経営まで、さまざまな側面についての新しい考え方や手順が含まれている[3]。

PLは「公平と正義」を原則とし[4]、社会階級・階層、人種、ジェンダー等による区別なしに、すべての生徒に対して質の高い教育の実現をめざす。イングランドは未だに階級社会であり、形式的に**教育機会均等の平等**を保障するだけでは不十分である。生徒たちは同じ教育機会を得ても、現実には社会階級差等が原因となって教育達成度に著しい差が生じるからである。そのことまでをも視野に入れた、いわゆる**結果の平等**の実質的保障が望まれるのである。

[1] 日本ではまだほとんど紹介されておらず、カタカナ英語で学術用語として定着しているわけではないが、日本語で表現するのが難しい段階なので、パーソナライズド・ラーニング（PL）と表記した。

[2] Department for Education and Skills（教育技能省）

パーソナライズド・ラーニングは、「イギリス」ないしは「UK」全体ではなく、「イングランド」に限られた教育改革である。

[3] TLRP and ESRC（2004） *Personalised Learning: A commentary by the teaching and learning research programme.* London: TLRP and ESRC.

[4] Department for Education and Skills（DfES）（2004） *A national conversation about Personalised Learning.* Nottingham: DfES.

そのためにPLは、2つの戦略をとる。

ひとつは、同一の教育内容の指導に際して、一人ひとりの認知的個性に適合した多様な教育方法を工夫することである。単一の「優秀さ」の実現のために、生徒により異なる「方法」で指導する戦略と言えよう。

もうひとつは、ガードナーの**多重知能（MI）**[5]理論に基づき、「各人のニーズ・興味・適性に応じた教育を提供[6]」し、各々がもつさまざまな能力や才能を見出して十分に発揮させることである。多様な「優秀さ」の実現のために、生徒により異なる「内容」を指導する戦略と言えよう。

このようにPLでは、言語や数といった抽象的シンボル操作に代表される、学校教育における伝統的な「優秀さ」を最低限度全員に保障するとともに、「優秀さ」の概念それ自体を多様なものへと拡張することで、すべての生徒に「結果の平等」を保障できると考えるのである[7]（図2-5）。

PLの実践においては、教師には各生徒の目標やニーズに沿った授業を展開することで、より自立した優れた学習者を育てることが求められているとともに、生徒にはその経験を活かして自身に最も適した学習方法を見出し、実践できるようになることが期待されている。その意味でPLは、生徒が学校を卒業した後も、生涯にわたって自力で学び続けられる資質・能力の育成をめざしていると言えよう。

[5]「1-5 多重知能（MI）の理論」参照。

[6] 前掲［4］参照。

[7] Jacobs, A.（2007）*Personalising Learning*. http://www.essexprimaryheads.co.uk/annual_conferences/Personalising%20Learning%20Dep%20Heads%20conferenceOct2007.ppt

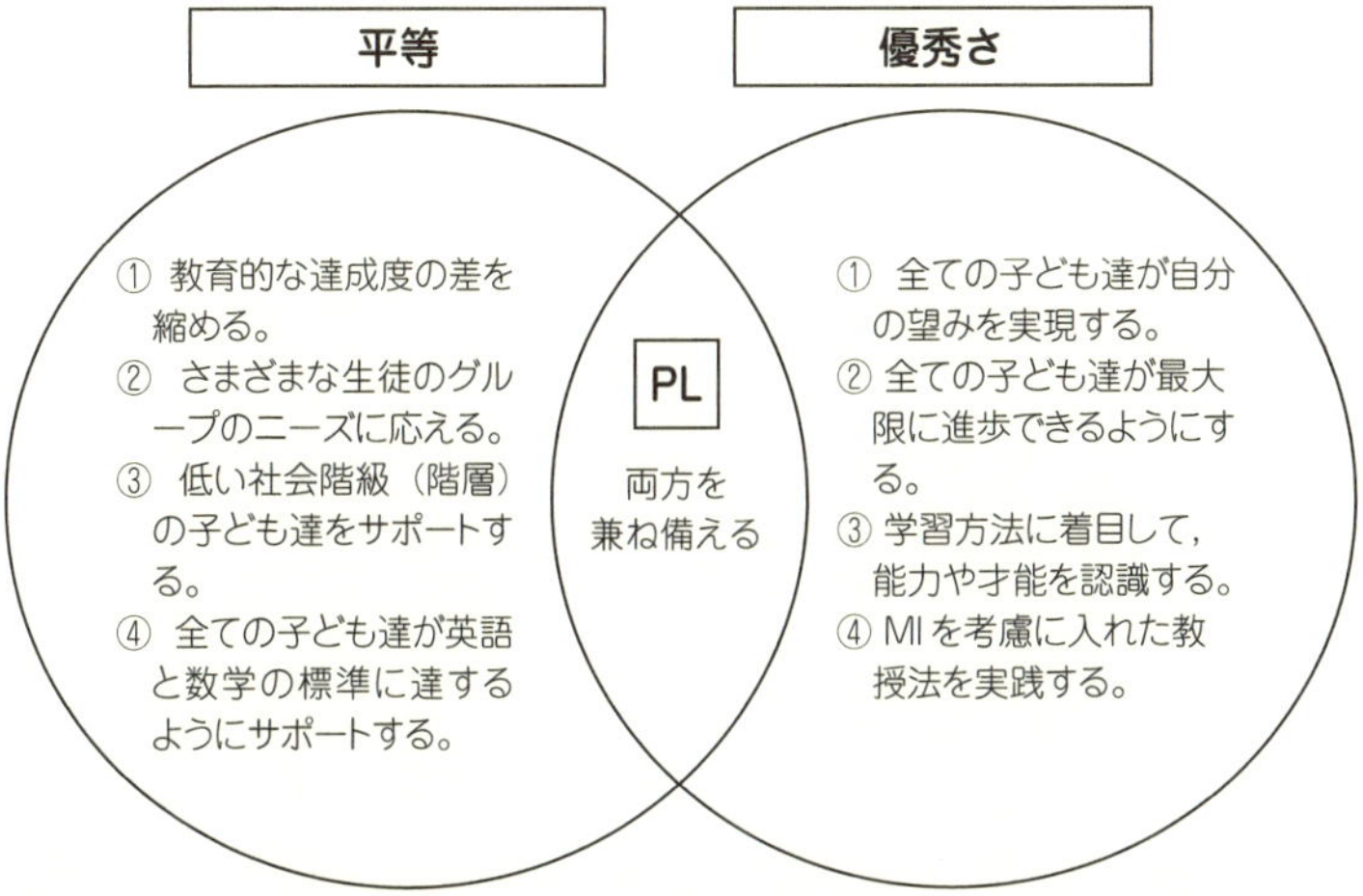
平等
優秀さ
① 教育的な達成度の差を縮める。
② さまざまな生徒のグループのニーズに応える。
③ 低い社会階級（階層）の子ども達をサポートする。
④ 全ての子ども達が英語と数学の標準に達するようにサポートする。
PL
両方を兼ね備える
① 全ての子ども達が自分の望みを実現する。
② 全ての子ども達が最大限に進歩できるようにする。
③ 学習方法に着目して，能力や才能を認識する。
④ MI を考慮に入れた教授法を実践する。

図2-5 PLにおける「平等」と「優秀さ」の概念 (Jacobs, 2007)[7]

■パーソナライズド・ラーニングの5項目

教育技能省は、「PLの5項目」[8]を提示し、その基本理念や実践方法について、以下のように説明している。

① **学習方法のための査定**（Assessment for Learning） 学習に際しての個々の生徒のニーズを的確に把握すべく、さまざまな診断的評価資料を収集・活用することであり、日本で言う「指導と評価の一体化」にも通じる考え方である。この項目を5項目の筆頭に位置づけている点に注目したい。

② **効果的な教授・学習方略**（Effective Teaching and Learning Strategies） 「学習方法のための査定」の診断的

[8] 前掲［4］参照。

[9] 1979年に保守党のサッチャーが首相となり、「サッチャーリズム」と呼ばれる新自由主義政策や弱者の切り捨てが行われるなか、当

評価資料やＭＩ理論をもとに、個々の生徒に適した教授と学習の方法を見出して効果的に実践すること。学級単位での学習、ペアやグループでの学習、個人での学習、ＩＣＴを利用した学習等を適材適所で活用し、学習進度も必要に応じて個別化する。

③ **カリキュラムの保障と選択**（Curriculum Entitlement and Choice） 幅広い学習の機会を提供し、個々人に適した教育内容を保障できる柔軟な教育環境を提供すること。ＰＬは基本的に教育方法の改革であるが、ＭＩ理論を基盤に多様な優秀さを保障すべく、個々人の認知的個性を最大限に伸長できる幅広い教育内容の提供と選択を要素として含んでおり、その意味でカリキュラム改革としての側面も併せもっている。サッチャー首相による１９８８年の教育改革法[9]の施行以降、イングランドでは国家による教育内容の規制が強化されたが、ＰＬはこれを一定の範囲内で緩和している。

④ **学校組織**（School Organization） 質の高い教育の提供を支援し、生徒たちの学習目標が達成されるよう、学校長や教師が創意工夫しながら学校を運営していくこと。ＰＬは各学校に大きな裁量権を認めており、十分な成果をあげるためには、学校長や教師がＰＬの基本理念を正確に把握したうえで、各学校に適した実践方法を自律的・創造的に見出していくことが肝要である。

⑤ **他校や地域との連携**（Strong Partnership Beyond the School） 他校や地域との連携を深めることで、授業の充実を図ると共に、学習の妨げとなるものを除去し、生徒たちの心身両面における健康状態を保つこと。他校や地域との協力により、自校だけで

時の「英国病」と呼ばれる著しい経済停滞の原因が、子どもや若者たちの学力低下にあるという見方が社会的に力を得て、「１９８８年教育改革法」が制定されるきっかけとなった。１９８８年教育改革法のなかで最も重要な政策が、全国統一カリキュラムと全国統一試験の設定であり、全国統一試験の結果をリーグ・テーブルとして新聞で公表することで、学校間に競争を仕向け、教育の競争・市場原理を利用して全国的な基礎学力水準の向上が図られた。

[10] 前掲［3］参照。

[11] Courcier, I.（2007）Teachers' perceptions of Personalised Learning. *Evaluation and Research in Education*, 20, p.2.

[12] 自立学習（Independent Learning）では、文字どおり、学習者が自立して学習を進められるようになることがめざされる。この場合、学習者は常に教師に頼るのではなく、独自に学習を進めていく。そして、ときには、教師が専門とする教科や知識と

は行き届かない部分を補うこともできる。たとえば、ある生徒の知能に適したコースが自校にない場合、他校と協定を結ぶことで、他校のコースの受講が可能になる。

　以上の5項目から、PLは特定の教育方法ではなく、①各生徒の多様なニーズ・興味・適性に応じた教育の実現という理念の下、既存のものも含めた個に応じる多様な教育方法を、各学校の創意工夫で組み合わせて実践を展開するという教育実践創造の考え方を指すものであり、②さらに教育方法の水準のみならず、カリキュラム（教育内容）の選択、学校経営、評価（査定）などをも含めた、いわば学校づくりにおける教育方法を抜本的に見直す姿勢と手順を指し示すものであることがわかる。

■新旧の教育方法とパーソナライズド・ラーニングとの関係

　これらの5項目は、政策や実践の面で敢えてゆるやかに定義されている[10]。これは、各学校がその実情に即して自律的・創造的に実践を生み出すことができるという意味では優れた政策提言であると言えよう。しかし、それがゆえの曖昧さも同時にはらんでおり、このことがかえって多くの学校現場に不安や混乱、躊躇や停滞をもたらしてもいる[11]。

　たとえば、イングランドではPLの提言以前から、生徒の認知的個性に応じる教育方法として、**自立学習**[12]やクラス編制の工夫といった古典的な方法はもとより、**加速学習**[13]のような比較的新しい方法も試みられていた。PLの提言を受け、各学校にはそ

自分が独自に学んできた知識を対立させることで、教師に対して挑戦をすることもある。

[13] ここでの加速学習（Accelerated Learning）とは、多重知能（MI）を基盤とすると共に、主に学習における「脳の働き」を把握することにより、各生徒に適した効果的な学習方法の提案と提供をめざすものである。たとえば、脳内の「脳幹／大脳基底核」「辺縁系」「新皮質」という3部分の機能を理解することで、教師たちが各生徒の学習に効果的な環境を整え、右脳学習者と左脳学習者の違いを認識することで、各自に適した授業構成や内容を提供することができる。さらに、学習者にも自らの学習方法を見出して実践できるようになることが期待され、生涯学習の要素も含むといえる。
　Smith, A. (1996) *Accelerated Learning in the classroom*, Stafford: Network Educational Press.

[14] 個別学習（Individualised Learning）の理念は、「個人のニーズ・興味・適性」に応じた教育の提

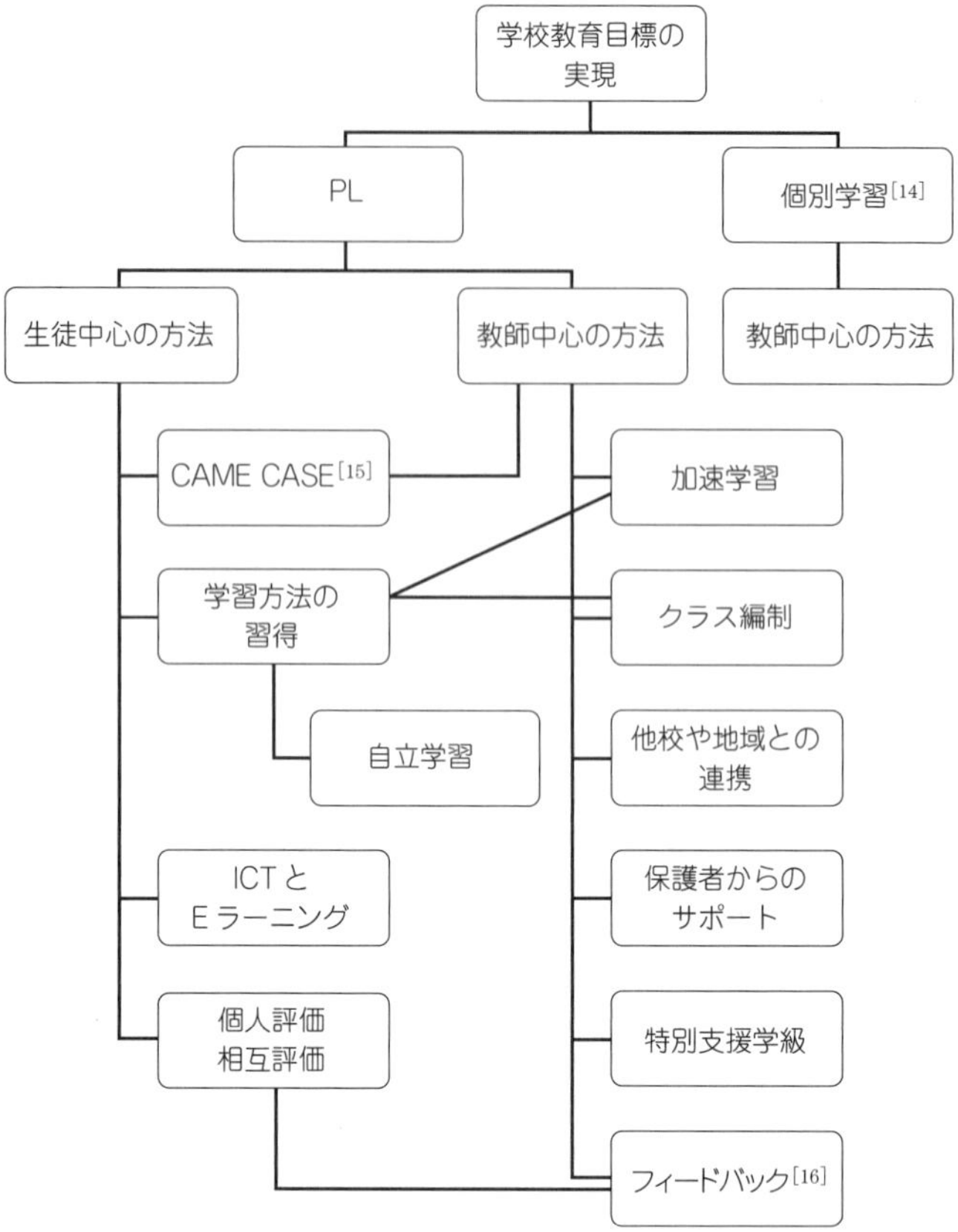

図2-6　新旧のさまざまな教育方法とPLの基本理念との関係

供にあり、個別に適した活動や学習を行うことがめざされ、各生徒は他の生徒とは異なる学習活動を行うため、学習進度も個人によって異なる。また、学習方法の提供に関しては、「その時」の個人の学力や状態によって、学習方法を割りあてる感がある。したがって、目標の達成に特典となることだけを判断基準として、できるだけ大量に良い製品（生徒）を作る（育成する）ことを目的とする点で、より工学的で効率性を重視した教育方法だともいえる。

[15] CAME（Cognitive Acceleration in Maths）とは算数（数学）の思考力を発達させ、CASE（Cognitive Acceleration in Science）とは理科（科学）の思考力の発達を促す教育方法であり、共にピアジェの理論を基盤とする。たとえば、理科の授業ですぐに解答を教えるのではなく、まずは問題について考えさせ、ペアやグループで話し合わせる。そして、実験を行うことで、問題の答えとその理由を理解させ、授業の最後に生徒相互のフィードバック等をすることにより、思考力を養う。

のような現状のさらなる発展・充実が期待された。ところが、ＰＬがはらむ曖昧さのゆえに、具体的に何をどうすればいいのか、自信をもって判断することができないと感じる学校が相次いだのである。

図２‐６は、このような事態に対処すべく、新旧のさまざまな教育方法をＰＬの基本理念との関係において整理したものである。この図式を学校や教師に提示することで、不安を払拭し、自信をもって実践創造へと向かわせることができた。

図２‐６より、ＰＬの特質として以下のことを読み取ることができる。

①新旧の多様な教育方法を利用可能な選択肢として包摂しており、各学校が主体となってこれらを適宜組み合わせ、豊かに実践を創造することが期待されている。

②形態的な個別性にとらわれることなく、多様な学習形態（学級、ペア、グループ、個人）を駆使した認知的個性への対応を求めている。

③学習を通して生徒自身が自らに適した学習方法や興味に気づけることに価値を置いており、現在の認知的個性に対応するだけでなく、認知的個性のさらなる発展と開花をも視野に入れている。

〔コーシア郁実〕

［16］ここでは、生徒相互のフィードバックと、生徒と教師間のフィードバックの両方を意味する。

◆参考書

●志水宏吉（1994）『変わりゆくイギリスの学校：「平等」と「自由」をめぐる教育改革のゆくえ』東洋館出版社

●Ｒ・オルドリッチ／松塚俊三・安原義仁（監訳）（2001）『イギリスの教育：歴史との対話』玉川大学出版部

2-4 批判的教育学

認知的個性のポリティクスへ

■平等主義的理念に基づく個性概念

認知的個性とは、さまざまな認知的能力や学習スタイルの個人差を包括する概念として、同時に、教育現場で多様な認知発達のあり方を尊重し、活かしていくための子ども理解を支える認識枠組みとして本書で提起されている新たな用語である。そこには、子どもの認知的発達を、一般化・標準化された物差しで一元的にのみ評価するのではなく、より多元的・複合的に、いろいろな物差しを用いて理解し、その理解に基づいて、多様な個に応じた学習支援を推進しようとする平等主義的理念が宿っている。

しかし、多様な能力や発達のあり方を等しく尊重するということは、さほどたやすいことではない。それどころか、私たちは、諸個人がもついろいろな資質を、知らず知らずのうちに評価し、序列化している。要するに、私たちはふだん、さまざまな個性を平等に扱っているわけではない。とすれば、この理念と現実の矛盾をどう解決すべきか、ということが私たちの課題になる。ここでは、それを探究するうえで重要な参照項のひとつとして、**批判的教育学**と呼ばれる、主に米国で展開されてきた研究を取り上げよう。

■批判的教育学と文化政治学

批判的教育学は、一般に「多様な形態・組み合せ・複雑さをもつ（社会的・文化的・経済的な）権力や不平等の諸関係が、教育の場でどのように顕在化し、それに対してどのような異議申し立てがなされるのかを明らかにしようとする試みである」と定義される。[1] 要するに、それは、学校教育にかかわる不平等問題の内実を批判的に分析し、その状況の打破を図るための理論構築や実践的指針の提言をめざす立場を指す。

こうした視点からすれば、認知的個性とは、必ずしも単に心理学的概念にのみ留まるべきものではなく、社会学的・政治学的に捉え直されるべき概念となる。批判的教育学において、ある子どもが、物事をどう認識し、どのようなスタイルで学習に取り組む傾向をもつのかは、その子が抱える文化的背景と密接に結びついており、階級・人種・ジェンダーその他の社会的力関係から切り離せないという意味で、**文化政治学**[2] (cultural politics) の問題なのである。批判的教育学でしばしば参照されるブルデュー[2]ならば、認知的個性を**ハビトゥス**[3]（の一部）として捉え直すかもしれない。

[1] これは米国批判的教育研究の第一人者アップルが編んだ批判的教育研究に関する浩瀚なハンドブックによる定義である。
Apple, M. W., Au, W. & Gandin, L. A. (Eds.), (2009) *The Routledge international handbook of critical education.* New York, NY: Routledge.

[2] Pierre Bourdieu（1930-2002）フランスの社会学者。主著に『構造と実践』、『再生産』『ディスタンクシオン』など。

[3] ハビトゥス（habitus）とは、客観的社会構造（階層や地位など）とそれに伴う社会的諸条件が身体化・内面化することによって形成され、私たちの活動や思考を生成する原理として機能する諸性向の体系を言う。身体化された文化資本とも定義できる。

■再生産論から見た認知的個性

批判的教育学でかつて重要な位置を占めた議論として、**再生産論**[4]がある。この再生産論においては、経済的のみならず文化的不平等の構造的再生産を通じて、社会的不平等が存続する機制が示される。私たちの社会には、より支配的ないし被支配的な文化が存在する。文化は序列化・階層化されているのである。つまり、社会的に、より高く評価される文化的要素（たとえば、ある種のことば遣い、知識、芸術的素養など）とそうでない要素が存在し、その背景には、前者を所有する人々を相対的に多く含む階層が社会的力関係における支配階層だという文脈がある。したがって、文化的諸要素（ある種の知識・技能・趣味・態度を含む思考・行動様式、蔵書等の所有物、学歴・資格など）とその所有にも社会的格差があり、この不平等が世代間で継承されることを通して社会的不平等が存続する。要するに、学校での競争は公正・平等に繰り広げられるのではなく、どのような階層・下位集団に生まれ、属するかによって、学校での成績や学歴、将来の職業が決定してしまう蓋然性が高いということである。

ここから見ると、各人がもつ認知的個性に階層的要因が刻印されることも、また、どの階層のどのような文化的環境の家庭に生まれるかにより、学校での学習活動に有利・不利の格差が生じることも、共に不可避になる。が、ここで注意したいのは、次の点だ。すなわち、学校文化を背負った教員は、あるいは、階層的に有利な環境で育ってきた可能性が高い教員は、その立場にとって親和的でない認知的個性を否定的に

［4］批判的教育研究で参照された再生産論には、経済学者ボールズとギンタスによるもの、社会学者のバーンスタイン、ブルデュー、ウィリスらの議論があるが、ここでは、主にブルデューの理論を下敷きにして解説する。ブルデューの著作の邦訳は藤原書店から多く出版されているが、ブルデューの再生産論のエッセンスをごく簡潔に参照したい読者には、上野千鶴子（2002）『サヨナラ、学校化社会』太郎次郎社、をあげておく。なお、階層再生産の具体的な姿を克明に描いたウィリスの次の著書は必読。

Willis, P.（1977）*Learning to labor.* New York: Columbia University Press.［熊沢誠・山田潤（訳）（1985/1996）『ハマータウンの野郎ども：学校への反抗・労働への順応』ちくま学芸文庫］

捉え、もともと学校文化に適応しにくい認知的個性をもつ子どもに、学校での生き残りを阻むさらに大きな障害をもたらす危険性が十分にあるということである。これは意図的・意識的な所作によってではない。それは、たとえば、一定の認知的個性に、いわく言いがたい違和感をもつ、ついイライラしてしまう、といった反応を示してしまうことによってなのである。あるいは、階層間格差に無反省な教員のある種の善意が、子どもを、そして自分自身をも追い込んでしまうということが考えられよう。

■批判的教育学における再生産論批判

民衆を解放し、社会の平等化に資するものとされていた学校教育が、実際には不平等の構造的再生産に寄与している点を明らかにした再生産論は、批判的教育学において高く評価された。が、同時に、学校教育から可能性や希望という要因を奪いかねない、その閉塞的で決定論的な図式を批判的に超克する試みも現れる。

その典型が、**支配構造への「抵抗」**という図式の提示である。そこでは、社会的不平等の構造に対する批判的意識をもち、そうした権力関係の変革に与する参加的市民の育成がめざされる。支配文化が社会的に力をもつのは、本質的にその文化の価値が高いからというよりも、その所有者の階層的地位と相関するものだからにすぎないと、支配文化の恣意性が宣告され、翻って、民衆文化・大衆文化の復権が図られる。[5]

しかしながら、こうした支配構造の変革という戦略は、諸刃の剣になる可能性が高

[5] こうした議論は、批判的教育学における代表的論客の一人、ジルーによって展開された。

Giroux, H. (1983) *Theory and resistance in education*, Bergin and Garvey Publishers.

Giroux H. (1992) *Border crossing*, Routledge.

さらに詳しい検討は、次を参照。

澤田稔 (2008)「アメリカ合衆国における批判的教育研究の諸相(1):ヘンリー・ジルーの教育論に関する批判的再検討(上)(下)」『名古屋女子大学紀要(人文・社会編)』*54*, pp.57-80.

い。この点は、批判的教育学内部でも指摘されてきた。たしかに、その視点は、被支配的な社会的位置にいる人々にとって、社会における自らの安定したアイデンティティの確保につながる点で歓迎されるべき側面を備えてはいるが、社会や学校で高く評価される文化的要素とそうでない要素の関係が容易に変革されることはないので、自らの被支配的文化を肯定し、支配的文化を否定するという姿勢は、社会や学校で生き残っていくうえで必要な文化へのアクセスを自ら断念することになるからである。[6]

再生産論批判をめぐって批判的教育学が抱えたこうしたジレンマから導かれる問題解決の方向性は、したがって、両義的である。被支配的文化に対する支配的文化の支配効果を極力抑える努力をしながらも、どちらかといえば被支配的文化を多く身につけた子どもが、支配的文化の諸要素を効果的に吸収できるような方策を探るしかない。

[6] この点こそ、ウィリスが前掲書[4]で明らかにした再生産論の本質である。

■再生産論批判から得られる示唆

最後にひとつ重要なキーワードを軸に、全体を整理しておこう。それは**自尊感情**(self-respect / self-esteem)ということばである。

再生産論批判から得られた両義的結論を参照する限り、学校で成功するために必要とされる認知的スタイルや学習スタイル、理解能力や学習技能を身につけるのが困難な子どもに対して、その子が備えている認知的個性を極力肯定的に受容することで、その子の可能性を伸ばしていこうという素朴な姿勢には懐疑的にならざるを得ない。しかし、学校文化において肯定的に評価されていた認知・学習スタイルの正当性を批判的に再考し、反対に、否定的に評価される傾向があった認知的個性に肯定面を見出し、それを擁護するカリキュラムや教育方法開発の試みは推進されてよい。学校で肯定的に評価されないある種の認知的個性を、いったん学校文化という枠組みを外して見直し、肯定的に価値づけし直すことは、その子どもが奪われていたかもしれない自尊感情を再構築し、それを基盤に、その子どもが自分にとって親和性の低い文化的諸要素にアクセスしようとする可能性が拡大するという点で重要な意味をもつからである。

　自由と平等という理念を適正に実現するフェアな社会に関する理論構築を企図したロールズ[7]が、雇用・教育機会や富などとともに、自尊感情を、すべての人々に適正に配分されるべき社会的基本財のひとつにあげていたことは再度想起されてよい。

〔澤田稔〕

[7] John Rawls（1921-2002）米国の政治哲学者。主著『正義論』は、現代リベラリズム思想の正典とも称される。

　Rawls, J.（1971）*A theory of justice*, MA: Harvard University Press.［矢島鈞次（監訳）（1979）『正義論』紀伊國屋書店］

◆参考書

●M・W・アップル、J・ウィッティ、長尾彰夫（編）（2009）『批判的教育学と公教育の再生』明石書店

●M・W・アップル、J・ビーン（編）／澤田稔（訳）（1996）『デモクラティックスクール：学校とカリキュラムづくりの物語』アドバンテージサーバー

●古荘純一（2009）『日本の子どもの自尊感情はなぜ低いのか』光文社新書

2-5 SBCD[1]と個性化教育

個に応じることと、応じようとする個を捉えること

■認知的個性を活かすカリキュラム開発のストラテジー

日本の公立学校で「認知的個性」にあたる個人の特性を意識して**個性化教育カリキュラム**を編成しはじめたのは、1970年代以降のことである。しかし、そうした教育の実践は順調に定着しているわけではなく、むしろ停滞もしくは隘路に陥っている状況を克服できないでいる。

その原因は、学習活動を**個別化・個性化**することによって、従前よりは一人ひとりの持ち味に応じることができそうだという状況に満足してしまっていることにあるように見える。大切なのは、そのうえで、応じようとする個を捉えることに重点を置き、個々の持ち味の違いを活かした学びを尊重しつつ個別化・個性化を進めるというストラテジーを教師集団が合意することである。つまり、〈多様な学習形態を準備することによって、結果的に多様な認知的個性に応じようとする〉のか、〈多様な認知的個性の尊重を前提とし、それらを捉える作業を基本としながら、その子にとって最適な学習活動を保障する方途を考える〉のか、という違いである。当然、最終的な視座は

[1] SBCDは、学校に基礎を置いたカリキュラム開発（School-Based Curriculum Development）のこと。

多くの学校や教師は、学習指導要領をもとに教科書会社が作成した年間指導計画などを参考にしながら自校の教育課程と読み替えて使用していることが多いが、本来、学校には主体的に協同して学校や地域の実態に応じた「学校教育課程」を編成する責任がある。それぞれの学校の教育目標を踏まえ、それを具体化させる教育内容・方法や教材開発、評価方法の開発などを一連のものとして考えていくことが求められている。

学校を基礎としたカリキュラム開発という考え方は、教師集団がそれぞれ知恵を出し合いながら、それぞれの学校の教育理念や理想を表現していく作業であり、「学校づくり」そのものである。学校経営の新しい状況に応じて、計画、実施、評価を繰り返しつつ、最終的にはカリキュラムづくりの手順や方法を明らかにしていく連続的な営みと捉えたい。

後者であるべきだが、個別化・個性化教育実践校の多くは、不思議なことに前者に留まってしまっている。

もちろん、通常の学校にあっては一人ひとりの認知的個性が組織的に記録され捉えられてはいない。したがって、一人ひとりを捉えやすくするための学習形態や方法の研究・実践から入るのが普通である。活動を個別化・個性化し、ねらいを焦点化した学習を組織することによって、学びの姿を記録していく。そうした記録の集積と吟味の結果、たとえば「この子には、作業的な活動を通して課題を捉えさせ、スモールステップ化した学びを連続させれば、粘り強く学習作業を続けられる」とか、「特定のことがらには強い関心を示すが、それ以外には興味を示さない。したがって関心のある○○を材料に課題を提示して方向性を示してやれば、後は自力で学習できるだろうし、どの段階で質問にくるかを注意深く見守ることでこの子をさらに深く理解できる」というように、認知的個性を活かしたカリキュラム開発を進めていくわけである。

■個性化教育カリキュラムの実際

愛知県知多郡東浦町立緒川小学校は、最も早くから個性化教育カリキュラムの開発に取り組んだ学校として知られている。同校の実践研究に携わってきた私たちは、同校のカリキュラムづくりにあたって、学習活動の柔軟化／作業化／個別化を原則とし、教科・道徳・特活・総合といった指導要領の領域をいわば統合させて、図２-７のように学習活動を「**学習の様態**」という視点で構成した。

また、カリキュラムの編成にあたっては、そこで行われる教育活動について調和のとれたあり方を求める意味から、次のバランスに配慮した。

①**個人学習と集団学習のバランス**　個性化教育は、ややもすると孤立した「**一人学び**」のみに重点を置いていると誤解されがちである。個人は自己の属する集団から切り離されて存在するわけではないし、逆に集団はその成因である個人を無視して存在すべきでもない。両者には適切な調和が図られるべきであって、学校全体の学習のあり方や教科の学習プログラムについても、集団学習に加えて個人学習の場面を多用することにした。

②「**指導の個別化**」と「**学習の個性化**」**のバランス**　「個別化」とは共通した学習内容の習得に駆り立てる場面でとられるアプローチであり、たとえば国語や算数などで一定のスキルや知識の定着を目的とするとき、個人差を考慮して学習効果を高めようとする場合を指す。いっぽう、「個性化」は、子どものもつ個性を伸長させようとする場面でとられる方法で、共通した学習内容を画一的に習得させるのではなく、個々の特性や興味・関心をさらに伸ばしたい場合にとられる方法である。たとえば、自分が学習したいテーマ

[2]「2-11 はげみ学習」参照。

	教師の教授活動 / 児童の学習活動					
	教科			総合		
	指導の個別化 ←			→ 学習の個性化		
学習の様態	はげみ学習 文字 読書 数 音楽系 体育系	集団学習 ゼミ形式 一斉学習 マスタリーラーニング	学習パッケージによる学習 高学年	総合的学習	オープンタイム学習 高学年	集団活動

図2-7　緒川小学校の学校教育課程の構造

や活動を自ら計画して取り組む課題設定学習などがこれにあたり、「学習を子どもに返す」という視点を最大限尊重した。

一個の人間として個性あることは尊いが、それは人間として共通した学力・理解の上に立っているべきであり、個別化・個性化との調和は、私たちの人間像ともかかわっている。図2‐8は「学習様態」という視点から取り出した6つの学習プログラムを方法と内容ごとにわかりやすく図示したものである。

③ 教科学習と総合学習のバランス　緒川小が新しい教育課程を創り出したのは1978年であり、当時は生活科も総合学習も市民権を得ていなかった。しかし、個性化教育カリキュラムの編成にあたって、私たちは当初から週あたり4時間に及ぶ総合学習を計画した。結果的に緒川小の実践を見たとき、「はげみ学習」[2]「集団学習」「**学習パッケージ**による学習」は教科学習であり、「オープンタイム」「集団活動」および現行の「総合的学習」は一貫した別系統の学習プログラムと考えることができる。

■子どもの育ち・教師の育ちと学校づくり

端的な例をあげてみたい。教科の学習を個別化・個性化するのに、私たちは「単元内自由進度の一人学び」のための学習パッケージを開発してき

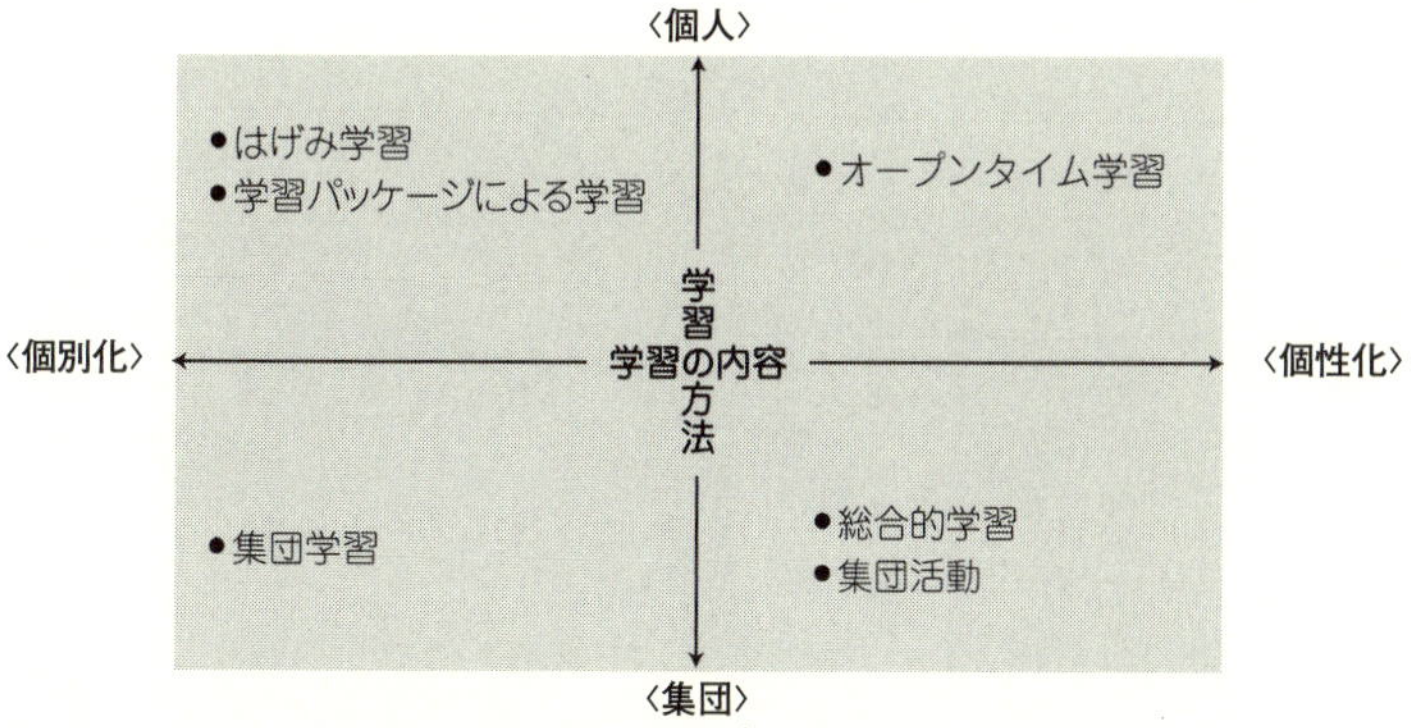

図2-8　学習プログラムの位置づけ

た。この学習は単元内自由進度の自学を原則としており、複数のコースから選択して学習を進める。教師は一人ひとりの追究に対する持続的な傾向性をできるだけ尊重するよう学習適性に応じて複数の展開例を準備する。3～4種類の学習の流れごとに「学習の手引き」を開発し、それらに対応するかたちで「学習カード」や「ヒントカード」「解答カード」などを準備する。「学習の手引き」に示された標準時間内なら自由進度であり、ペースの速い子どもは発展的な課題に進めばよいし、逆につまずきの多い子どもは何度でも個別指導が受けられる。一斉的な授業と違って、教師も心おきなく個別指導できる。

このパッケージ開発にあたって最大の難問は、習熟差以外にそれぞれの子どもの持ち味（学習速度、学習適性、興味・関心、先行経験の違いなど）をどう把握し、学習の流れに活かしながら組み立てるかという点にある。個々の認知的個性をどう捉えているかが、まさに勝負所なのである。

今、「学力低下」への対応として、学習内容や授業時間数の拡大、学習規律の重視などが強調されている。むしろ私たちは、「成績が良くても勉強への関心が低い子ども」「将来の可能性を広げる学びがいを感じさせない学校」を克服したいと思っている。PISAの意識調査[3]が指摘するまでもなく、「テストが終わったらすぐ忘れる剥落学力」「決断する自信を大切にしない授業」「子どもに対する教師の低い期待度」「意見発表の機会がない学校生活」などへの深い反省から、すでに現行の組織や人員

[3]「1-8　教科の優れた能力／高学力」参照。

の枠内で、個に応じる魅力的な学校づくりが数多く報告されている。

要は、授業時間や内容だけでなく、学校生活全体を主体化・自律化させ、自分と他者や社会との関係に責任をもたせる力の育みという脈絡のなかで、「個に応じる」という学校風土を教職員が切迫感をもってどう構築していくかが問われていると受け止めたい。急務であるはずの「個に応じた指導」の充実が、習熟差に応じる少人数指導に偏りすぎている風潮は、**学習指導の多様化**を矮小化させる危険性をはらんでいる。順序選択や課題選択、課題設定、児童・生徒理解に基づく学習適性に応じた学びづくりなど、多様な工夫を行うことは、学校としての学習指導観や学力観を合意していく近道となる。その意味で、個別化・個性化教育の手法を取り入れることはもっと検討されてよい。同時に、「個に応じた指導」は、授業時間へのアプローチだけでなく学校生活時間全体を対象に考えるべきでもある。

〔成田幸夫〕

◆参考書
●愛知県東浦町立緒川小学校(1983)『個性化教育へのアプローチ』明治図書出版
●愛知県東浦町立緒川小学校(1985)『自己学習力の育成と評価：続・個性化教育へのアプローチ』明治図書出版

2-6 多文化共生の学校づくり

外国人児童の個性が生きる学校行事の創造

■外国人児童が多い学校で始められた「心のふるさと」づくり

ここで紹介する東浦町立石浜西小学校は、愛知県知多半島東の付け根に位置する東浦町のほぼ中央にある県営の集合住宅地を学区とする、全校児童約260名の学校である。県営住宅には約3000人の住民が生活しており、現在はその3分の1が外国籍の住民で、ほとんどが**日系ブラジル人**である。集住は1993年ごろから始まり、それに伴い本校の外国籍児童数は年々増加していった。また、日本人家庭においても一人親世帯や要保護・準要保護世帯が多く[1]、家庭や地域の教育力（教育への関心の高さを含む）は低いと言える。それゆえ子どもの遅刻欠席率が高く、天候や親の都合で学校を休ませることも珍しくない[2]。

日系ブラジル人の多くは、来日当初「デカセギ」のつもりで来ている。学校で調査したところ、親たちは将来の希望としては「日本に永住したい」「本国に帰りたい」「まだはっきりわからない」がそれぞれ3分の1であった。しかしこの学校に通う外国籍の子どもたちのほとんどは、「将来も日本で生活したい」という希望をもってい

[1] 生活保護を受けていなくても、それに準じる経済的状況にあり、義務教育の子弟がいる世帯には、準要保護世帯として、学用品費・給食費・遠足、修学旅行に対して一定の費用が援助される制度。

[2] こうした状況を改善するために、学校では全教職員が協力して、朝は学級担任以外の教師が遅刻欠席の多い子どもの家庭まで迎えに行くなどの積極的な働きかけを行っている。「2-10 時間割編成」参照。

る。多くの子どもたちがここで生まれ育っているのであり、ここが「故郷」になるからには、自分たちが育った地域を誇りに思えるような「良い思い出」をつくってやりたい。そうした思いのもと、この学校ではさまざまな角度からの学校改革を進めてきた。ここでは、外国人児童の個性が生きる特色ある**学校行事**の象徴的な事例について取り上げてみたい。

■熱く燃えるノリのよさが活気をつくる

2006年6月23日午前4時前、雨の中、しかもまだ真っ暗な道を、子どもや親が登校してきた。その日は、サッカー・ワールドカップの日本対ブラジル戦があり、親子のサッカー観戦会が開かれた。体育館に大きなスクリーンとプロジェクターが用意された。これらは地域の方の奉仕で設置していただいた。約200人の親子が学校へ来た。そのうち、約8割が日系ブラジル人である。みんな黄色いユニホームや国旗を手に、飛び上がりながら応援していた。サッカーに対する認知の具合は日本とブラジルでは異なるが、子どもたちは「みんなで観戦できてすっごく楽しい！」と大好評であった。また、事前にテレビ局や新聞社にも連絡し、当日は数社が取材に訪れた。親子で国籍を超えて観戦を楽しむ姿は、翌日大きく報道され、子どもたちの自慢にもなった。

■学校で家族の思い出をつくる

この学校では、入学式保護者説明会など重要な情報を伝える際には、外国人の保護者を対象に日本語とポルトガル語の読み書きができる日本語適応教室補助員の方に通訳をお願いしている。家庭に配布する文書も、表は日本語、裏はポルトガル語の表記にしている。

また、この学校でも月1回程度授業参観を行っているが、平日の日中に行うと、仕事を休めない親が多いため参加率が半数にも満たない[3]。そこで、2007年度から、7月の七夕に近い土曜日に「サタデイナイトスクール」と称して、**夜の授業参観**を実施している。ここでの保護者の参加率は9割を超しており、母親だけでなく、両親そろっての来校や祖父母の姿も目立った。授業では子どもの勉強ぶりを見てもらうと同時に、親子で七夕飾りや線香花火を作る授業や、一緒に盆踊りを練習したり、星座の観察をしたり、琴の演奏体験を楽しむなど、日本の伝統行事や季節のくらしを楽しむような活動の工夫をした。フィナーレは、周りが真っ暗になった20時ごろに、運動場の特設ステージでの琴や尺八の演奏を楽しんだり、全員でキッズソーランを踊ったりした。

■豊かな感性で地域の文化をつくる

2007年度から、町の多文化共生事業と学校行事を提携させたイベント、「フレ

[3] 日系人によるとブラジルでは、保護者が子どもの学習を参観するという習慣はなく、ポルトガル語などで訳して案内文を作成しても、その意味がなかなか通じないということもあった。

[4] 通称「デコマス」。竹を組み合わせて形をつくり紙を貼ったもので、高さ4メートル程の大きさがある。「フレンドシップデー」のマスコットシンボルとして、2007年度は「ドラえもん」と「ドラミ」、2008年度は「トトロ」が制作された。参加した人たちは、マスコットの前で終日記念写真を撮っていた。

[5] 2008年度は、1・2年生は踊りを交えてわらべ歌を、3・4年生はカスタネットを使ってスペインの曲を、5年生は太鼓や笛を使って八木節とソーラン節の踊りを、6年生は一人ひとりが好きな国の民族衣裳を調べて「世界のファッションショー」を発表した。

ンドシップデー イン いしはま」を、11月に開催している。町内に在住するさまざまな国の人々が集まり、お互いの国や文化を紹介することによって、相互理解を深めることをめざしており、実行委員会は地域のボランティア組織と学校関係者で構成されている。子どもたちはこの日に合わせて、数週間前から巨大なデコレーション・マスコット[4]を作る。また当日は、学年ごとに歌や踊りやショーなどを発表する[5]。どの学年も国の文化を理解し、誇りをもって発表するような演出となっている。またさまざまな国の文化を体験するコーナーでは、PTAや地域のボランティアに担当してもらい、子どもたちは保護者と共にさまざまな国の文化体験を楽しんでいた。

■学校行事を通して新たな自信と誇りをつくる

2008年は、日本からブラジルへ移民が開始されて100周年にあたる。それを記念して、2008年には日伯交流年実行委員会が外務省に設立され、各種の記念行事が行われた。そのなかでも重要な行事であった日伯交流百年記念式典[6]に、全国で唯一、石浜西小学校の児童10名が招待され、大勢の要人の前で呼びかけとブラジルの歌を披露することができた。「親にも子どもにも教育や学校への理解を深めてもらい、日本や世界のどの国でも生きていける子どもを育てたい」という思いから、さまざまな実践を行ってきたことが認められた成果と考えている。

〔小山儀秋〕

[6] 2008年4月24日、東京で日本政府主催の日伯交流百年記念式典が開催された。式典には天皇・皇后両陛下、皇太子殿下、総理大臣、衆参両議長、ブラジル国要人など、500人位の参加者があった。石浜西小の子どもたちは天皇皇后両陛下、皇太子さまの目の前で「日本とブラジルの架け橋になりたい」という呼びかけをし、「アクアエイラ」というブラジルの夢をかなえる歌を披露した。多くの日系人が涙を流して聞いてくれた。式典終了後には、皇后陛下から参加した子ども一人ひとりにねぎらいとお礼のおことばをいただいた。

◆参考書
●加藤幸次（監修）／石浜西小学校（編）（2009）『子ども・保護者・地域を変える多文化共生の学校を創る：「理想は高く、現実に絶望しない」教師集団の実践』黎明書房
●浅沼茂（編）（2008）『「活用型」学習をどう進めるか：表現力・思考力と知識活用能力をどう伸ばすか』教育開発研究所

2-7 一人ひとりへの指導支援

■一人ひとりが目的

「あの先生の授業で理科が好きになり、今の仕事につながっている」「あの先生のおかげで、非行から脱却できた」等々、子どもたちにとって教師との出会いは人生を大きく左右する。教育は**一人ひとりが目的**であり、教師は、人間尊重を基調として、一人ひとりの成長発達に最大の関心を寄せなければならない。[1]

子どもたちへの指導支援にかかわる生徒指導は、一人ひとりの人格的な価値を尊重し、個性の伸長を図りながら、**人間性最上の発達**を目的として、子どもたちが自分自身で自らを高めていく、**自己指導能力**の育成をめざすものと位置づけられている。

そして、その方法原理として、**自発性**（行動の原動力）、**自律性**（行動規制力）、**自主性**（意志力、決断力）や、**自己理解と自己受容**を促進するように働きかけることが強調されており、問題行動の改善（生徒指導の消極面）だけではなく、「すべての子どもたちを対象にした、人格のより良い発達をめざす機能」**（生徒指導の積極面）**[2]が強く求められているのである。

[1] 日本国憲法や教育基本法、学校教育法、さらには新学習指導要領においても、個人として尊重され、能力に応じ、心身の発達の段階や特性を十分考慮して、個に応じる指導が必要であることが明記されている。

[2] 文部科学省（旧文部省）（1981）『生徒指導の手引き（改訂版）』大蔵省印刷局

絶版になっているが、生徒指導の目的と原理が示され、現在に引き継がれている。特に、すべての子どもたちを対象とした生徒指導の積極面の発展が求められる。

わが国の学校教育は、一斉画一的あるいは十把一絡げに、集団への働きかけに重きが置かれる傾向が強いが、この「一人ひとりが目的」という教育観に立脚した、一人ひとりへの温かい指導支援の方法を具体的に構築したい。

■みんな違う子

そのためには、子どもたちは**一人ひとり違うという子ども観と発達観**をもつことが重要である。学級で子どもたちを見る場合、**普通と特別、健常と障害**などの感覚が頭をもたげ、「気になる子」を断定しがちであるが、本質的には、一人ひとりみんな違うという認識で、**みんなを気にかける温かい眼差し**をもつべきであることを前提としたい。一人ひとりを大切にする教師のヒューマニズムが、学級全体に広がり、共感や思いやり、共生の感覚もそこから生まれてくることを肝に銘じたい。

特に大切にしたいのは、子どもたち一人ひとりとの信頼関係の構築である。そのためには、一人ひとりの子どもたちに関心をもち、その子の日常生活を知り、**その子としか通じないメッセージ**[3]をやりとりしながら、「先生は、自分のことに関心をもってくれている」「先生は自分を見守ってくれている」という感じをもたせたい。

さて、学級における気になる子であるが、学業不振、無気力、選択性緘黙、いじめ、非行、不登校等、その状況は多岐に及んでいる。特に、昨今では、発達の遅れやアンバランスにより、学習や集団生活、コミュニケーションに困難さを示す子どもたちが

[3] 光武充雄（1999）『こころの支援の上手な先生』図書文化社
気になる子を含め、こころの支援のかかわり方を紹介している。特に、「犬のクーちゃんは元気かな？」などの子どもたち一人ひとりの日常に分け入った、その子としか通じないメッセージのやりとりを進めている。

増えており、一人ひとりの違いに応じる具体的な対応を急がなければならない。

■教育的ニーズに応じる

何よりも、子どもたちが、どんな困難にぶつかっているか、どんな不安があるかなど、その子の**教育的ニーズ**[4]を理解したい。学校場面においては、学習活動、給食、休み時間、友だち関係、教師との関係など、家庭生活においては、親子関係、きょうだい関係、生活リズム、食事、風呂、お手伝い、宿題などについて、詳しく吟味したい。

次にその対応であるが、学校全体で組織的に、教育相談や特別支援教育を連動させ、関係機関とも連携しながら、**その子に応じた個別メニュー**をつくりたい。状態によっては、欠席や遅刻を認めたり、集団活動から離したり、補助の友だちを付けたり、個別支援の場所を確保したり、給食量を調節したり、宿題を軽減したり、学習の個別メニューを準備したりなど、柔軟な手立てを講じる必要が起こってくる。これらの対応については、学級全体の一斉指導と異なることから否定的な考えもあるが、手をこまねいて放置してしまうことがないよう、具体的に手立てを講じたい。

そのなかで、**無学年制**[5]などを取り入れ、その子ができるレベルに戻り、内容や量を調節したり、スモールステップを組んだりして、「達成感や成就感を実感させ、できたことを賞賛していく流れ」をつくることも大変効果的である。その子や保護者と話

[4] 横尾俊（2008）「わが国の特別な支援を必要とする子どもの教育的ニーズについての考察：英国の教育制度における『特別な教育的ニーズ』の視点から」『国立特別支援教育総合研究所研究紀要』*35*, pp.123-135.
　子ども一人ひとりの状態から教育的ニーズを吟味し、対応することの意義を論じている。

[5] 愛知県緒川小学校では、文字の読み書きと数と計算領域などの基礎的学力の定着のために、いつでも前の学年に戻って学習ができる、無学年制の「はげみ学習」を実践しており、個に応じる指導方法として大変参考になる。
「2-11　はげみ学習」参照。

し合い、その意志を確認しながら、柔軟に進めていきたい。

■こだわりを活かす

発達障害や不登校等の問題は、**医学モデル**で万事改善されるものではなく、日々のかかわりによる**教育的支援**が何よりも大切であり、自己規律や自立をめざし、**自信をもたせる遊びと学び**を工夫していきたい。

その糸口は、その子が示す興味・関心のなかにある。ゲーム、テレビ、マンガ、おもちゃ、カード、バドミントンなど、いろいろあるが、それを話題にし、一緒に楽しみながら、むしろ、それを教えてもらうという柔らかいスタンスも効果的である。

また、発達障害の子どもたちは、特定の対象にこだわりを示す場合があるが、逆に、その「こだわりを絶好の学習素材として捉え、学習活動に仕立て直す」ことも、大変効果的であり、発展させたい手法である。

【事例1】 小学5年のA君は、「甲虫王ムシキング」のゲームから頭が離れない。家でゲームに没頭し、学校でも戦いの場面の独り言が多く、会話しても登場するキャラクターの話ばかりである。そのような状態のA君に対して、B先生は、ムシキングのすごろくを作る活動に持ち込んだり、ムシキングクイズをつくり、他の子どもたちと交流させたり、キャラクターの紙すもうをつくり、対戦させたり、キャラクターを登場させた紙芝居をつくり、発表させたり、昆虫図鑑を準備して、本物の昆虫への興味を誘ったりなど、さまざまな学習活動を仕組んでいった。

次に、B先生は、A君がおしゃべり上手である点に注目し、インタビューやレポーターなどの活動を仕組み、放送番組をつくったり、落語に挑戦させたりして、A君の得意な面を伸ばすことも仕組んでいった。通級教室での長期に及ぶ支援であるが、こだわりを学習の内容と方法に仕立て直すことの凄さを見せた事例である。

■持ち味を活かす

また、その子の興味・関心や得意な面などの**持ち味**を、係や**当番活動**に活かしていくことも効果的である。特に、不適応気味の子や多動の子、反抗的な子、不安傾向が強い子の場合などは、集団のなかで積極的に**役割**をもたせ、**存在感**を大きくし、**肯定的な自己概念**がもてるよう支援していきたい。

【事例2】 小学3年のC君は、落ち着きがなく、授業中にうろうろ歩き回ったり、衝動的に物を投げたりケンカをしたりなどの問題を起こす。何回も注意されるがすぐ忘れ、同じことを繰り返す。そればかりか、自分は嫌われている、いつも怒られる、ダメだと自己否定しているところがあり、D先生の注意にも険しい表情が続く。

そんなC君と関係がとれず苦慮したD先生は、お母さんと相談するなかで、C君が生き物好きであることを知った。そこで、お母さんには家で虫や魚の図鑑をそろえていただくことをお願いし、学級では、水槽や虫かごなどの世話を委せることにした。

しばらくすると、C君の動きが変わってきた。いろんな生き物を持ってきては、餌をやり、水を換え、そのうちに、友だちと協力しながら世話ができるようになってきた。さらに、表情も和らぎ、笑顔も出て、D先生の質問にも答えてくれるようになり、授業中にも席を離れず、学習を続けることができるようになってきたのである。

周りの子どもたちにも変化は現れ、C君を受け容れ、一緒に遊び始めたり、グループ活動や劇発表などを協力してできるようになってきて、D先生も学級経営が楽しくなっていった。C君の持ち味を係活動に活かし、良い展開を見せた事例である。

子どもたちへの指導支援は、教師の**真摯な態度**と、子どもたちへの**温かい真心**、そして**力強い行動力**が大きな決め手となる。気になる子も含めて、**人の痛みがわかる教師、人としての情が深い教師**として臨みたいものである。

〔光武充雄〕

◆参考書
●竹田契一・里見恵子（編）（1994）『インリアル・アプローチ』日本文化科学社
●光武充雄（1999）『こころの支援の上手な先生』図書文化社

2-8 ポートフォリオ評価

■ポートフォリオの必要性

ポートフォリオは、アメリカでは、**ペーパーテスト**に対する批判として定着した。ペーパーテストは、特定の時点で限られた時間内において正解のある問題を問いかけ、子どもに解答させるものである。ペーパーテストは、正解が明確であるという意味で客観的であり、誰が採点しても同じ結果をもたらすという点で信頼性も高い。

しかし、ペーパーテストは、「ああでもない、こうでもない」と考えをめぐらし、反対の立場も念頭に置いて、言語だけでなくマッピングやプレゼンテーションなど多様な表現様式を使って、より強固な結論を導き出す思考力や判断力を評価できるわけでもない。その結論を他者に伝えて、納得してもらえるような表現力を評価できるわけでもない。

このような思考力・判断力・表現力を評価する手立てとしてポートフォリオが生まれた。また、教室や学校だけでなく学校外で学び、そこでお世話になった人々（地域講師を含む）に学びの成果を見てもらい評価を受けるという**本物の評価**（authentic assess-

表2-1　ポートフォリオと学習ファイルの違い

ポートフォリオ	学習ファイル
Ⓐ 古い学習物は上に，新しい学習物は下に	ⓐ 古い学習物は下に，新しい学習物は上に
Ⓑ 学習物の量が一人ひとり違う	ⓑ 学習物の量が皆同じ
Ⓒ 名前と日付がある	ⓒ 名前と日付がない
Ⓓ 振り返りがある	ⓓ 振り返りがない

ment）も、ポートフォリオで使われることが珍しくない[1]。

わが国では、総合的な学習は、環境や福祉や国際など現代的課題などが例示されるなかで、ペーパーテストになじまないとされ、ペーパーテストに代わる評価法としてポートフォリオが使われた[2]。その後、最近では各教科でも思考・判断力や表現力などの学びの**質的評価法**として定着するようになっている[3]。

そして、日米両国とも教師の力量形成の手立てとしてもポートフォリオが使われるようになってきた。教師の仕事は、複雑で、適切な思考・判断力が求められ、知っているだけでなく適切な表現力が求められるから、当然のことであろう。

■ポートフォリオの定義と難易度

ポートフォリオは、学びの過程で生まれたもの（学習物）をファイルしたものであると理解している向きもある。しかし、それでは、単なる学習ファイルとの区別ができない（表2-1）。ポートフォリオでは、（A）学習物を古いものから新しいものへと時系列に配列し、（B）一人ひとりの学習物

［1］ Burke, K. et al.,（1994）*The Portfolio Connection*, IRI/Skylight Training and Publishing, pp.vii-viii.

［2］ 加藤幸次・安藤輝次（1999）『総合学習のためのポートフォリオ評価』黎明書房
安藤輝次（2001）『ポートフォリオで総合的な学習を創る：学習ファイルからポートフォリオへ』図書文化社

［3］ 安藤輝次（編）（2002）『評価規準と評価基準表を使った授業実践の方法：ポートフォリオを活用した教科学習、総合学習、教師教育』黎明書房
西岡加名恵（2003）『教科と総合に活かすポートフォリオ評価法：新たな評価基準の創出に向けて』図書文化社

表2-2　ポートフォリオにおける3つの表現形態

表現	**言語**	学習シート，日記，手紙，報告書，班新聞，目標，日程表，チェックリスト
	ビジュアル	絵，グラフ，イメージマップ，模型，設計図，イラスト，写真，ビデオテープ
	行動	討論，インタビュー，劇，朗読，スピーチ，報告する，提案する，教える

が異なる。（C）名前と日付を添え、（D）自己評価だけでなく他者評価もなされる。日付を記すのは、学びの変容が見出されても、それが数日のうちに見られたのと1ヵ月経って見られたのでは意味合いが異なるので、それがわかるようにするためである。[4]

要するに、ポートフォリオは、①子どもまたは教師が、自発的に学びの伸びや変容を、②多面的、③多角的、かつ長期的に評価し、新たな学びに活かすために、④学習物等を集めたものである、と定義することができる。[5]

①は、ポートフォリオには、子どもがつくる「子ども用」、教師がつくる「教師用」があることを意味する。②の「**多面的**」とは、表2-2のような3つの学びの表現形態が含まれることをいう。

③の「**多角的**」とは、学び手自身による評価だけでなく、相互評価や保護者やお世話になった人々からの評価なども含まれることをいう。そして、④の「学習物」とは、上表のような多様な学びの表現のことであり、「**学習物等**」とは、振り返りメモなど、多角的評価も加えた全体を指している。

ポートフォリオは、1単位時間ではなく、少なくとも数時間、長ければ1ヵ月や1学期間にわたって多面的な学習物を収集し、さら

[4] 安藤輝次（2006）「ポートフォリオ」北尾倫彦（編）『学びを引き出す学習評価』図書文化社 p.80.

[5] 安藤輝次（2004）『絶対評価と連動する発展的な学習』黎明書房 p.125.

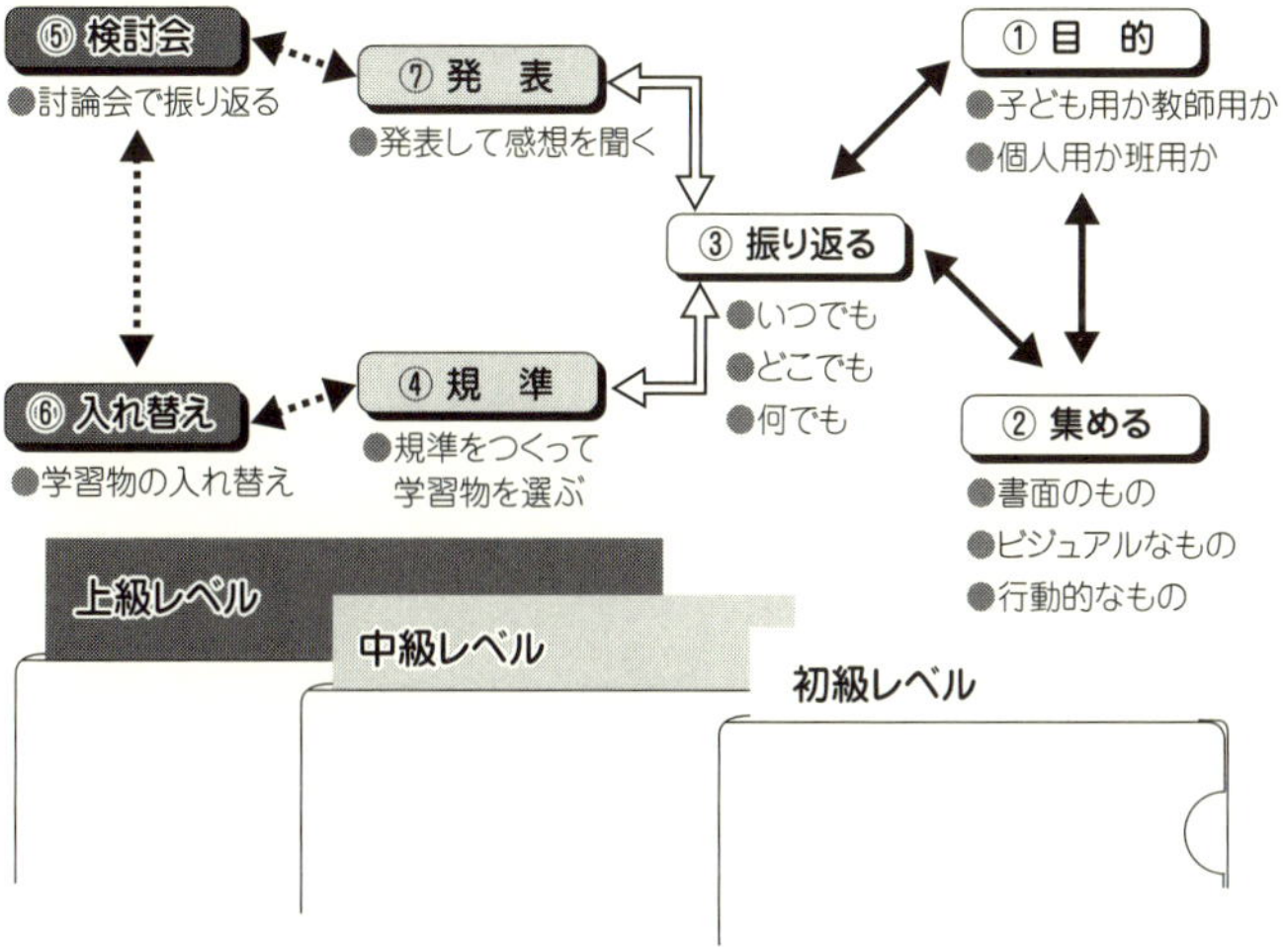

図2-9　ポートフォリオの基本要素と難易度

に自己評価や他者評価など多角的な評価結果を盛り込む必要があり、多大な労力を要する。したがって、図2-9のようなレベルに沿って少しずつ導入しないと、うまく定着しない[6]。

[6] 前掲[4] p.81.参照。

■**個性的な学びを自覚させて活かす**

教師は、子どもについて気づいたことや学んだことを学習物としてポートフォリオに収めていくと、その子どもの全体的な傾向性と強みや弱みを**学習スタイル**として把握できるようになる。

図2-10、2-11をご覧いただきたい。これは、ポートフォリオに収められた、中学1年生の同じ

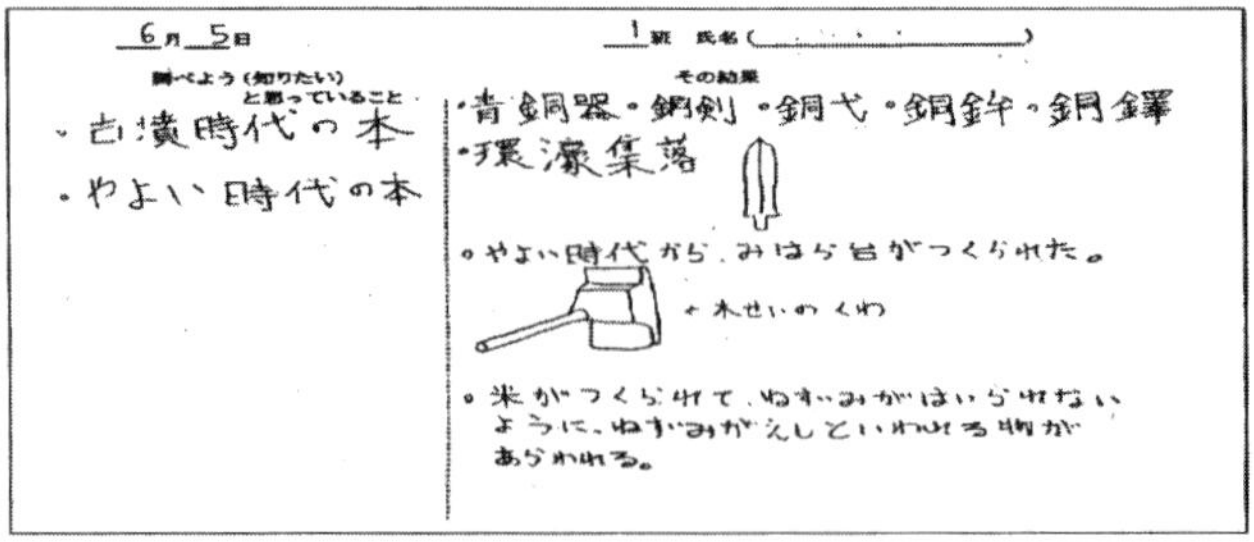

図2-10　6月5日の調べ学習

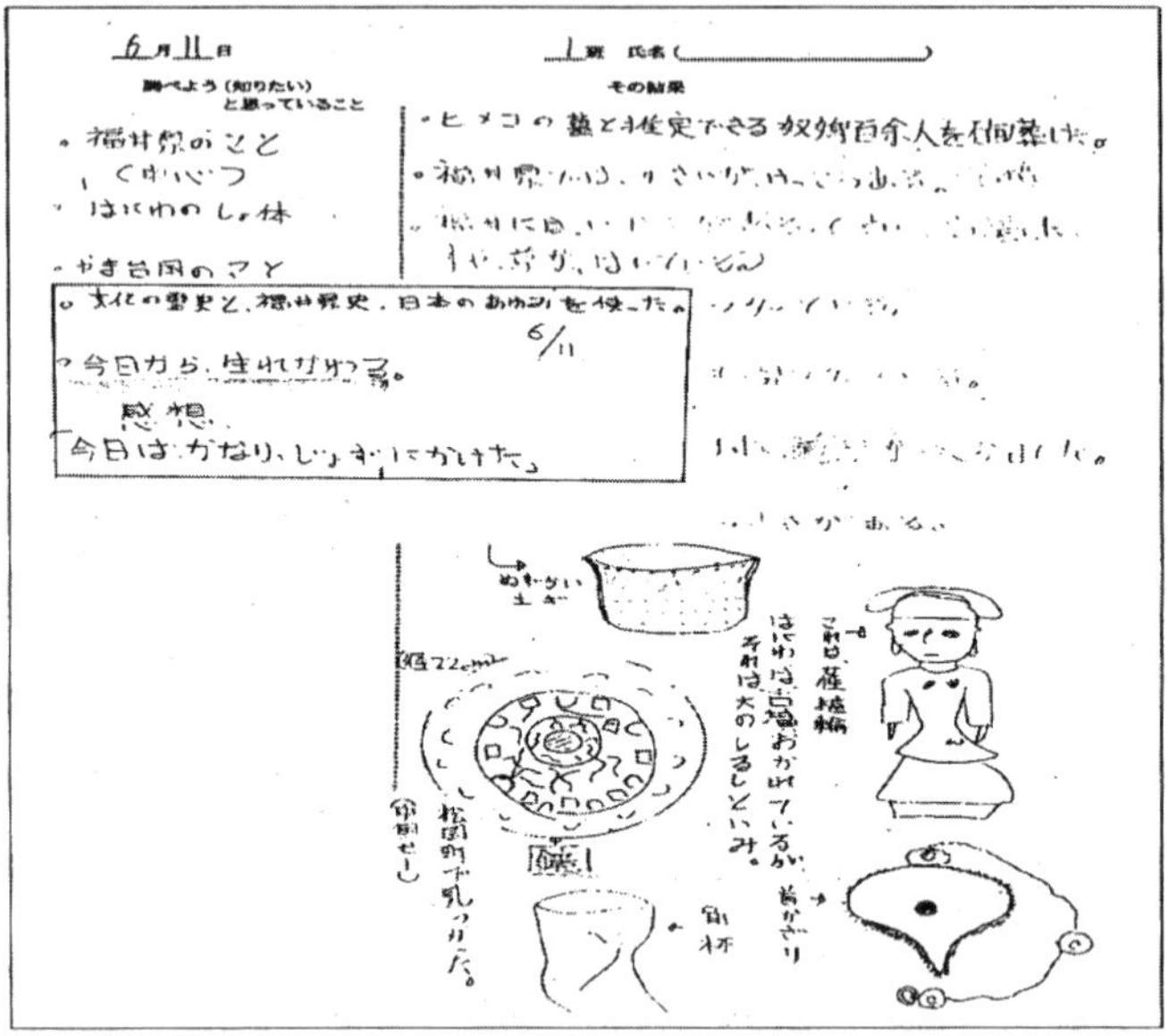

図2-11　6月11日の調べ学習

子どもが描いた学習物である。図2-10では遠近法を使って描いており、図2-11でも絵については丁寧で力強さが感じられるが、図2-11の字が弱々しく、この子どもは、ビジュアルな学びの表現が得意で、言語的な表現が不得手であることがわかる。また、図2-11の付箋紙（小さな枠）に「今日から生れかわる」と書いたのは、班の友だちから「真面目にしろ」と注意されたからである。教師はポートフォリオの分析から、第一にはこの子どもに言語よりビジュアルな表現をさせ、第二には班の協同学習を活用して学びにかかわらせる対処をとった[7]。

またガードナーたちは、就学前の子どもたちに対しても、スムーズに学校生活に入れるよう、学習スタイルを考慮して子どもに対応することを目的として、認知的能力を評価する方法を案出している。**プロジェクト・スペクトラム**と称する研究では[8]、それぞれの子どもの認知的な強みを見出すため、創造的な運動、レポーターとしての言語活動、恐竜ゲームで行った計算、宝探しゲームでの推量、音の高低合わせゲームなどを子どもが行っているようすを丹念に観察・記録し、また学習物も集めた。たとえば、ポートフォリオには、得点シート、チェックリスト、逸話メモ、子どもの描いた作品、活動状況の写真やビデオ、保護者へのアンケートや面談記録などが収められた。そして、これらの学習物を検討し、その子どもの得手不得手がわかる**プロファイル**を作り上げている。

〔安藤輝次〕

[7] 前掲［2］安藤（2001）p.166. 参照。

[8] Krechevsky, M. (1998) *Project Spectrum: Preschool Assessment Handbook.* Teacher College Press, pp.4-9.
「1-5 多重知能（MI）の理論」参照。

◆参考書
●E・F・ショアー、C・グレース／貫井正納他（訳）（2001）『ポートフォリオガイド：10のステップ』東洋館出版社

2-9 カリキュラムづくり

教える側の論理から認知的個性を活かす視点へ

■問題の所在／根強い教える側の論理

言うまでもなく学びの主体は子どもたちであり、その学びを支えるのが教師の役割である。しかし、実際に教室で教師がその役割を認識して子どもたちの個性的な学びを支えているかと言えば、残念ながら実はそうではないことが多い。もちろん多くの教師は指導法を研究し、よりわかりやすい方法を工夫している。しかし、その工夫の多くは、子どもたちを学習の受容者と捉え、教える側の論理に終始して授業を展開することに留まっている。教師は目の前の学級集団に、よりわかりやすく、あるいは、より効率的に学ばせる技術を磨き授業実践している。

したがって、その指導法の多くは刺激・反応による旧来の行動心理学に基づく一斉指導学習であり、子どもたちを個人としてではなく学級集団として捉え、学習のイニシアチブは、あくまでも教師の側にある。そこでの子どもたちは、学習が「できる・できない」、この授業が「わかる・わからない」で区分けされる客体である。そして教師の評価は、学習内容が「できたか」「わかったか」に留まってしまう。その結果、

「できる・できない」「わかる・わからない」にこだわった**習熟度別学習**が流行してしまっている。特に習熟の度合いが顕著に表れる小学校の算数科においては、多くの学校で、多くの時間と担任以外の教師も巻き込んでの実践がなされている。もちろん習熟度別学習にも単なる一斉指導学習のみの実践と比せば、学力向上に寄与し、それなりの学習効果はある。[1] しかし、その視点を「できる・できない」に留めている限り、学ぶ側のさまざまな認知的個性への視点を欠き、結果として教える側の論理の枠を超えられないでいる。

■カリキュラムづくりはトータルな学校デザインから

実は教師は、毎日の授業実践で、子どもたちの認知的個性にある程度気づいているのである。職員室の会話で、「もう少し時間をかければ、あの子も理解できるのに」とか、「早く課題が終わってしまった子どもを待たせてしまっている」、あるいは、「計算はまったくできないけど、図形の問題はできるんだよね」などといったやりとりを同僚の教師としているのである。しかし、教えるのが教師の仕事であるとの思いが捨てきれず、一斉指導学習を前提とした授業、あるいは習熟度別のコース別学習以外の学習形態へと歩が進まないでいる。

その背景には、教師自身の基礎・基本定着への強い思いと、「知識・理解」偏重の学力観がある。めざす力が「知識・理解」中心であるならば、懸命の教え込みで「よ

[1] 一斉指導学習と比べれば、確かに習熟度別学習は学力向上の役割を果たす。しかし、習熟度別学習は、どこまでいっても教える側の論理であり、その名の通り学習の習熟をめざしている。したがって知識・理解以外の子どもたちのもつ認知的個性には、教師が気づきにくい。

り理解させること」が至上であっても納得できる。

さらに、認知的個性は、一斉指導授業形態や、その形態を前提とした工夫、あるいは習熟度別学習のみを続ける限り目に見えにくいものであり、気づきにくいものである。

そこで大切なのは、子どもたちのさまざまな認知的個性が発揮でき、その個性的な学びの姿を見えやすくする工夫である。そのための前提として、単なる教科の学習場面だけにスポットを当て、学びの場面だけでの限られた個性の発揮や、主体性・自主性を打ち出すのではなく、学校そのものの総合的デザインをすることである。要するに、カリキュラムづくりとは、**トータルな学校デザイン**のもとに行われるべきものである。実は、この考え方に沿って学校のあり方を整理していくと、学習においても、従前の学習の問題点や今後の課題が見えやすくなってくるものである。

■トータルな学校デザイン

たとえば、ある小学校では、「自ら問題を解決し、生活に活かす」子どもたちを育成するために、その教育目標を「**生活のある学校** ＝ of the kids, by the kids, for the kids」とした。こうすることで、学校生活のすべての場面で、子どもたちの思いや願いに即した学校生活を総合的にデザインし直すことが可能となる。生活とは、教科の学びの場面のみでなく、学校での諸活動（恣意に任された放課の遊びも含む）すべてである。

［2］従来は、月曜日の朝には毎週朝会の時間があった。せっかくの一週間の始まりの朝を校長講話と伝達のために体育館に集まり、クラスごとに整列して受動の時間を過ごしてきた。これを「生活のある学校」の理念のもとに、「朝の集い」に改変した。今月の歌の合唱から始まり、子どもたちの企画による発表や集会活動、その内容に応じた席の工夫。楽しい一週間の始まりの時間である。

あるいは、自治的委員会活動のための委員長立候補制による委員会活動、投票行動を起こさなければ一票の権利を行使できない児童会役員選挙、昇降口横に設えたくつろぎのための畳スペースなど、子どもたちの目線での活動や施設も充実してきた。

このような視点に立つと、従前には安易に使ってきた子どもたちの主体的活動、あるいは自主的活動といった取り組みが、いかにも制約の多い部分的な教師主導の学校生活や学習場面であったかに改めて気づくこととなる[2]。

このようにデザインされ直された学校には、紛れもなく自発的・自治的な子どもたちの生活がある。生活の場面でのこれらの改革は、同じ理念のもと、授業改革へも歩を進めていくこととなる。

■カリキュラム創造の実際

学びの場面では「**生活に活かす総合的な学習の時間**」、「**確かな学力を育成する教科学習**」を柱としている。

① **生活に活かす総合的な学習の時間**　総合的な学習の時間では、地域素材を核として、地域や自らの生活のなかから課題を見つけ体験的な追究活動を重ねた。具体的な例としては、この地はトマト産業の拠点であることから、3年生がトマトの苗を育て、成熟したトマトで、ソースやジャムを作り、それを学習発表会で地域の方々や保護者にふるまった。また、5年生は、里山保護のために切り出した竹で、竹墨を作り、近くの池の浄化に役立てている。

また、豊かな自然環境を活かした校庭横の樹木園では、カブトムシやクワガタが採取できる。そこには小鳥たちのための巣箱も設置した。自然探検活動への出発点とし

[3] ビオトープ（Biotop）はドイツで生まれた概念で、周辺地域から明確に区分できる性質をもった生物群集の棲息環境のこと。

[4] アメリカでの研究・実践によって生まれた学習形態。従来のグループ学習とは異なり、構成主義アプローチに根ざした学習形態である。それを前提とした「われわれ」意識のある学級づくりをめざす。形態としては、スモール・グループを活用した教育方法であり、一緒に取り組むことによって、自分の学習と互いの学習を最大に高めようとする。日本では、中京大学教授・杉江修治らによって提唱されている。

[5] 認知的個性に処遇し、個性的学習を促すための一人学びを中心とした単元内自由進度によるパッケージ学習。学習への興味・関心、学習特性に応じた3つのコースを用意し、子どもたちはコースの選択・学習計画・追究・発展的課題を自らの意思で進めていく。ガイダンスの時間の後は教師の指示はなく、児童は「学習の手引き」と「学習カード」

て、昇降口を改修したオープンスペースには、天井まで届く本物の樹木・近くの川や池に棲む魚たち・活動の足跡を語る壁面いっぱいの大掲示板がある。そこから一歩外には観察池を改修したビオトープ[3]がある。これらも「生活のある学校」を謳う職員のアイデアによって生まれた。

② 確かな学力を育成する教科学習　また、教科学習での「確かな学力」とは、もちろん「知識・理解」のみを言うのではなく、**学習力**（課題発見力、解決力、応用力、思考力、学びの方法等）を確かなものにすることをいう。さらに、生活を学習に活かし学習を生活に活かすトータルな学習をめざしている。そのために、「個別化・個性化学習」や「**協同学習**[4]」の授業形態を採り入れ始めた。そのひとつとして、5年生の社会科「米作り」の単元では、**単元内自由進度による一人学び**を中心とした**パッケージ学習**を実践した[5]。

教科の学びの場面で主体的・自主的学習を求めれば、子どもたちの手に委ねられる時間・場面・機会が多くなるのは必然であり、学ぶ側の論理に則った学習形態を生み出していく。それは結果として、子どもたちのさまざまな認知的個性が発揮できる学習形態となる。さらに、そこから生まれる子どもたちのさまざまな認知的個性への、教師の新たな気づきがある。この教師の子どもたちのもつさまざまな認知的個性への気づきが、従来の教える側の論理による学習指導を、学ぶ側の目的原理に改変させる、新たな原動力となっていくのである。

〔宮川啓一〕

を用いて、自らのペースで学習を進めていく。本単元では、5年生の学級を解体しティームティーチング（T・T）による授業とした。2つの教室のほかに、学習室・図書室やコンピュータ室も随時学習場所とした。

〈コース内容〉

Aコース：社会科への関心を深くもち、社会的事象を論理的に考えたり、統合的に考えたりして、発展的な学習を好む児童のためのコース

Bコース：自学できる力をもち、自分のペースでこつこつと学習を積み重ねていくことを好む児童のためのコース

Cコース：社会科をあまり得意としないで、教師の指示や教授を受けながら学習する児童のためのコース

◆参考書

●D・W・ジョンソン他／杉江修治他（訳）(1998)『学習の輪：アメリカの協同学習入門』二瓶社

●加藤幸次（編）(2001)『タイプ別学習集団の効果的な編成：少人数指導、学級編成弾力化の手引き』ぎょうせい

2-10
時間割編成

■45分、50分の1単位時間

ここでは、子どもたちにとって学校生活を規制し、学校生活の基盤をなしているとも言える日課表、いわゆる**時間割編成**について考えてみる。これまでの義務教育では、学習指導要領の内容に従い、子どもたちの学習時間は45分（小学校）ないし、50分（中学校）と省令で規定され、それに基づいて教科や道徳、特別活動などを割り振り、いわゆる学校の「時間割」を編成してきた。そして、その時間割に従って子どもたちは学校生活を過ごしている。何の疑いもなくこれが習慣となり、日本の学校の姿はこうあるべきだとなっている。このように、教科や児童生徒の実態にかかわりなく、とにもかくにも一律に45分、50分と決めて実施してきたことへの反省、疑いから出発することにした。

すでに、私たち日本個性化教育学会[1]に深くかかわっているいくつかの学校では、これまでにも、すべての教科・特別活動を常に45分、50分として学習を展開させるのではなく、子どもや学校の置かれた状況、実態を考慮した学習時間を運用している。こ

［1］主体的な子どもの育成をめざして、指導の個別化・学習の個性化の考えを基本に1984年に組織された。2008年度から「日本個性化教育学会」と組織変更。事務局を上智大学に置き、主な活動として、春季研究会、宿泊研究会、全国大会、会誌発行などを精力的に行っている。全国的には、東北・東海・中国・四国・九州にそれぞれ支部があり、各種の研究会、研修会を本部と連携をとりながら行っている。

れらの学校では、学習時間や学校時間の見直しをどのようにして変革したのかを以下において考察したい。

■ノーチャイム制の導入

これらの学校では、子ども一人ひとりに「より良い時間の運用」をさせるために、**ノーチャイム制**を実施していることが多い。これまでは、外圧的なチャイムの合図によって学習時間、遊び時間を開始したり終了したりしてきた。しかし、学習でもどんな作業でも、それを解決したり成し遂げたりするのに必要な時間はそれぞれ異なる。それにもかかわらず、チャイムの合図によって、子どもや教師は作業や問題解決の途中でも学習を止めてしまっていた。個性化教育の実践校では、1970年代後半から、こうした弊害をなくし子ども中心の時間の運用を考え、ノーチャイムを導入していた。ノーチャイムであれば、子どもは、自分が納得するまで活動ができるからである。ただし、隣どうしの教室ではある程度同じような教科の時間割を編成する必要がある。なぜなら、静かに朗読の活動をしている隣の教室で、大きな声で歌ったり、討論したりするような学習内容では、騒々しくて学習の効果が上がらないことが多いからである。施設的には、絨毯敷きのオープンスペースをもつ学校[2]であると、子どもたちが移動しても騒音が少なく、学習中、他の子に迷惑をかけないですむ。

［2］いわゆる壁のない学校。1970年代後半から全国的に多く建築、改築された。当時児童数の減少に伴い、余裕教室が増加し、それを改修してオープンスペースをもつ学校が増加した。また、戦後建設された校舎の老朽化に伴う校舎改造や校舎改修に伴い、オープンスペースをもつ学校も増加した。

■ブロック制の導入

さらに、個性化教育の実践校では、子どもの、①学習時間、②学習到達度、③学習方法、④学習適性、などに適応する学習を展開して、興味・関心別学習、習熟度別学習、単元内自由進度学習などと呼んでいる。こうした学習を展開するとき、学習時間を45分でなく、90分程の**ブロック制**を敷くことも多い。通常は一日6単位時間で学校の時間割が編成されているが、ブロック制の場合は一日3ブロック制にし、しかも、ノーチャイムで展開すれば、子どもたちは自分の計画に従い、納得できるまで学習や活動を続けることができる。

特に、子どもに任された単元内自由進度学習など「一人学び」を中心とする場合は、十分時間をかけて活動できるブロック制は大変有効である。一人学びを中心とする学習では、子どもたちは「学習の手引き[3]」などを参考に調べたり、具体的な活動をしたりして学習を進める。実験や観察をする場合、子どもは自分の計画に従い、他にじゃまされることなく時間をかけて学習を進めることができる。こうした場合、上記に述べたように、絨毯敷きであれば子どもが移動しても騒音にならない。

■モジュール制学習

ブロック制は、90分など比較的長い時間であるが、**モジュール制**は、これとは逆に従来の45分、50分の授業時間を、活動や学習のかたまりに応じて15分、30分など短い

[3] 一人学びを中心とする学習活動では、子どもたちは、いわゆる「学習の手引き」をもって学習を進める。そこには、子どものわかりやすい行動目標と標準時間を示してある。学習時間、およその学習の進め方、必要な教材、などが記載されている。教師チェック、自己チェックも示されている。必ず、全員が通過しなければならない「最低ライン」も明示してある。学習の開始時には、この手引きを使用して教師が指導する。

スパンで運用する方法である。これも、すでに日本個性化教育学会の会員校では多く実践している。この方法も子どもの発達段階や能力、興味・関心などの多様な個人差に応じようとした学習である。

■子ども・学校の実態に応じた「時間割」の実践例

全校児童の約3分の1が日系外国人（主にブラジル人）、しかも一人親世帯が3分の1、生活保護世帯も3分の1という、現在言われている格差社会の多くの負の部分をもつ学校[4]での時間割編成を紹介する。この学校では遅刻、欠席が大変多い。雨が降れば、寒ければ、休む。全校児童260人中40〜50人という、1学年相当数が欠席の日もある。もちろん、日系人にとれば「出稼ぎ」の日本であり、母国に戻ればその学歴が認められないなど、教育に熱心になれない理由も多くある。しかし、欠席者は日系外国人だけでなく、多くの日本人も含まれていることが問題なのである。同校では、「とにかく、子どもを学校に来させよう」との取り組みを開始した。そのために、「学校へ来ると楽しいことがある」と実感させるようにした。

その「日課表」の主な特徴は、次のようである。そこには、遅刻や欠席が多い子どもたちに自分なりの「より良い時間の運用」ができるようにさせたいとの願いがあるとともに、楽しい学校づくりを進める第一歩にもつながる工夫がある。

① **あおぞらタイム**　毎週金曜日の2校時と3校時の間（いわゆる業間）の休み時

[4]「2-6 多文化共生の学校づくり」参照。

間を45分とした。他の業間時は30分である。授業時間（40分）より長い休み時間である。もちろん自由参加であるが、子どもたちの各種の委員会[5]が中心となって、ギネス大会が行われるようになった。靴飛ばし、割り箸で豆つかみ、紙飛行機、サッカーやバスケットのシュートなどである。

②　**わくわくフリータイム**　木曜日の午後（約80分）は、学校中どの施設を使用してもよいまったくフリーな時間とした。4学年以上の子どもが参加している。何もしないでぼんやり過ごしてもOKである。家庭科室でおやつ作り、体育館や運動場でスポーツを楽しむ子、コンピュータ室でインターネットや他のゲーム、音楽室で楽器演奏を楽しむ子、教室で過ごす子と、とにかくさまざまな過ごし方をしている。個人でもグループでも可能である。

③　**わくわくランチタイム**　家庭のさまざまな問題から、朝食抜きの子どもも結構多い。通常の時間帯では、給食を食べる時間が4時間授業の後だから、午後1時近くになってしまう。このわくわくランチタイムは午前中3時間の後昼食となり、12時ごろに食べられる。朝食抜きの子どもにとっても他の子にとっても、大変助かる。実施は月曜日だけで、他の曜日も同様にすると午後から3校時も授業をすることになり、かえって子どもや教師の負担増になるということで、実施していない。

④　**40分授業とドリルタイム**　通常の授業時間を40分にしている。あまり子どもの意欲が続かないとの判断からである。40分の始まりと終わりはきちんと守るようにし

[5]　特別活動における領域で子どもたちの学校生活をより良くするための子どもの自治的活動である委員会活動。たとえば、放送委員会、生活委員会、安全委員会など。

ている。そしてその5分間の余剰時間が1日合計30分になるので、その時間を「ドリルタイム」として、各学年ともに漢字の読み書き、計算などの基礎基本の学習を授業終了後実施している。

以上、時間割編成について述べてきたが、あくまで子どもの1日、1週間をどのように展開するのかを考えて実施されている。1時間は45分という「決まった長さ」のコマどりではなく、子どもや学校の実態に適した「より良い時間の運用」をいかにさせるかが考えられているのである。朝、登校したときから下校までの一日が、そして、週の始まりから終わりまでが「淡々と同じように」過ぎるのではなく、子どもの実態や能力に応じて、リズム感や抑揚のある学校生活を送らせたい。そして、それが学校の伝統と地域づくりに発展すると思われる。

〔小山儀秋〕

◆参考書
●奈須正裕・小山儀秋（編）（2008）『授業時数増に対応する時間割編成』教育開発研究所

2-11 はげみ学習

■学習速度の違いに応じた学習システム

指導の個別化・学習の個性化という教育界の改革の方策のひとつに、**はげみ学習**という学習システムがある。学習者の学習速度の違いから生まれる、学習時間の不足や無駄に対処するために考え出されたシステムである。**マスタリー・ラーニング**（**完全習得学習**）の一部を切り離したシステムであり、教材と学習者の認知的個性を分析し構成された、スモールステップに対応した多数の学習材が特徴である[1]（図2-12）。

また、教師の指示ではなく、学習システムや学習材に指示された進め方に沿っ

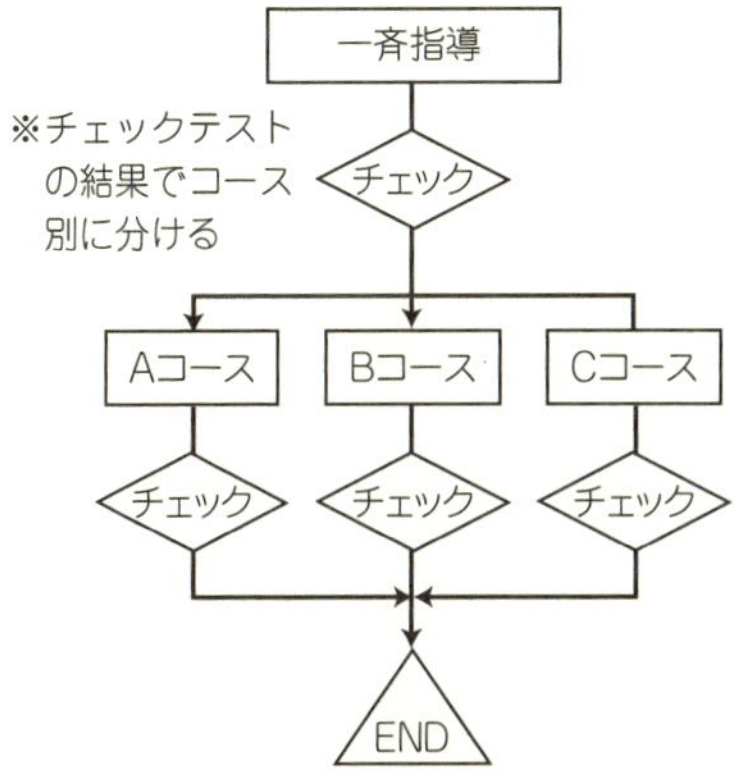

図2-12　マスタリーラーニングのコースウェア

[1] マスタリー・ラーニングは、ブルームの完全習得学習理論に基づき、学習の成果を評価し、指導に活かすことを通して授業内容を完全に理解させる学習である。一般的には、一斉指導後ミニテストで評価し、その結果により複数のコースで処遇する。はげみ学習は、一斉指導後の複数コースの処遇を切り離してシステム化した学習である。

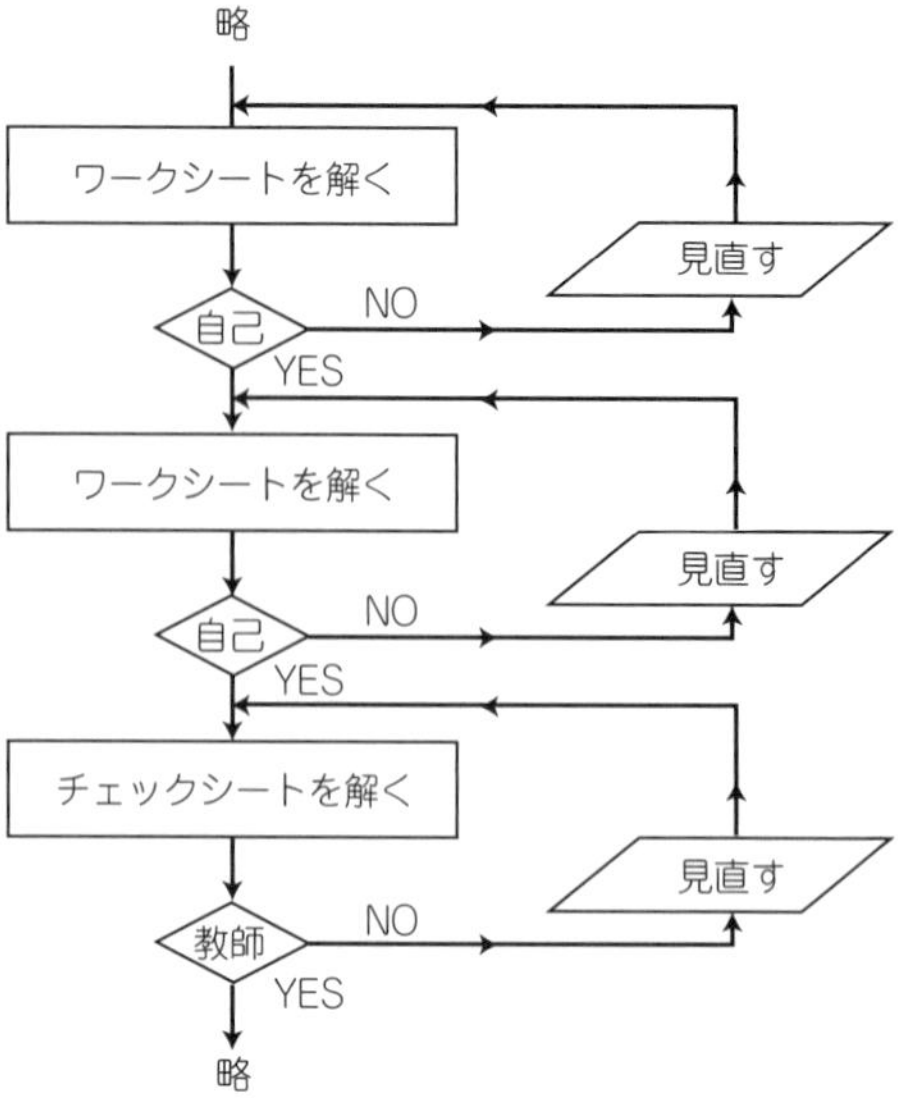

図2-13 「のびっこ学習」の評価と進行

て、学習者が一人で学習を進める「一人学び」が特徴である[2]。「はげみ学習」はシステムが簡単なので、全国の学校が独自に改善し、独自の名前を付けて実践されている。**「のびっこ学習」**もそのうちのひとつであり、東京都目黒区立宮前小学校で実践された学習である[3]。「のびっこ学習」では、すべてが「一人学び」ではない。詳細な学習指導要領の目標分析によって決められたチェックポイントで教師がチェックして、習熟度と進行を評価している。これは、児童が甘く自己評価したり、ワークシートを飛ばしたりした場合に、指導にあたれるようにするためである（図2-13）。

■学習活動のカテゴリーに表れる個性

同校では、自己学習力を育成するために、多様な学習形態や学習システムを実践し

[2] はげみ学習では、一人学びのできる学習材を多数用意し、学習者が一人で学習が進められる「一人学び」を基本にしている。ワークシートは自分で答え合わせをするが、ポイントごとに教師が点検する。

[3] 「のびっこ学習」は、宮前小学校で「算数（数と計算）・国語（漢字）・音楽（リコーダーと鍵盤ハーモニカ）・図工・体育」の5教科に拡大して実践された「はげみ学習」である。

た。また、自己学習力を育成するために、育てたい児童像として、6つの児童像を掲げて教育を進めている。「のびっこ学習」では、この6つの育てたい児童像が、次のような姿として現れるものとする仮説が立てられた。

①**課題意識のある子** ②**選択する子** ワークシートを着実にクリアしていくことになり、いちばん多い「ワークシートを解く」姿がいちばん多くなり、一人学びの時間の割合が多くなる。

③**学習計画を立てる子** ④**学習ペースを守る子** ワークシートを解き、自己評価をし、次のワークシートを解き、教師のチェックを受ける、という学習活動が周期的な活動として現れる。

⑤**学び合いのできる子** わからないときは友だちに聞いて学習を進める。ただし、一人学びが不得意で、友だちと一緒にいることで安心を得ていたり、友だちを頼りすぎたりする児童もいるので、判断に注意が必要。

⑥**非学習活動がてきぱきできる子** 非学習活動とは、ワークシートを取りに行ったり、自己評価をするために、解答コーナーに移動したりする行動のことである。必要な行動ではあるが、自ら学ぶ児童はこの時間が短くなる。

同校では、自己学習力の研究のために、いろいろな学習形態で詳細な学習の記録をとっているが、「はげみ学習」のような学習速度に応じた学習システムで自己学習力がどのように表れるかも分析している。そのうちの「算数のびっこ学習」において、自己学習力や個性が、学習速度や学習活動にどう表れているかを見てみよう。[4] 図2-14〜2-16は、15分の学習時間における、「一人学習」「対教師活動」「対友だち活動」「非学習活動」「否学習活動」[5]を、時系列的に表したグラフである。[6] 30秒ごとにどの学習活動をしているかを観察している。

■時系列グラフに表れた個性

学習履歴をも勘案して学習活動カテゴリー別のデータを分析すると、各学習者の個性がくっきりと表れてきた。《学習持続型》と名づけた型は、一人学びや教師の支援を受けながら、1つのワークシートの学習をじっくり続けていく型で、学習意欲が高く、目標イメージの強い意欲が高いタイプである。ワークシートや自己採点など、なさねばならぬことを一人できちんと進めていくので、グラフは高原状態となって現れる（図2-14）。《周期型》と名づけた型は、ワークシートに取り組み、自己採点をし、新しい学習材を取りに行く、という繰り返しのある型で、課題意識があり、選択する力があり、しっかり学習できるタイプである。この周期が短いのは、他の子どもよりも早く終わらせたい、という意欲が、学習速度に表れるからである。きれいな周期になっているのは、ワークシートの作業とチェックが滞りなく進んでいるからである（図2-15、図2-16）。

《要援助型》は、自分で進めるには学力的に厳しく、教師や友だちの力を借りなが

[4] 抽出児童の記録をとった。指導の成果を見るために、同じ児童の記録を継続的にとったり、教師が推定した学習タイプの児童を選んで記録したりした。

[5] 「非学習活動」は、学習の準備をしたり、学習材を取りに行ったりするなど、学習に関わる活動をいう。学習活動の一部と考えてもよいが、データを分析するうえで、区別している。それに対して「否学習活動」は、学習と関係のない話をしている、ぼうっとしている、立ち歩いているなど、学習活動とは考えられない活動をいう。

[6] 分析のために学習活動を5つの型に分類してあるが、実際は「一人学習」を7つに、「対教師」を3つに、という具合に、計24の学習活動に分けて記録した。

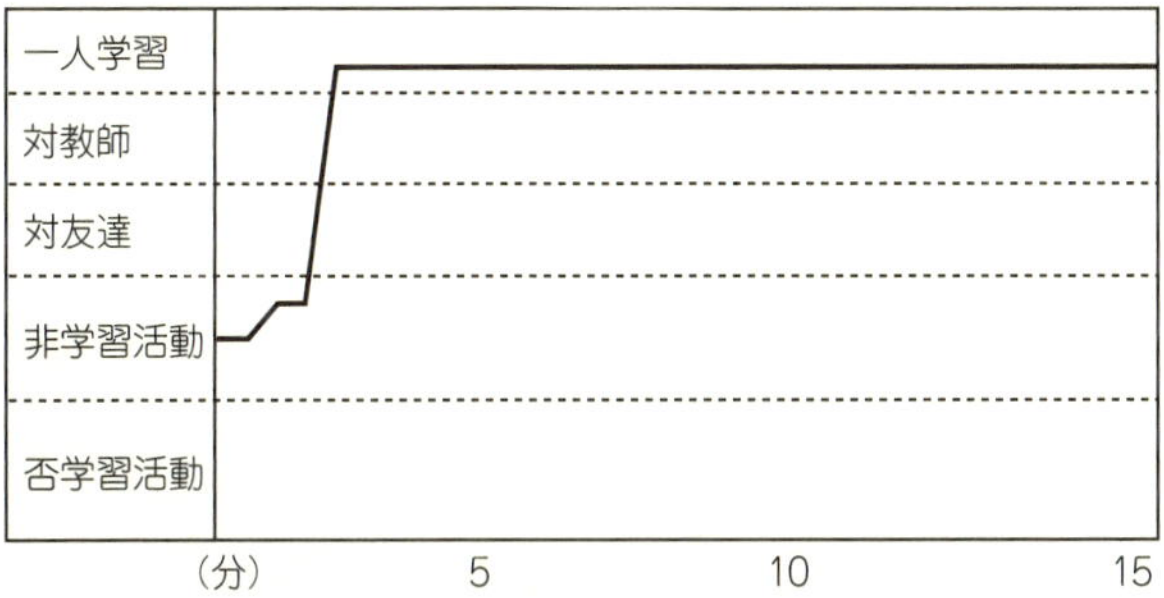

図2-14 「学習持続型」の学習の時系列グラフ

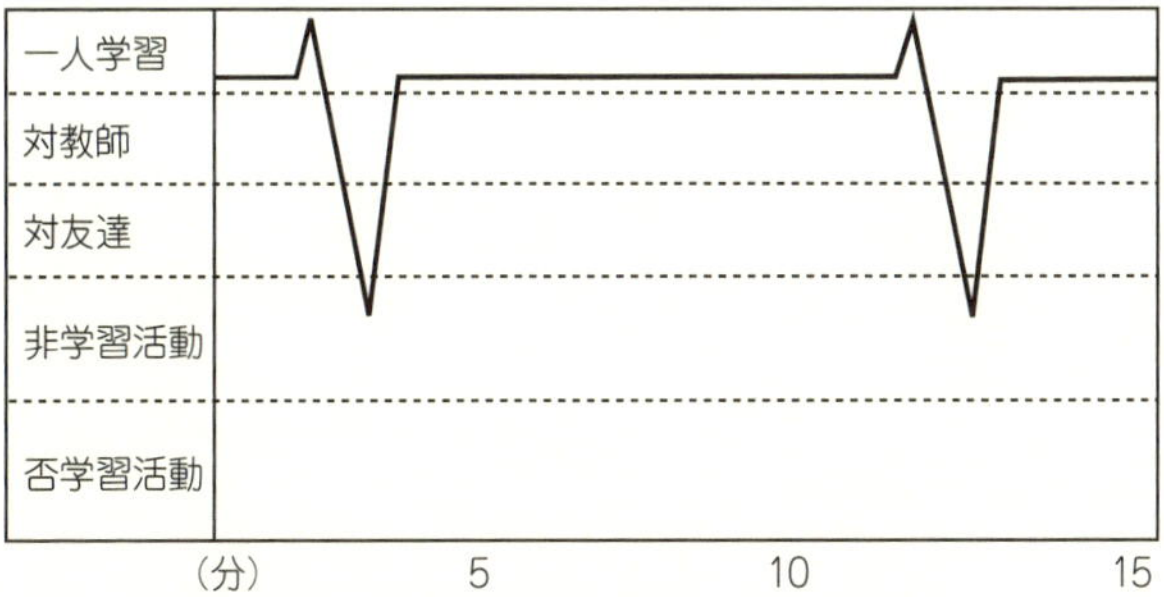

図2-15 「周期型」の学習の時系列グラフ　長周期

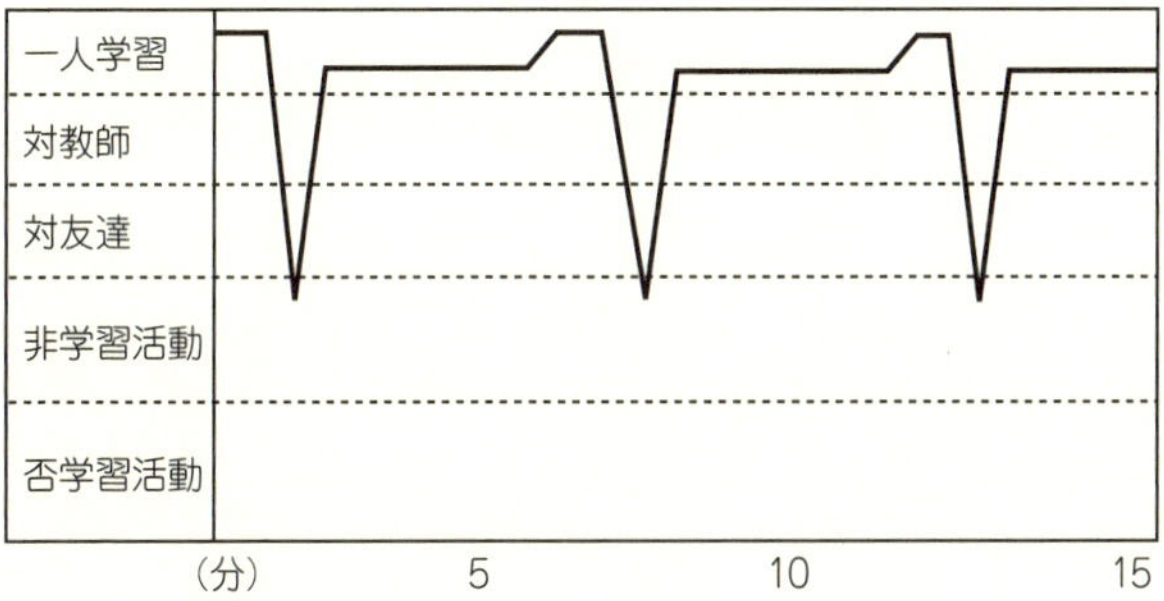

図2-16 「周期型」の学習の時系列グラフ　短周期

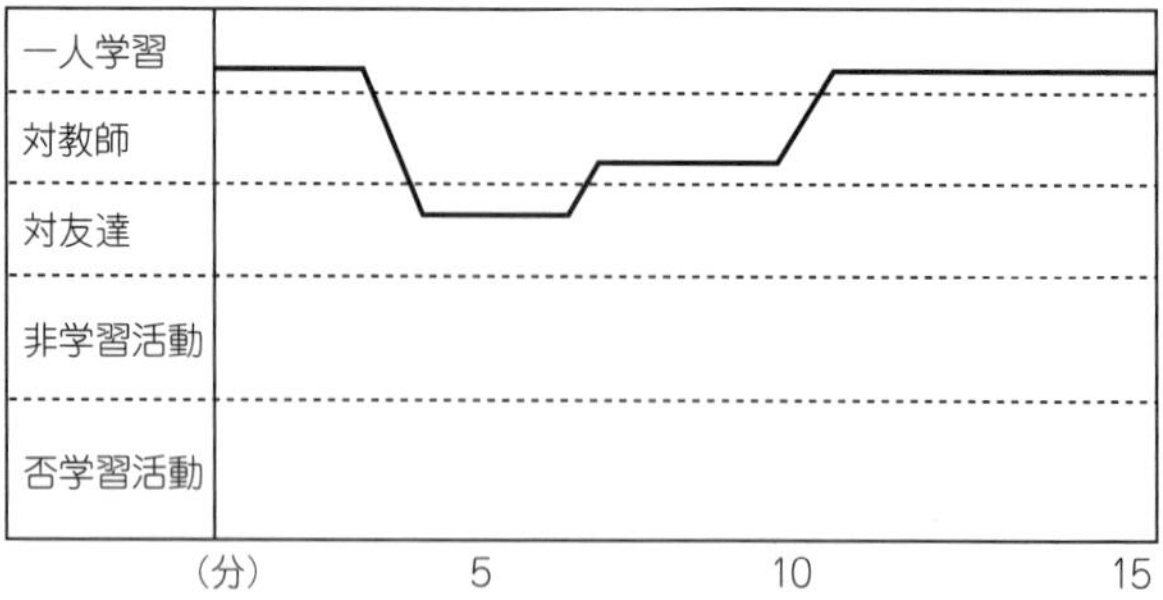

図2-17　「要援助型」の学習の時系列グラフ

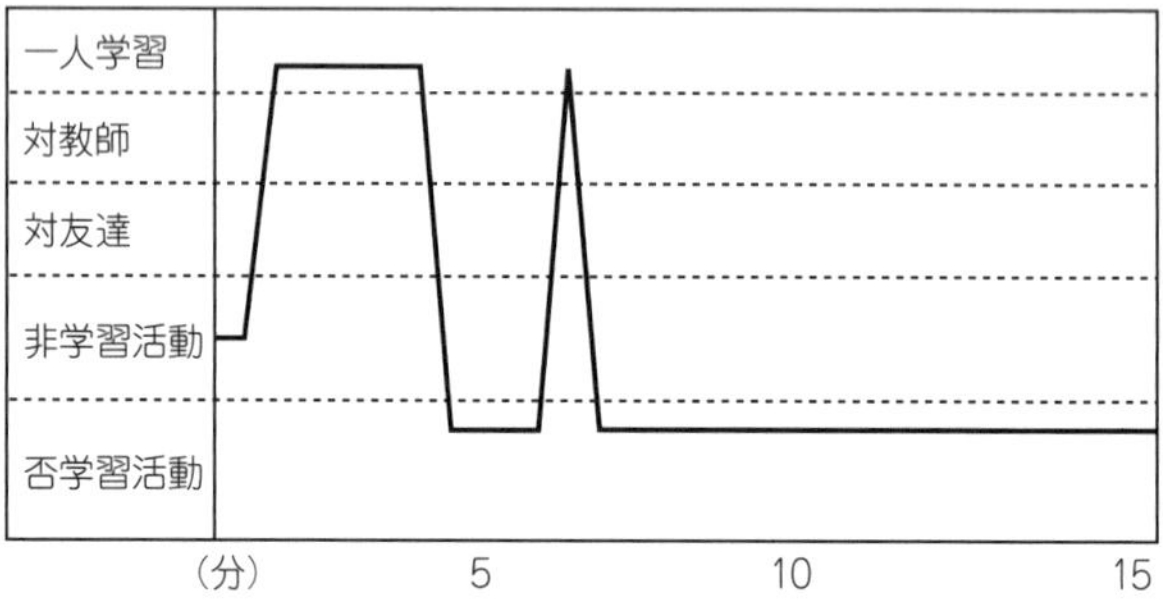

図2-18　ほとんどが「否学習活動型」の学習の時系列グラフ

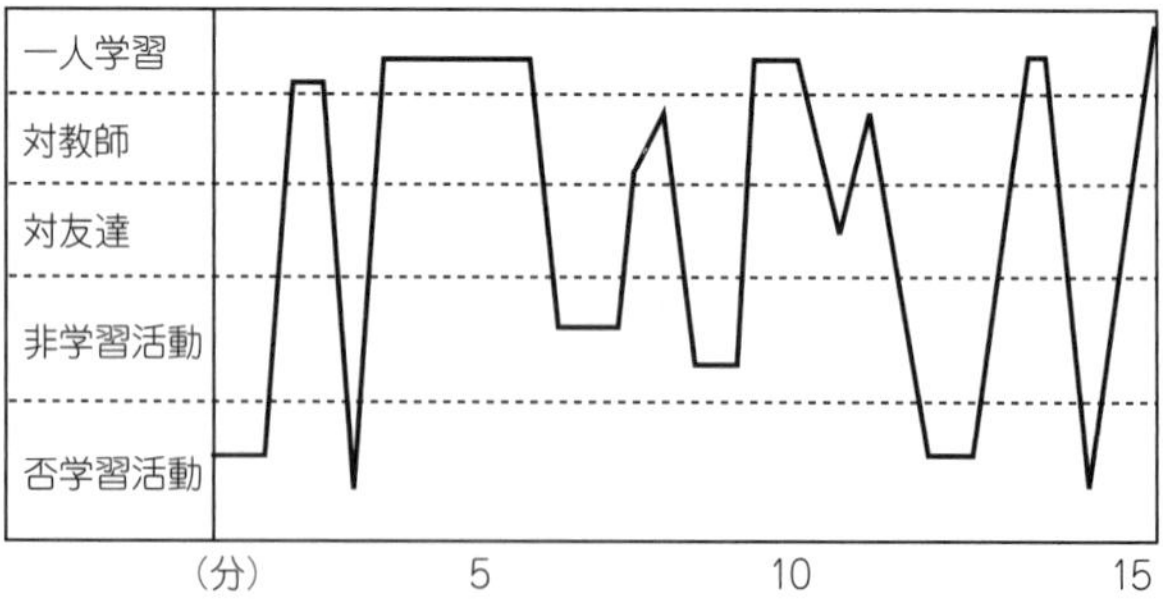

図2-19　「否学習活動型」の学習の時系列グラフ

ら進める型で、対教師や対子どもの時間が多い（図2-17）。このような型を示す児童には、自己チェックを教師のチェックに変えて、励ましたり、指導したりする機会を増やして学習意欲を高めた。《否学習活動型》は、否学習活動が多い型やほとんどが否学習活動という型である。何らかの指導が必要なタイプである。「のびっこ学習」では、このような児童の指導にあたる役目の教師を用意し、「あしあとカード[7]」の分析や、学習観察によって要指導児童と判断した児童に指導にあたった。また、学習時以外で担任が「あしあとカード」や観察記録を見ながら指導にあたった（図2-18、図2-19）。

■はげみ学習に表れる個性

はげみ学習のように、システムが単純で子どもが学習を自分で進めることが簡単な学習では、子どもの意欲はまず**学習速度**に表れる。しかし、それだけではなく、**計画**的に進めるのが良いと感じる子ども、時間はかかっても**着実**に終わらせることに意欲を示す子ども、**先生**や**友だち**に助けられながらも先に進むことがうれしい子ども、といくつかのタイプがあり、こういう個性を捉えて学習形態や教科とクロスさせると、より学習が深まるであろう。また、学習意欲を示さなかった児童も、教師がしっかりと評価し指導にあたると学習意欲が高まり、学習活動にもはっきりと変化が出る。一人学習でも、教師の役割は重要である。

〔佐久間茂和〕

[7] あしあとカードは、児童が自分の学習の進行状況を把握することができる履歴カード。学習シートが終わるごとに日付などを記録する。自己チェックの場合は自分で、教師チェックの場合は教師が記入する。

◆参考書
●加藤幸次（1977）『授業のパターン分析』明治図書出版
●昭和62年度『目黒区立宮前小学校研究紀要』目黒区立宮前小学校
●昭和63年度『教育研究生研究紀要』「オープンプランによる学習システムの改善と開発」東京都立教育研究所

2-12 教科同時進行単元内自由進度学習

■現実的な「個性に応じる教育」

個性化教育というと、とかく「すべての子ども一人ひとりに、それぞれ個別に応じる」と考えがちであるが、そのことがいかに非現実的であるか私たち教師は知っている。しかし、「すべての子どもが同じ手法で同じペースで進む」という前提の手法も教師を苦しめる。クラスに在籍するすべての子どもたちをイメージし、日常の実践のなかで継続的に無理なく個性に応じたい。普通の手法で学べる子どもは、それで進めば良い。しかし、少数ではあるが（本当に少数であるか疑わしいが）必ず存在する普通の流れに従えない子どものために、何か（コースや教材）を用意することにより、彼らが「王道」以上の学びをすることも、しばしば見るのである。どちらの子どもたちも、優劣ではない差（良さ）がある。そして、それぞれの「自分の良さ」を知ってそれを伸ばそうとすると共に、自分とは違う「**異質**[1]」なもののなかに「おもしろさ」を感じるゆとりをもつ人間を育てたい。

筆者の勤務校[2]は、日々の授業の成立に苦労し、その改善策として音読を重視した活

[1] 異質という違和感は、一斉授業のなかではどちらかと言えば不快な感覚を伴う場合が多い。

[2] 勤務校、愛知県知多郡東浦町立石浜西小学校は、1981年に開校したが、オープンスクールではない。ほぼ全児童が県営団地から通学し、日系ブラジル人が、全体の3分の1を占める。「2-6 多文化共生の学校づくり」参照。

動や**習熟度別学習**の実践も行ってきた。それらは一定の効果を現したが、それらの学習でも意欲を示さない子どもがいた。そんななか、**2教科同時進行単元内自由進度学習**[3]（この学校では「**〇〇《まるまる》学習**」と呼ぶ）が、その突破口になった。比喩的な表現を用いれば、「読む活動」の網でも「習熟度別学習」の網でも掬いきれなかった（それは、網の目の大きさのせいではなく、すばしっこく逃げるような）子どもによって、水中を「かき回される」現実があった。「〇〇学習」は、そのような子どもを「一本釣りにする」という発想であった。

■2教科同時進行単元内自由進度学習（「〇〇《まるまる》学習」）

単元内自由進度とは、決められた時間内でその内容を終了すれば、進度や学習の仕方はそれぞれが自由に進めてよいということである。学習が進むにつれて、子どものなかに時差が生まれる。速く課題をクリアした者には、**発展学習**が用意される。

また**2教科同時進行**という際の2教科は、特に関連のある単元とは限らない[4]。子どもたちは、学習手順の説明や自分の得手不得手などを参考に、どの教科（単元）をどういう順番で学習するか、自ら計画を立てる。2教科（2単元）を決められた時間にどのように割り振ってもかまわないので、結果として、同じ時間に、違う教科をやっている子どもが**混在**する。

「〇〇学習」の**コース設定**は、まず教科書の流れに沿ったコースを1つ基本にする。

[3] この学習は、愛知県知多郡東浦町立緒川小学校の「週間プログラム学習」をもとにする。緒川小学校は、1978年にオープンスクールとして生まれ変わり、その後数々の個性化教育の実践を積んできた先進校である。「2-5 SBCDと個性化教育」参照。

[4] 子どもたちの割り振ったものを計画表に記入する。たとえば、6年1学期の〇〇学習では、社会「信長・秀吉・家康と天下統一」、理科「生きていくための体の仕組み」の組み合わせで実践した。

そして、他のコースを考えるとき「今、クラスの一斉授業で気になる子ども」をイメージして「その子がとにかくこの学習を楽しんでやるには」、と考える。子どもの学び方には、「**こつこつタイプ**」とか「**ひらめきタイプ**」とか「食いつきは良いが飽きっぽい」とか、いろいろなスタイルがある。「○○学習」は、そうしたさまざまなタイプに応じて学習を組むことを比較的容易にする。[5] コースは子ども自身が選ぶ。「**気になる一人**」を拾ったつもりのコースを、意外に多くの子どもが選択する。

ガイダンス[6]では、学習への意欲づけをすると共に、コースの特徴の説明をする。その選択のようすには、子どもの性格も反映する。慎重派、冒険派、実力相当派……。コース選択も、「自分を見極める」大切な瞬間である。

「○○学習」は多くの場面で、「**学習のてびき**」「**学習カード**[7]」などのプリントされた「文字」を手がかりに進める。したがって「まず読む」ということが大切であり、そのことは子どもにかなり強調する。しかし、実際には「読まずに進めている」子どもがいる。彼らは読んで進めている友だちの真似をしたり、聞いたりしたりしながら進めているようだ。また、2、3人で話し合いながら読んでいる場合もある。特に、日本語にハンディをもつ**外国人児童**の場合、比較的日本語理解の高い外国人児童に教師のことばを自国語で説明してもらいながら学ぶ場面をよく見かける。[8] しかし、これは、外国人児童に限らず、読みの苦手な児童がうまく学習できない、ということを必ずしも意味しない。文字への抵抗が強い子どもが、理科のおもちゃ作りで、本質を突

[5] たとえば、5年社会「自然とともに生きる人々」では、沖縄や北海道の建物のもけい作りを通して、その土地に生きる人々のくらしの工夫に迫るコース「家作りコース」を設定した。

[6] ○○学習スタート時に、学年一斉で行う。単元への意欲化、学習への見通しや問題把握、コースの説明、チェックの方法などを子どもに示す。

[7] 「学習のてびき」は、学習全体の流れが提示され、課題に応じて使用する学習材や途中経過のチェック項目などを示した表で、各コースごとに作成される。「学習カード」は、学習の指示や、問題が書かれているプリントである。

[8] 勤務校には、「日本語適応教室」が設置されており、加配教師とポルトガル語の話せる補助員がいる。それらの教師も「○○学習」に入り込み授業をする場合が多い。

いた作品を手際よく作る場面に出会うことは少なくない。

一人学びの期間が終わると、学年一斉で「まとめ」を行う。[9] そこまでの子どもたちの学習の成果や感想などを踏まえながら、学習内容を押さえるように、教師はまとめのストーリーを作る。自分で学んだことは、よく理解していると実感する。教師には、一人ひとりの姿をどのくらい見取ることができたかが、力量として試される。正当に評価してくれる教師を、子どもは信頼する。

[9] 学習内容の確認、つまずきの多かった内容の説明、意見や感想・作品の発表、発展学習での取り組みの紹介などを行う。

■「○○学習」における「時差」「選択」「混在」

「○○学習」は自由進度のため、試行錯誤し、失敗をやり直し、納得するまでできる余裕がある。また、2教科同時進行にすることによりさらにその余裕が増え、子どもたちそれぞれの学習の進み具合の時差も大きくなる。通常の一斉授業では、常に遅れがちな子どもでも、先に始めた単元では学習が先行しているので、自信をもって教える立場になれるチャンスがある。教えることは学びを深化させることにもなり、自己肯定感にもつながる。このような時差から生まれるさまざまな混在を、どのくらい教師が許容し楽しめるかもポイントである。

また「○○学習」では、学習の流れのなかにいくつかの「**選択課題**」が設定されることがある。[10] 限られた時間のなかで、「できればやらせたい」と思いながらも、全員に一斉で行うには時間的に厳しい。しかし、選択させれば誰かがやる。もちろん、一

[10] たとえば、6年理科「生きていくための体の仕組み」では「魚の解剖」を、「水よう液の性質」では「化学マジック」を、選択課題として設定した。

人の子どもから見れば「やらない」課題もあるわけだが、自分が直接その課題に取り組んでいなくても、「誰かが近くで」取り組んでいたことは、案外見ていたり聞いていたり、感じていたりするものだ。**ゲストティーチャー**が導入されることもあるが[11]、この場合も全員が一斉に聞くわけではなく、希望者が少人数で聞く。そこでは、ゲストと近づきフランクな雰囲気のなかで「息づかい」を感じながら、一歩踏み込んだインタビューができる。

決められた時間のなかで課題をクリアした者は「発展学習」に進み、そうでない者はそこまで到達しないが、ここでも同様のことが言える。発展学習にまで進まなかった児童も、発展に取り組む友だちのようすを見ている。自分の課題をおいておいて、友だちの発展学習に手を出したり口を出したりしている子どももいる。彼が学んでいないとは言えないはずだ。こうした課題選択から生まれる学習履歴の混在を、教師がどう評価するかもポイントである。

[11] ゲストティーチャーは、学習に関連する話を聞くために招くその道の「プロ」である。たとえば、5年社会科の農業の学習では、「米作り名人」を招いて有機米栽培の話を聞いた。

■子どもの見方が変わり、教師のかかわり方が変わる

「〇〇学習」の大半は作業的な活動である。必要に応じて自由に学習場所も移動する。学習資料を求めて図書館やパソコン室へ行くなど、校内を移動する。こんな自由度くらいは、別にふだんからあってよさそうなものだが、実際には一斉授業では、「ちょっと待って」が起こる。自分の関心をもったことにその瞬間に没頭したいタイ

プの子どもは、一斉授業では往々にして迷惑な存在だが、「○○学習」では逆に歓迎される。ある場面での短所が、違う場面では長所に見えるのだ。たとえば「○○学習」でやけに張り切って輝く子どもがいる。ふだんその子は、板書をノートに写すことを厭う。そんな彼に一斉授業だけで毎日出会っていれば、教師はその子に常にイライラさせられる。そんな「ニクイ子ども」が「○○学習」では「可愛い子ども」に変わる瞬間、教師は目から鱗が落ち、**子どもへの見方**が変わる。

教師は子どもの学習のようすをすべて把握し、「より良い方向へ高める」ために指導したいと思いがちだ。しかし、いつも誰かに見張られコントロールされていて、やる気が起きる子どもばかりであろうか。また、いつもコントロールされなければ進めないのは問題ではないか。「○○学習」では、とりあえず子どもが何らかの活動に没頭しているなら、口出し無用（ただし目は向ける）を心がけている。学習「途中」、思考「途中」に、教師がその場の思いつきで割り込むことが、子どもの意欲をそいだり、自分でハードルを越える喜びを味わう機会を奪ってしまうことを、「○○学習」は気づかせてくれる。

〔竹内淑子〕

◆参考書

●加藤幸次（監修）／石浜西小学校（編）（2009）『子ども・保護者・地域を変える多文化共生の学校を創る：「理想は高く、現実に絶望しない」教師集団の実践』黎明書房

2-13 自由研究学習

■子どもの居場所づくりとなる学習活動

教科学習以外で良さを発揮する子どもがいることは、教師はもちろんわかっている。しかし、そこに価値を置いている学校は少ないかもしれない。学校での評価が社会に出てからの評価とずれるとしたら、反省すべき点だろう。学校はある意味隔絶された居心地の良い平穏な場所でもあるが、逆に始終居心地の悪さを感じて良さを発揮できない子どもがいるとしたら、学校に来ることによってかえってねじ曲げられる可能性もある。

筆者の勤務校[1]は、2005年度当時、最大の懸案であった欠席・遅刻を少しでも減らしたいとの願いをもって、日課表改革に取り組み、子どもの居場所づくりを目的に「**わくわくフリータイム**」をスタートさせた。「わくわくフリータイム（以下「わくフリ」と呼ぶ）」とは、自由にテーマ（やりたいこと）を決め、必要なものを準備し、実践し、振り返る、という一連の追究を行う**自由研究学習**[2]である。この学校では、木曜日の午後を「わくフリ」の時間としている。3年生以上の児童が校内の好きな場所

[1]「2-12 2教科同時進行単元内自由進度学習」の注［2］参照。

[2] 同様の取り組みには、同じ町内の緒川小学校の「オープンタイム」や卯ノ里小学校の「自由活動」がある。

愛知県東浦町立緒川小学校（1983）『個性化教育へのアプローチ』明治図書出版

愛知県東浦町立卯ノ里小学校（1989）『個性化教育の実践と評価：自己教育力の育成を求めた10年の歩み』黎明書房

で自由に過ごす。[3] 自分のやりたいことに取り組む児童のほかに、教師によって毎回2、3開講される特別講座[4]に参加する児童もいる。個人で取り組んでもよいし、グループでもよい。時間内に他の場所へ移動するのも可としている。学校にある道具は自由に使えるし、自分で材料や道具を家から持ってきてもよい。毎学期初めに、一応の簡単な計画は立てる。しかし、当日になって変更することも認める。

当初「わくフリ」は教科時間外で行っていたが、学習指導要領の改訂を機に、2009年度からはこの活動を**総合的な学習の時間**に位置づけて実施することを選択した。しかし、子どもの活動としては、これまでと同様、発表や計画など目に見えるかたちを求めず、子どもの姿をじっくり見てみようと考えた。そのために毎回「**活動記録表**[5]」に記録し、語り合う場をもつことにした。

■「わくフリ」は子どもを発見する場

どのクラスでも**手を焼く子ども**はいる。たとえば、（1）知的な学習が苦手で体を動かすことが好き、手がすぐ出て教師にも反抗的なタイプ。また、（2）知能は高く理解力も優れているが、人間関係に問題を生じやすいタイプ。このような子どもたちに、担任は日々学級をかき回される。彼らの「良いところを見つけてほめてやりたい」とは思っていても、そういう場面がなかなかない。「わくフリ」では、そういう子どもたちの新たな一面に出会えることがある。たとえば、（2）のタイプのA君。理科

[3] たとえば、体育館でバスケットボールや卓球を楽しむ、家庭科室で料理をする、音楽室で楽器の演奏やダンスをするなどの活動が見られる。

[4] 具体的には「ジャンボシャボン玉作り」「チャーハン作り」など、教師も自分がやってみたい、あるいは楽しみたいという活動が多い。

[5] 活動記録表には、教師が各活動場所で観察した児童の具体的な姿と、それに対する個人的なコメントを記録していく。

的な分野では興味も知識も抜きん出ている。しかし、集団では勝手な行動が目立ち、友だちから受け入れられない。そんな彼の隣でいつも不満を感じている女子児童Bさん。ところが、ある日の「わくフリ」で、A君は得意な昆虫採集に意気揚々とタモをもって校内園へ行った。なぜか、ふだん仲の悪いBさんはその後を「弟子」のように従い、手伝ったり教えてもらったりしている。A君は、自分の得意な分野で満たされているときは友だちにも優しい。また、そんな彼の良さを感じる余裕が、Bさんにも生まれたのであろう。

■「わくフリ」は「思いつき」を実現し、授業を延長させる場

夏の到来を思わせる暑さのある日、子どもが思いつきで「流し素麺やりたい」と言ったところ、「わくフリでやれば？」と、いい加減な答えを返す教師。しかし、これが実現した。参加児童は6年男子約10名。麺やつゆや薬味を分担して持参し、2回にわたって取り組んだ。全員が初めての経験である。思いつきを口にしてみることで、実現することもあることを実感したかもしれない。

6年生が発表をめざし学年で取り組んでいる「かぐや姫」の総合表現活動は、ダンスや琴に取り組む児童が、「わくフリを利用して練習したい」と当日になって申し出た活動だが、「望ましいひとつの姿」だと感じる。

「わくフリ」で**具体的な子どもの姿**を追うと、望ましい姿[6]と望ましくない姿[7]が表れ

[6] たとえば、工夫をしたり考えたり、相談したりする姿。

[7] たとえば、友だちに釣られて活動したり、準備不足だったり、思いつきであったりする姿。

る。しかし、一見マイナスの動きも含めて毎回「活動記録表」に記録し、子どもの姿を語り合うことにより、一人ひとりの子どもの見方に幅ができる。その幅が、他の場面でも教師の力量として生きてくる（と信じている）。

■自由を謳歌することは、生き方を探ること

「わくフリ」では、子どもが心底わくわくするフリーな時間に浸れることをめざしている。本当に「**価値ある自由**」があることを知るために将来に向かって訓練する、その手始めの場となる機会をつくることが、個性を育てる本質にも迫ると考えるからである。自由を「持てあます」または「はき違える」子どももいるかもしれないが、子どもが、真の自由を見つけようとするスタートだと捉えたい。そのためには、無駄とも思える時間を贅沢にここに設定し、「**待つ覚悟**」は共有しておきたい。

また、「総合的な学習の時間」で行うからには、目標に照らし合わせて整合性を吟味しなければならない。「放課[8]と何が違うのか」と言われれば、正直うまく答える自信はない。しかし、内心「この杜撰《ずさん》さ（＝いい加減さ）が命なのだ」とも言いたい。授業と放課の間に位置するような、少し「抜けた」時間が、実は大切なのではないか。そして、今、このような時間を確保するとしたら、「総合」以外に見あたらない。

〔竹内淑子〕

[8] 授業と授業の間の休憩時間のこと。

◆参考書
●愛知県東浦町立緒川小学校（1983）『個性化教育へのアプローチ』明治図書出版
●愛知県東浦町立卯ノ里小学校（1989）『個性化教育の実践と評価：自己教育力の育成を求めた10年の歩み』黎明書房
●文部科学省（2008）「総合的な学習の時間編」『小学校学習指導要領解説』東洋館出版社

2-14 オープンスペース

学ぶ姿は子どもの数だけ存在する

■教室という空間

教室というと、誰もが黒板に向かって整然と机が並んでいる風景を思い浮かべる。40人分の机が並べば、教室内にスペースのゆとりはほとんどない。この空間で黒板を背にして立つ教師と、着席している子どもでは、見ている景色がまったく異なっている。教師は高い位置から子どものようすを見下ろし、常に全体を把握しながら教室内を動き回ることができる。実は、教室の空間は、一斉授業を行うのに非常に効率よく機能的につくられている。しばしば「教師は授業で少しの時間でも黙って待っていられない」という話を聞くが、あの教室で子どもたちの前に立ち、彼らの見上げる視線を受ければ、誰だって何かしゃべらずにはいられないだろう。しかも「正しい知識を教える」という使命感をもって立っているなら、なおのことである。

いっぽう、子どもの席は決まっていて、個人の意志で自由に動くことはできない。教室を飛び出す子どもが問題になるのは、それが逸脱行為と見なされるときである。しかし、生活科や総合的な学習の時間の創設以降、教室を飛び出すことは、それが課題解決のための主体的な学習行為の場合には、自立的な学ぶ姿として捉えられるようになり、好ましい状況と受け止められるようになった。自分で見て聞いて確かめて実際にやってみるといった直接的な体験が重要とされる学習において、制約が多い教室では十分な活動スペースが確保できない。学習の場所は、必然的に教室の外へとその範囲を広げてきている。

■オープンスペースの3つのタイプ

こうした学習活動に対応できる学校施設整備の質的充実として、1984年から「**多目的スペース補助制度**[1]」が導入され、**オープンスペース**を有する学校数は着実に増加してきている。オープンスペースとは、建築用語の「都市のなかで建物等のないゆとりの空間」、すなわち「空地」に由来するが、学校教育現場においては、**オープンプラン**[2]という手法を導入することで生まれた「多様な学習活動に対応できる広くフレキシブル（柔軟）な空間」という意味をもつ。学校によっては、「ワークスペース」や「プレイスペース」と称したり、「○○の広場」等の名称をつけて呼ばれることもある。ここでは総称してオープンスペースと言う。オープンスペースは、教室との連続性からみて「特別教室型」「ワークスペース型」「学習センター型」の3つのタイプに分類することができる。

特別教室型とは、オープンスペースを、従来の特別教室のように、教室とは別に多

[1] 公立小中学校の校舎新増築において、学級数分の必要基準総面積の18％（中学校では10・5％）分の多目的スペース設置に対して国から建設費の補助が出されるという制度。多目的スペースは法令上の用語で、一般にオープンスペースと同義語である。

[2] 1960年代後半にアメリカの学校施設で多く採用された設計手法。部屋を固定壁で仕切らず、ある程度の広さをもつ空間を状況に応じて可動壁によりさまざまに区切って利用することが可能となっている。長倉康彦（1993）『「開かれた学校」の計画』彰国社

目的に利用できる部屋として設けたり、昇降口や図書室等に連続させた広場のような空間として設けるタイプである。児童生徒数の減少によって生じる余裕教室の存在も、このタイプになる。このタイプのオープンスペースは、教師が意図的、積極的な利用を図らない限り、無目的なゆとりスペースか倉庫になる可能性が高い。

ワークスペース型とは、従来の廊下部分の面積を広げ、教室と廊下を仕切る固定壁をなくすことで、教室との空間の連続性を確保しているタイプである（図2‐20）。「廊下拡張型」とも呼ばれ、日本ではこのタイプのオープンスペースが多い。このタイプは、オープンスペースが移動の通路を兼ねる場合が多く、学習用のテーブルや教材などを配置する場合に制約が生じることがある。また、教師がオープンスペースを学習の場として整備するか、通路を優先するかによって、空間の使い方が異なってくる。

学習センター型とは、オープンスペースを学習情報センターとして位置づけ、教室がオープンスペースを取り囲むように配置されたタイプである（図2‐21）。どの教室も南側に窓がとれるとは限らないため、教室の配置や形状にも工夫がみられる。このタイプは、他の教室のようすが視界に入りやすく、通路として走り抜けやすいため、

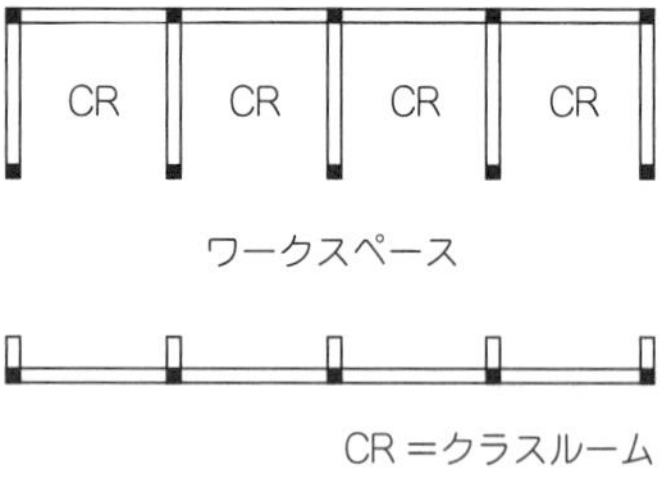

図2-20　ワークスペース型の校舎平面図

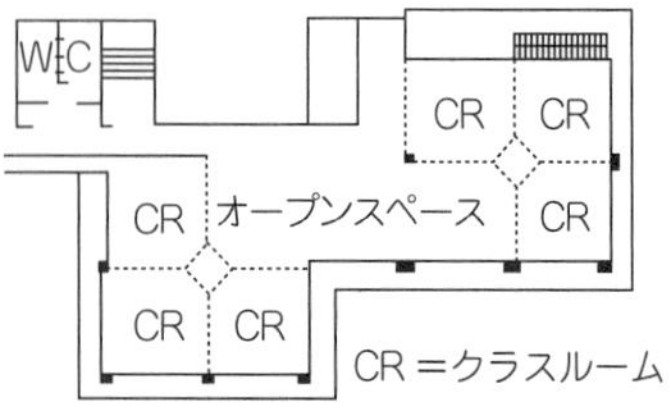

図2-21　学習センター型の校舎平面図

オープンスペースに学習コーナーを設けたり、落ち着ける空間を確保するなど、魅力的な学習環境を整備しておくことが重要となる。

■オープンスペースに表れる認知的個性

いずれにしても、校舎の中に教室以外の学習空間があることによって、一斉指導と異なる授業の組み立てはやりやすくなる。個性化教育の実践報告から指摘されるところでは、オープンスペースは、多様な指導・学習形態の実現に大きく貢献し、個別や小グループでの学習活動をより容易にしているという。学習空間の拡張によって、体験的・創作的活動の日常的実施や、一定の場所への特定の学習教材の常置、1つのテーマに長期的に取り組む学習指導の計画が、いっそう促進されたといった報告もある[3]。

オープンスペースでの活動は、子どもが自分のペースで学習を進めたり、自由に動くことが多いため、授業でも教室での動きとは異なる子どもの姿を見ることができる。たとえば、次のような子どもたちである。

回遊する子　学習の計画を立てているとき、考えごとをしているとき、気分転換をしたいとき、オープンスペースをぐるぐると歩き回る子どもがいる。学習コーナーの資料を眺めてみたり、実験器具を触ってみたり、友だちのようすをのぞいてみたりしては、自分の場所に戻り、また少しすると動き出す。歩くことで思考を進めているよ

[3] たとえば、初期のものとして以下の文献がある。
熱海則夫（監修）（1989）『「個人差に応じた新しい学習指導の展開」第10巻　オープンスペース』ぎょうせい

うにも見える。

広げまくる子　オープンスペースに置かれた広いテーブルいっぱいに資料を広げて調べ物をしたり、レポートを書いている子。一度に複数の資料を眺めながら考えるほうが集中できるという。オープンスペースには座卓が置かれることもあるが、床も机上の延長として資料を広げる子や、床そのものを机代わりにして大きな紙に調べたことをまとめる子もいる。そのような視点で見ると、教室の机はなんと狭いことか。

立てこもる子　考えごとをするときは狭い空間が落ち着くという子がいる。個人ブースを好んで使ったり、学習コーナーの物陰的な空間に机を移動させて、自分から物理的に視覚をさえぎる工夫をする。ノートを抱え込むような姿勢で書いていたり、プリントと目の距離が近い子もよく見かける。パーソナルスペースに敏感な子どもは、教室でも落ち着かない思いをしているのかもしれない。

寝ころがる子　オープンスペースの床がカーペット仕上げだったり、一部に畳やラグが敷かれていたり、ソファが置かれていると、そこで寝ころがって本を読んでいる子を見かける。家で本を読むときにもそうしているのだろう。集中して読書をしているが、体はリラックスしている。

足を組む子　オープンスペースで、椅子に座って課題に集中しているときに、立て膝をしたり、足を組んだり、椅子の上で正座をしている子を見かける。これは行儀が悪いという以前に、机と椅子の高さとバランスがその子の体に合っていない場合が多い。だから、集中しているときに無意識にそうした行動をとってしまう。見た目は悪いが、独特の姿勢になるとき、子どもは専心している。

隅っこ好きな子　壁際、窓際、空間の角などに机を移動させて、自分の世界をつくっている。いったん陣取るとその場で長らく集中して活動している。窓に向かっている子は外界を、壁を背にしている子は、オープンスペース全体を見渡すことで、気分転換を図っているようだ。

オープンスペースを眺めていると、さまざまな子どもの姿に出会う。ある空間のなかで、どのように動くか、落ち着くかといった所作はそれぞれで、それは空間に対する認知的個性の多様性を示していることを意味する。広いスペースにおいて子どもが自由に動く場合、場所どりが悪いと集中できなかったり、回遊している間に学習とは違うことに興味がいってしまったりと、指導する側にはリスクを伴う場合もある。しかし、いろいろな動き方をするようすを見るにつけ、教室での一斉授業における子どもの姿がとても特殊で一面的なものであることがわかる。

このように、子どもが集中できる環境を自分で選択したり、自分なりに工夫したりできる余地を、オープンスペースは提供しているのである。

〔佐野亮子〕

◆参考書
●長澤悟・中村勉（編）（2001）『スクール・リボリューション：個性を育む学校』彰国社
●工藤和美（2004）『学校をつくろう！：子どもの心がはずむ空間』TOTO出版

2-15 学習環境づくり

ランニング・スペースからラーニング・スペースへ

■空間がもつメッセージへの着目

学校には昔から「廊下は走らない」の紙が貼られ続けている。どんなに教師が注意をしても、廊下を走る子どもはいなくならない。なぜなら、一直線に伸び、何の障害物も置かれていない寒々とした空間が、人を足早にさせるからである。このように、物理的環境には行動を誘発させるような性質がある。換言すれば、環境は常に何らかのメッセージを発しており、それを受け取る子どもや教師たちの感情や行動に影響を与えている。また、環境がどのような感情や行動を誘発するかは、受け取る側の状況や要求によっても変化する。たとえば、廊下に高さ40㎝、幅が50㎝、長さが150㎝の木の箱のようなモノがあったとしよう。そこを通りかかった人が、疲れて休みたいと思っていれば、それは「ベンチ」となる。花を飾りたいと思っている人には「物置棚」に見え、元気な子どもには「平均台」となり、その上を歩くかもしれない。急いでいる人にとっては単にじゃまな「障害物」にすぎない。木の箱のようなモノが、通りかかった人のその時の状態によって、さまざまに変化するのである。

■立つな、話すな、整えよ

個性化教育を実践する教師たちは、この**物理的環境の誘発性**を授業でうまく利用してきた。「(子どもの前に)立つな」「話すな(むやみに指示をするな)」「整えよ(学習環境を整備せよ)」ということばがある。子どもの「自ら学ぶ力」を育てるには、教師の直接的指導をひかえ、子どもが学びたくなる、自力で学ぶことができる環境を準備することが重要と考え、これを、**学習環境づくり**とか**学習環境整備**と呼んでいる。

学習環境には「**学習活動を刺激する環境**」と「**学習を促進する環境**」の2つの側面がある。学習活動を刺激する環境は、間接的な学習環境であり、子どもの知的好奇心を刺激するような学習の場を設けたり、これから学習する単元への期待や関心を高めたり、単元展開中の学習意欲を持続させるために整備するものである。たとえば、読書を促すために畳やソファを置いてくつろげるコーナーを設けたり、電磁石の学習のために乾電池とコイルの巨大模型を天井からぶら下げるなどの工夫がこれにあたる。

学習を促進する環境は、直接的な学習環境であり、子どもが学習課題に取り組むために必要とするさまざまなものである。具体的には、教科書、資料集、参考図書、学習シートや学習の参考資料となる印刷教材、テープ、ビデオ、スライド、ＯＨＰ、ＤＶＤなどの視聴覚教材、実験器具などの操作教材や実物教材、教師の自作教材などが含まれる。また近年では、コンピュータの活用も盛んだ。このように、子どもたちが学習のために使う道具や資料や素材を総称して、**学習材**と呼んでいる。学習材はモノだけでなく、たとえば専門家を呼んで話を聞く場合には、人も学習材と見なされる。

実際にはどのような学習環境づくりが行われているのか、一組の写真を見てみよう。写真２－１は廊下の一部にベンチが備えつけられた空間である。これだけでも従来の校舎にはなかった「ゆとりの空間」であることには違いないが、写真２－２のように環境を設えることで、さらに魅力的な学習空間となっている。中央の水槽には校区を流れる川にすむ水生生物が飼育されている。本棚を取り付け水生生物図鑑や魚の飼い方など関連図書が置かれ、壁には水槽内の生物が紹介された写真や資料が貼られ、雰囲気を出すために電気コードに蔓草のイミテーションが飾られている。ここは、校内のミニ水族館であるとともに、低学年生活科の地域学習、理科の学習、高学年の環境に関する学習にも利用されている。休み時間も子どもが立ち寄って水槽を覗き込んだり、本を読んだり、そこでおしゃべりしている子どももいる。

■さまざまな学習スタイルに応じた学習環境づくりを

個性化教育において、学習環境づくりは、単元指導計画や指導案づくりに匹敵する学習指導の手立てと位置づけられている。一斉指導になじまない子どもへの配慮もあるが、さまざまな学習材や学習方法を子どもが自分で選択し自力で学習を進める過程で、子ども自身が自分の認知的個性に気づき、自分らしい学習方略を立てられる力[1]

写真２－１　学習環境整備前のベンチコーナー

写真２－２　学習環境整備後の水族館コーナー

を育てることが重要と考えるからである。そのため学習環境には多様さが求められる。

たとえば、社会科「戦国時代の天下統一」の学習では、三英傑の人物像を想像し天下統一への働きを理解するために、教科書による学習以外に、物語やマンガを読む、専門家の語りの録音テープを聞く、合戦図や肖像画を見る、戦国物語のビデオを観る、城や甲冑の模型をつくる、といった活動からも学べるよう指導計画を立て、学年が共通に使えるスペース[2]に学習コーナーをつくり、それぞれの学習活動に必要なさまざまな学習材を準備するといった学習環境づくりが行われるのである。

学習環境づくりは、実践を積み重ねていくうちに確実にバリエーションが増える。教師たちは、さまざまな学習材や学習方法で子どもが学ぶようすを見るなかで、新たな学習スタイルを発見し、予想外な利用の仕方や子どもがつまずく原因を考える過程で「次はこんな学習材や学習方法で」とアイデアを思いつき、次の学習環境づくりでそれを活かしていくからである。また、子どもが単元のまとめや発展学習で作成する学習成果物（たとえば壁新聞や立体作品、マンガやクイズ形式の掲示物など）にも子どもの認知的個性が表れる。そこから次の学習材開発のヒントを得ることも多い。

〔佐野亮子〕

[1] 個性化教育では、このような力を**自己学習力**と呼んできた。生活科や総合的な学習の時間の創設時より「生きる力の育成」が学校教育活動の中心課題とされてきているが、個性化教育を志向する教師たちは、自己学習力と生きる力をほぼ同義と捉えている。

[2] 従来型の校舎において学年共用の学習スペースは廊下部分となるが、工夫次第で廊下も豊かな学習環境を実現することができる。いっぽう、学校の校舎に新たに設けられるようになったオープンスペースは、学習コーナーの設置に適した空間であり、学習環境づくりは、オープンスペースを教育活動に最も有効に活用する手立てと考えられる。

「2-14 オープンスペース」参照。

◆参考書

●加藤幸次・佐久間茂和（編）(1992)『個性を生かす学習環境づくり』ぎょうせい

3

発達障害児／者の支援で活きる認知的個性

3-1 発達障害と認知的個性

才能の峰と谷

■発達障害とは

近年、一昔前であれば考えられないくらい、メディアなどを通して「発達障害」や「自閉症」、「アスペルガー障害」ということばを耳にすることが多くなった。

2005年4月1日に**発達障害者支援法**が施行され、2007年4月から**特別支援教育**が完全実施された時代の流れのなかで、発達障害ということばが世間に認知されつつあると感じられる。近年、発達障害に関する研究は数多くなされるようになり、発達障害者への理解と支援も広がりを見せていると考えてよいだろう。実際に、特に特別支援教育との絡みで、発達障害の理解と支援に関して本当に数多くの議論がなされるようになった。

以下に発達障害について概説する。**発達障害**とは、英語で developmental disorder と記述され、直訳すれば「発達の乱れ」というような意味になる。杉山[1]は、発達障害とは「児童の発達途上に生じた発達の道筋の乱れ」であると記述している。まず「発達」とは生まれてから私たちが育っていく過程のことであり、「発達障害」とはその

［1］杉山登志郎（2007）『発達障害の子どもたち』講談社

「発達」の過程に乱れが生じるということである。ここで「発達途上に生じた発達の道筋の乱れ」と聞くと、子育ての過程で生じる環境的な問題が主であるかのように誤解されがちである。実際に、発達障害の発現の原因について、環境か遺伝かという問題は、他の発達上の問題についてもそうであるように、古く議論されてきた経緯がある。現在の知見では、発達障害に関して、遺伝的負因や脳機能の問題などの子ども自身の問題が基盤になっている場合が多いとされている。どのような遺伝的負因・生物学的基盤が関連しているのかについてはまだ解明されていない部分も多く、最新の研究でも議論されている段階である。

また**DSM-Ⅳ-TR**（アメリカ精神医学会によって定められた多軸方式の診断基準）などによる国際的な医学的診断のなかで、発達障害に含まれるものには、精神遅滞（MR）、広汎性発達障害（PDD）、学習障害（LD）、注意欠陥/多動性障害（ADHD）、発達性協調運動障害、発達性言語障害などがある。[2] しかしながら、発達障害者支援法が施行されるまでは、PDD、LD、ADHD、発達性協調運動障害、発達性言語障害は、法的には「発達障害である」と認められていなかった。[3] 発達障害者支援法の施行により、法的にも発達障害の枠組みが広がったのである。

■それぞれの問題は重なり合っている

発達障害を論じるうえで重要なことは、それぞれの問題が重なり合うことが多いと

[2] American Psychiatric Association（編）高橋三郎・大野裕・染矢俊幸（訳）（2004）『DSM-Ⅳ-TR：精神疾患の診断・統計マニュアル』新訂版、医学書院

[3] 発達障害者支援法ガイドブック編集委員会（編）（2005）『発達障害者支援法ガイドブック』河出書房新社

いうことである。言うまでもなく、発達には認知的な側面、学習の側面、運動の側面、社会性の側面などさまざまな領域があり、発達障害児／者は、必ずしも発達の一領域だけの問題を抱えているわけではなく、複数の領域にわたる問題を抱えている場合も少なくないのである。[4]

このように発達障害の問題が重なり、複数の障害の診断基準を満たす場合、その診断には優先順位がつけられている。たとえば、ＰＤＤとＡＤＨＤの両方の診断基準を満たす場合には、より重大な問題である社会性の問題が優先される。だから、「ＰＤＤであるから多動性・衝動性が目立たない」というような命題は成り立つわけではなく、多動性・衝動性が目立つタイプのＰＤＤの人もいるのである。いっぽうで、優先順位がつけにくい場合には診断の併記をする。たとえば、前述したようにＬＤがＰＤＤに併存する場合は、「学習障害および広汎性発達障害」という診断名になる。

[4] たとえば、社会性の側面の問題もありながら、学習上の側面の問題も抱える場合、つまりＰＤＤの診断基準もＬＤの診断基準も満たす場合がある。

■発達障害と認知的個性

前述したが、発達障害は「発達の道筋での乱れ」のことである。「乱れ」というとネガティブなイメージがあるが、同じく杉山のことば[5]を借りると「**発達の凸凹**がある」ということである。もう少し別な言い方をすると、才能の峰と才能の谷をもっているということである。[6] 発達障害児／者は、この才能の峰と才能の谷の差が非常に大きい場合が多い。そして、この「発達の凸凹」が日常生活を送るうえでの適応に何ら

[5] 前掲［1］参照。

[6] 杉山登志郎・岡南・小倉正義（2009）『「ギフテッド」天才の育て方』学研教育出版

かの要因として働いている場合、「発達障害」と呼ぶのである。発達障害児／者への支援を考える際、この発達の凸凹をしっかりとアセスメントして、できるかぎり社会的な適応状態をよくすることが大きな目的となるであろう。

発達障害児／者は、このような発達の凸凹があるために、彼らの認知的個性は**より個性的**なものであると予想される。個性的なものであるからこそ、社会的に理解されないことが多く、理解されない場合は社会的な適応状態が悪くなる可能性が高くなると考えられる。また、従来の学校教育で行われてきた集団型の一斉指導で、ある程度のばらつきの範囲内の認知的個性しか想定していない指導方法の場合には、ユニークな認知的個性をもつ発達障害児／者にはあまり効果的な指導方法でない場合が多いと思われる。認知的個性を考慮した発達障害児／者への支援についての議論は以降の項にゆずるが、発達障害児／者にとって有効な支援を行うためには、彼らの認知的個性を十分に理解する必要があることは言うまでもない。これは彼らが苦手とすること、つまり才能の谷を指導する場合もあてはまることであるし、彼らが得意とすること、つまり才能の峰を指導する場合もあてはまることである。

本来、私たちは一人ひとり異なった認知的個性をもっており、その認知的個性に合わせた支援が必要になり、その認知的個性に合わせた生き方をする。発達障害児／者の認知的個性についてさまざまな視点から検討することは、「認知的個性」そのものを捉えるための重要なヒントになるだろう。

〔小倉正義〕

◆参考書

●発達障害者支援法ガイドブック編集委員会（編）（2005）『発達障害者支援法ガイドブック』河出書房新社

3-2 広汎性発達障害（PDD）

その認知的個性と支援プログラム

■広汎性発達障害の概念

広汎性発達障害（pervasive developmental disorder **PDD**）」とは、ウィング[1]が提唱した、①社会性の障害、②コミュニケーションの障害、③想像力の障害を3主徴とし、その重症度によって正常から異常と捉えられる状態までが連続体をなす「自閉症スペクトラム障害（ASD）」を基盤とする概念である。この3主徴のほかに、重要な問題として知覚過敏性、多動、学習障害、不器用などの問題を示すことがある。このような広い発達の領域に障害を生じるので、「広汎性発達障害」と呼称される。

この項ではPDDの認知的個性について概説し、治療的教育についても簡単に触れる。

■PDDに表れる認知的個性

PDDの精神病理は①対人的な選択的注意が機能しないこと、②一度に処理できる情報が非常に限られていること、の2点に集約され[2]、さらに認知的個性という観点

[1] Wing, L. *et al.*, (1979) Severe impairments of social interaction and associated abnormalities in children. *Journal of Autism and Developmental Disorder*, *9* (1), pp.11-29.

[2] 杉山登志郎（2002）「21世紀の特殊教育の課題：異文化としての自閉症との共生」『自閉症スペクトラム研究』*1*, pp.1-9.

で普遍化すると次の3つの特徴をもつ。

① 情報の中の雑音が除去できない
② 汎化や概念化という作業ができない
③ 認知対象との間に、事物、表象を問わず、心理的距離が保てない

健常な幼児は、すでに生後2ヵ月には、人の出す情報と機械音とを識別している。健常者の注意機能は強い自動選択性をもち、特に目の前の人が出す情報に注意が固定される傾向がある。ところが、PDD児はこのような対人的な情報への選択的注意という機能が不十分である。その結果、母親の出す情報も、機械から出る雑音も等価的に流れ込み、情報の洪水のなかで立ち往生する。この不安定で怖い世界から自分を守るためにPDD児がとる戦略は、一定の安定した刺激を自ら作り出し感覚遮断するという、反復的自己刺激によるバリアーである。

PDD児も、このような幼児期の混沌とした状態から、徐々に認知の焦点を合わせることが可能になってくる。しかし、健常児の認知が広く開かれたものであるのとは異なり、おそらくは意識的な焦点の絞り込みによって初めて成り立つと考えられる。そのためPDD児は、あるものに注意が向いているとき、他の情報が入力困難という強い**過剰選択性**を抱えている。この状態をウィリアムズは「単焦点[3]」、グランディンは「単車線[4]」と呼んだ。この注意の障害と過剰選択性の問題は**高機能群**（知的な遅れのない群、一般に標準化された知能検査でIQ70以上と定義される）にも比較的普遍

[3] Williams, D. (1996) *Autism: An inside-out approach.* London: Jessica Kingsley Publishers.

[4] Grandin, T.／杉山登志郎（訳）(2000)「自閉症の体験世界」『発達障害研究』*21*, pp.279-283.

的に認められる。[5] 成人になっても注意の障害と知覚の雑音を除去できないという問題は一般的に残存する。この結果、大きな人の声が聞こえずに、小さな機械音（たとえばエアコンの音など）が強烈に聞こえるといった現象が生じる。

またこの認知過程のために、名前をつけることや概念化によって認知に慣れが生じるという、私たちが日常的に行っている機能が自動的に働かない。

認知・表象との心理的距離の欠如は、複数の対象を同時に意識野に入れて処理することや、さらに実行機能である視点の変換が、困難であることに表れる。[6] 高機能群でも、ＰＤＤ児／者は空間的にも時間的にも見通しを立てることや逆算してスケジュールを構築するといった作業は著しく困難である。この汎化、概念化、そして見通しの障害は、高機能ＰＤＤの社会機能障害の中核に位置する。

これに関連する病理現象に**タイムスリップ現象**があるが、これはＰＤＤ児／者が過去の出来事を突然想起し、つい先ほど起こったかのように扱う現象でフラッシュバックに類似する症状である（しかし、①必ずしもトラウマが背景にあるわけではなく、楽しかった記憶なども出現する、②出現の仕方が年単位で、出現しなかったものがある日突然出てくることがある、などの点でＰＤＤ特有のものと筆者らは考え、フラッシュバックとは区別している）。[7] その時間距離はときとして10年を超えることがあり、この病理によって殺人事件まで起きていることからも、[8] 深刻な問題である。このタイムスリップによって、特定の刺激が過去の不快刺激の記憶を開け、フラッシュバ

[5] Grandin, T.（1995）*Thinking in pictures.* New York: Doubleday.［カニングハム久子（訳）（1997）『自閉症の才能開発：自閉症と天才をつなぐ環』学研教育出版］

[6] 中根晃（1995）「児童精神病理学のアプローチ」『児童青年医学とその近接領域』*36*, pp.121-129.

[7] 杉山登志郎（1994）「自閉症に見られる特異的な記憶早期現象：自閉症の time slip 現象」『精神神経学雑誌』*96*（4), pp.281-297.

[8] たとえば、中学生時代のいじめを想起した高校生がいじめっ子を訪ね、たまたま玄関に出た母親を殺害した事件があった。

ックが生じるという鍵構造がつくられる。これはチックに近縁の現象であり、体験した状況の言語的、行動的な再現を伴うこともあれば、いじめっ子に突然変身するといった一過性の憑依が起きることもある。

知覚過敏性の問題は、当初は生理学的な問題として捉えられていたが、タイムスリップ現象の存在によって、鍵刺激によって生じるパニックなど、心理的な問題へと展開することが理解されるようになってきた。またＰＤＤ児／者において頻回にタイムスリップによる再体験が起きていることはまれではない。現在と過去がモザイクとなって形作られる時系列こそが、ＰＤＤにおける体験世界の特徴のひとつである。つまりタイムスリップ現象は単なる記憶障害ではなく、むしろチックとの関連が強いなど、精神病理学的な構造が異なったＰＤＤ独自のかたちをとっているのである。

高機能自閉症者としての体験を著したグランディンの本に、[9]「犬」という概念の共通項を「鼻の穴の形が同じ」であることに見出したという逸話があるが、このようにＰＤＤ児／者は曖昧な認知がとても苦手で、細かなところに焦点が当たってしまい、私たちが見えないところに深い認知が生まれる。健常者と同一の結論に達していても、その思考過程は著しく異なり、またその過程は普通語られないため、認知的相違は周囲にはわからない。

ＰＤＤは、発達的側面からは、発達の欠落というよりは、特殊な発達の道筋と考えるべきである。ＰＤＤに共通した臨床的な特徴である、養育者を認知することの障害、

［9］前掲［4］参照。

共同注視や社会的参照（顔色を窺うなど）の不全、人見知りの未成立とそれに続く愛着の未形成[10]はすべて、幼児期後期の発達課題であり、ＰＤＤとは幼児期後期の発達課題の未達成として括ることが可能である。これらの社会性の障害と比較したとき、言語コミュニケーションの障害が二次的なものであることは、知的な遅れのない高機能群においてことばの遅れはないものの、言語の社会的使用に歪みがあることから明らかである。この社会性の障害は徐々に軽減していき、ＰＤＤ児の愛着は概ね学童期前期から中期に至れば成立することが確認されている。

　ＰＤＤ児の「心の理論」課題の通過（他人の心を読む。通常４、５歳）は言語的精神年齢で９歳前後と後方へずれる[11]が、対人的な選択的注意の機能障害、さらに知覚過敏性などの病理現象に妨げられ、健常児のように保護者との関係を速やかに進めることができない（小林[12]の言う「接近回避葛藤」）。学童期を過ぎてようやく彼らは、積極的な養育者への接近が可能になる。つまり、乳児期後期から幼児期の発達課題が学童後期へまとめて移動する。ＰＤＤにおいて発達課題達成における後方へのずれが、社会的機能獲得の独自さ、つまり認知的個性に結びつくと考えられる[13]。

　近年、ｆＭＲＩなど脳機能画像を用いたＰＤＤの認知心理学的研究が盛んに行われており、その成果が現れつつある。ＰＤＤの認知障害仮説について代表的なものについて表３－１に示す。

[10] Wing, L. (1996) *The autistic spectrum: A guide for parents and professionals*. London: Constable and Company Limited.［久保紘章・佐々木正美・清水康夫（監訳）（1998）『自閉症スペクトル：親と専門家のためのガイドブック』東京書籍］

[11] Happe, F. G. (1995) The role of age and verbal ability in the theory of mind task performance of subjects with autism. *Child Development, 66*, pp.843-855.

[12] 小林隆児（2000）『自閉症の関係障害臨床：母と子のあいだを治療する』ミネルヴァ書房

[13] 杉山登志郎（2008）「高機能広汎性発達障害の精神病理」『精神科治療学』*23* (2), pp.183-190.

[14]「１－11　２Ｅ教育」参照。

[15] James, I. (2006) *Asperger's syndrome and high achievement: Some very remarkable people*. London: Jessica Kingsley Publishers.［草

■**2Eの（二重に特別な）子ども**
能力の峰（著しく優れている部分）とほかの能力の谷（著しく劣っている部分）が一体となって生じる子どもたちは、**2Eの（二重に特別な）**子どもと呼ばれるが、[14] PDD児／者のなかに多く見られる。2Eの認知機能の凸凹はマイナスになるとは限らず、最近になって、歴史に冠たる偉人の多くが、高機能PDDに属するという指摘がなされている。ジェイムズ[15]は高機能PDDの偉人に、ミケランジェロ、ニュートン、スウィフト、シモーヌ・ヴェイユ、バートランド・ラッセル、ヴィトゲンシュタイン、アインシュタイン、グレン・グールドなどの名前をあげた。これらの偉人たちは、高い能力や独

表3-1　PDDの認知障害仮説

	障害部位	仮説
「こころの理論」障害仮説*	扁桃体,上側頭溝,眼窩前頭皮質	左記の領域をうまく活用できないため,健常児とは異なる戦略を用いて,他者の心理を直感的に読みとるのではなく,推測を重ねて苦労しながら読んでいると考えられる。
表情認知障害仮説**	扁桃体,上側頭溝,紡錘状回	PDD児·者は表情認識の際,健常者が顔以外の物体を見るときに使う下側頭回が賦活されるが,PDD児·者は表情も物体の一部としか認識せず,表情認識の際に健常者が使う脳領域とは異なる領域を用いてその能力を補うと考えられる。
ミラーニューロンシステム(MNS)障害仮説***	右下側頭回	MNSの発達異常による発達早期の模倣障害が後にPDDにみられる広汎な認知障害をもたらすと考えられる。

*　「こころの理論」とは，他者の心の動きを類推し，他者が自分とは違う信念をもっているということを理解する機能。

Baron-Cohen, S. *et al.*（1985）Does the autistic child have a “theory mind” ?. *Cognition, 21*, pp.37-46.

Happé, F. G. E.（1995）The role of age and verbal ability in the theory of mind task performance of subjects with autism. *Child Development, 66*, pp.843-855.

**　Pierce, K. *et al.*（2001）Face processing occurs outside the fusiform ‘face area’ in autism: evidence from functional MRI. *Brain, 124*, pp.2059-2073.

Schultz, R. T. *et al.*（2000）Abnormal ventral temporal cortical activity during face discrimination among individuals with autism and Asperger syndrome. *Arch Gen Psychiatry, 57*, pp.331-340.

***　「ミラーニューロンシステム」とは，ある行為を自分がするときだけでなく，他者が同様な行為をするのを見るだけでも活動する神経群であり，模倣や共感に関連する。

Williams, J. H. G. *et al.*（2001）Imitation, mirror neurons and autism. *Neuroscience and Biobehavioral Reviews, 25*, pp.287-295.

Dapretto, M. *et al.*（2005）Understanding emotions in others: mirror neuron dysfunction in children with autism spectrum disorders. *Nature Neuroscience, 9*, pp.28-30.

創的な業績と同時に、驚くほどの社会性の乏しさを持ち合わせていた。

■治療的教育による社会性発達の促進

ＰＤＤの中心となる治療は幼児期からの治療的教育（療育）および、学校教育における特別支援教育であり、早期介入は良好な社会的転帰を導く。早期療育によって、生活やコミュニケーションのスキルが向上するだけでなく、ＰＤＤ独特の認知特性が完成するより前に治療的介入を行うことにより、幅広い領域における代償が可能となるためと考えられる。

幼児期において最も重要なことは、この代償性を最大限に活かすための対応であり、基本となるのは健康的な生活である。健康な生活とは、早寝早起き、バランスのとれた適度な栄養、適度な運動、そして適度な情報というごく常識的な生活基盤を築くことであるが、早寝早起きや過剰な刺激の制限はセロトニン神経系の発達を促し興奮を抑えることに役立ち、科学的な説明と結びつけることができる。

さらに、ＰＤＤの認知特性を考慮したさまざまな療育プログラムが開発され、生活と教育の両方において必要とされている。以下、代表的な自閉症の療育プログラムを簡単に紹介する。

ＴＥＡＣＣＨプログラム[16]（Treatment and Education of Autistic and related Communication handicapped CHildren program） 子どもの認知・行動特性を観察から理解すること、構

薙ゆり（訳）（2007）『アスペルガーの偉人たち』スペクトラム出版社

[16] Keel, J. H. *et al.*, (1997) TEACCH-supported employment program. *Journal of Autism and Developmental Disorder*, *27*, pp.3-9. 「3 - 16 構造化による指導法」も参照。

[17] Lund, S. K *et al.*, (2008) Teaching

造化、地域での適応がゴール、などの理念を掲げた自閉症支援の包括的プログラムである。

絵カードコミュニケーションシステム（Picture Exchange Communication System　PECS）[17]　視覚優位なPDDの認知の独自性に焦点を当てた対応方法である。

応用行動分析（Applied Behavior Analysis　ABA）[18]　生活技能、対人スキル、注意の持続、正しい言語を習得させるとともに、日常生活場面で受け入れがたい問題行動の除去を目標とする行動療法による介入である。

サーツ（Social communication, Emotional Regulation Transactional Support　SERTS）**モデル**[19]　他の療育プログラムと多くの共通した特徴をもつが、「共同注意（他者との交流場面において注目や関心の焦点を相手と同じものへ方向づけ、対象やテーマが移動・変化したときも追跡できる能力）」の増進に着目したプログラムである。

対人関係発達指導法（Relationship development intervention　RDI）[20]　PDDの社会性そのものの改善に焦点を当てたプログラムで、「経験共有」の発達を強調し、他者と経験を共有させることによって生じる対人的相互作用から、社会性の発達を促そうとすることが特徴である。

さらに、PDD児の行動を大人が逆に模倣することにより、単に大人と遊んでいるPDD児に比べ「社会的行動」が増え、大人との相互的なかかわりの強い遊びをし、より大人に接近する時間が多かったという報告があり[21]、表3‐1で示したMNS障害

young people who are blind and have autism to make requests using a variation on the picture exchange communication system with tactile symbols: A preliminary investigation. *Journal of Autism and Developmental Disorder*, *38*, pp.719-730.

[18] Grindle, C. F. *et al.*, (2009) Parent's experiences of home-based Applied Behavior Analysis Programs for young children with autism. *Journal of Autism and Developmental Disorder*, *39*, pp.42-56.

[19] 十一元三（2003）「自閉症の治療・療育研究最前線」『そだちの科学』*1*, pp.17-26.

[20] Gutstein, S. E. *et al.*, (2007) Evaluation of the relationship development intervention program. *Autism*, *11*, 397-411.

[21] Field, T. *et al.*, (2001) Children with autism display more social behaviors after repeated imitation sessions. *Autism*, *5*, pp.317-323.

仮説に基づいた療育的アプローチも行われてきている。
しかし、これらのプログラムを厳密に一括りのものとして施行しなくても、ＰＤＤの認知的個性を理解していれば生活および教育における対応の組み立ては可能であり、一度に2つの情報を出さないこと、特に知覚過敏を考慮に入れること、こだわりを無理のない範囲で最大限尊重すること、予定変更を極力避けること、そしてスケジュールカードを使うなどして、行うことを一列に並べて提示すること、などが基本的な対応となる。[22]
最後に、前述の2Ｅに関連するが、能力の谷に着目する以上に能力の峰を引き上げることで、自尊感情（self-esteem）を高めることができ、それが厳しい社会を生き抜く原動力となる。そして、類稀な才能を潰すことなく育むことができれば、将来社会の側が受ける恩恵は計り知れない。わが国でも、より幅広い認知的個性に対応できる教育や社会全体のシステムの構築が強く望まれる。
〔江川純・杉山登志郎〕

［22］杉山登志郎（2008）「自閉症」『精神科治療学』*23* 増刊号 pp.178-182.

◆参考書
●U・フリス／冨田真紀・清水康夫・鈴木玲子（訳）（2009）『自閉症の謎を解き明かす』新訂、東京書籍
●杉山登志郎（2009）『そだちの臨床：発達精神病理学の新地平』日本評論社
●杉山登志郎・岡南・小倉正義（2009）『「ギフテッド」天才の育て方』学研教育出版

3-3 注意欠陥／多動性障害（ADHD）

■注意欠陥／多動性障害（ADHD）とは

注意欠陥／多動性障害（ADHD）とは、**注意集中困難**、**衝動性**、**多動性**という3つの行動特性で定義された発達障害である。ADHDの子どもたちには、教室でふらふら立ち歩いてしまったり、手を挙げずに衝動的に発言してしまったり、机の上や部屋の整理整頓ができない、忘れ物が多い、などの特徴がある。しばしば「落ち着きがない」と評される子どもたちである。

誰しもわが身を振り返れば、もの忘れをしたり、話の最中で気が散ってしまったりした経験や、思いつきで行動して失敗した経験があるのではないだろうか。程度の差こそあれ、「注意集中困難」「衝動性」「多動性」は、実は誰にでもある。また子どもとはそもそも落ち着きがないものである。たとえば5歳の子が90分も着席して話を聞き続けたとすれば、これはかえって心配かもしれない。しかし、同年齢と比べても明らかに落ち着きがない子どもたちをADHDと診断している。ADHDの背景にある認知的な問題は、**自己コントロール**の能力であると言われている。この能力の発達が通常と比べて極端に遅れている場合に、ADHDと診断するのである。

「自己コントロール」の能力が不足すると、なぜADHDの行動特性が生じるのだろうか？　たとえば「注意・集中困難」であるが、彼らは興味のあることには長時間集中することができる。いっぽういくら社会的に責任のある重要なことに取り組んでいても、おもしろそうな別の刺激が入ると簡単に気がそれてしまう。興味の対象が次々と移り変わることを、自分でコントロールできないからである。つまりADHDにおける「注意・集中困難」とは、どこに注意や集中を向ければよいかを、自分でコントロールできないということである。次に「衝動性」であるが、これは行動を自己コントロールすることの障害である。たとえば、質問が終わる前にいきなり答えてしまうとか、欲しいものはすぐその場で欲しがるとか、「行動する前に立ち止まって考える」というコントロールができないために、衝動的な行動をとってしまうのである。また「多動性」とは活動レベルを自己コントロールできないという問題である。じっとしていなくてはいけない場面で動いてしまう、黙っていなくてはいけない場面でしゃべってしまう。これらは身の回りのあらゆる刺激に反応して、動いたりしゃべったりすることをコントロールして、抑えることができないということである。

■ADHDの認知機能

ここで「自己コントロール」の背景にある心理的メカニズムについて考えてみたい。

バークレー[1]は、目先の出来事にすぐには反応せずに、「一度立ち止まって考える」ということが重要である、と述べている。これを**行動抑制**という。バークレーによると、目先の出来事への直接的な反応を抑えて「行動抑制」することで、次の4つのことが可能になる。すなわち、**①事実と感情を分けること、②過去と未来の概念をもつこと、③自分自身に話しかける「内面の声」をもつこと、④情報を分解して再構成すること**、である。この「4つの作業」を経てからなされる行動は、すぐに反応してなされる直接的な行動よりも、「コントロールされた」行動と言える。

多くの研究がこのモデルを支持している。たとえばオゾノフ[2]はADHDの被験者と自閉症の被験者に対して複数の実行機能を調べるテストを行って比較検討した。ここで**実行機能**とは、問題を解決するときに、目標設定、計画、計画の実行、行動の選択などといった一連の認知過程を制御する脳機能のことである。前述した「行動抑制」やそれに続く「4つの作業」も実行機能の一部と考えることができる。オゾノフの研究によると、ADHDでは行動抑制の課題であるストループ・テスト[3]で困難を示したのに対して、自閉症では柔軟性や計画性についての課題に苦手さが認められた。これはADHDと自閉症は両者とも「実行機能」という一連の認知機能に障害があるが、つまずいている段階が異なり、ADHDでは「行動抑制」に困難を抱えやすいことを示している。

いっぽう「行動抑制」のような比較的単純な機能のみを用いてADHDの多彩な症

[1] Barkley, R.A. (1995) *Taking charge of ADHD*. New York: Guilford Press.［海輪由香子（訳）(2000)『バークレー先生のADHDのすべて』ヴォイス］

[2] Ozonoff, S. (1999) Brief report: Specific executive function profiles in three neurodevelopmental disorders. *Journal of Autism and Developmental Disorders, 29*, pp.171-77.

[3] ストループ・テスト　4色のインクで4種類の色の名前を書いてあるが、ことばの示す色とその文字のインクの色が違っており、文字に惑わされずに、インクの色名を言っていく検査。色の名前を言うよりも単語を読むほうがより自動的になされるので、たとえば、青インクで〝緑〟と書かれている場合、表示されている色（〝青〟）よりも、〝緑〟ということばのほうが言いやすい。このテストではそれを抑制しなければならない。

状を包括的に説明するには無理があるとの考えもある。ブラウン[4]は、ADHDにおける行動の問題を「止まるべきときに止まれない」と捉えることもできるが、「行くべきときに行けない」という側面を忘れてはならないと述べている。ADHDでは「動機づけ」や「意欲」のコントロールにも苦手さがあり、「行動抑制」という考え方だけではそこを十分説明できないというのである。

ソヌガ＝バーク[5]は、**報酬系の障害**を実行機能障害と並列した病態モデルを提唱している。報酬系とは、欲求が満たされたときや、将来欲求が満たされるだろうと期待しているとき（報酬期待時）に、活性化されて快感を与える神経系のことである。ADHDではこの報酬系の機能にも障害があるため、未来を信じて今を耐え忍ぶということができない。そのため目先の欲求に支配されやすく、集中力を維持したり行動を継続したりすることが困難になってしまうのである。

[4] Brown, T. E.（2005）*Attention deficit disofrder*. New Haven, CT: Yale University Press.

[5] Sonuga-Barke, E. J. S.（2003）The dual pathway model of AD/HD: An elaboration of neuro-developmental characteristics. *Neuroscience and Biobehavioral Reviews, 27*, pp.593-604.

■認知的個性としてのＡＤＨＤ

ＡＤＨＤの子どもたちも年齢とともに成長する。成人するころには不注意などの特徴は若干残るものの、彼らなりの落ち着きを身につけてゆくことも多い。「**ＡＤＨＤは障害なのか、個性なのか**」ということがしばしば議論される。注意力や集中力の欠落は、裏返せば多くのことに興味や関心をもてる能力である。また衝動性や多動性は、実行力や行動力と捉えることもできる。立ち止まって考えずに直観的に判断するＡＤ

HDの傾向は、場面によっては強みでもある。彼らの思いつきは時に画期的なアイデアであったり、カリスマ的な説得力をもっていたりする。

しかしADHDにとっての大きな問題は、自己コントロールが苦手なために、持ち合わせた能力を社会的な場面で活かすことが困難になりやすいということである。たとえば共同で作業している場面で、突然もっと良いやり方を思いついてしまった場合に、事前に決めてあったルールを無視して行動してしまうことがある。この場合、いくらその思いつきが優れたアイデアだったとしても、ルールを破ったことで良い評価は受けないだろう。またADHDでは分野によってはしばしば優れた能力を発揮するが、気分によってうまくできるときとできないときの差が激しいので、周囲の信用を勝ち取ることが困難になりやすい。さらにやる気を持続することが難しいので、最後までやり遂げて実績を残すということも困難である。コントロールの能力は、数多くある能力のなかのひとつにすぎない。しかしそれが欠落していると、他の能力がいくら優れていても評価されないということがしばしば発生するのである。

このようにADHDは誤解を受けやすく、そのため激しい叱責を受けることが多いし、いじめや児童虐待の被害にあうこともある。さらに失敗体験により挫折を味わったときに、感情をコントロールして気持ちを立て直すことも、ADHDにとって苦手なことのひとつである。そのためADHDの成長過程では**情緒的なこじれ**をきたしやすく、**二次的な問題**を抱えることがしばしばある。**反抗挑戦性障害**と**行為障害**はAD

HDによく見られる合併症である。反抗挑戦性障害とは、大人の言うことを聞かない、挑発を繰り返しわざと苛立たせる行動をするなど、反抗的で生意気な子どもたちのことである。それが盗みや恐喝など明らかな反社会的行為にまで発展したものを行為障害という。調査によると、ADHDの約2割が反抗挑戦性障害を合併し、さらにその3割が行為障害に移行しているのである[6]。

ADHDの子どもたちをこのような二次的な問題から守り、本来もっている能力を引き出してゆくことは、教育や社会の責務である。ガードナーは多重知能を活かす教育について、**個別に設計されたやり方**の重要性を強調している[7]。「同じ教科を同じ方法で勉強し、同じ方法で評価する」というやり方では、個々の多重知能の差異に十分対応できないからである。個別対応する場合の原則は、苦手な能力に対しては援助しながら少しずつ伸ばすように支援し、得意な能力は大いにほめて伸ばしていくことである。これはすべての子どもたちに共通して必要なことであるが、ADHDのように能力に顕著なアンバランスを抱えた子どもたちに対しては、特にその必要性が高いのである。

〔小野真樹〕

[6] 杉山登志郎（2000）『発達障害の豊かな世界』日本評論社

[7] Gardner, H.（1999）*Intelligence Reframed: Multiple intelligences for the 21st century*. New York: Basic Books.［松村暢隆（訳）（2001）『MI：個性を生かす多重知能の理論』新曜社］

「1-5 多重知能（MI）の理論」参照。

◆参考書

●R・A・バークレー／海輪由香子（訳）（2000）『バークレー先生のADHDのすべて』ヴォイス

3-4 学習障害（LD）

■学習障害とは

学習障害（**LD**）は、学習に必要な基礎的技能の習得と使用が困難な状態を指す。学習習熟のためには、基礎的技能以外に知能や学習に向かう姿勢などさまざまな要素が関係し、それに伴って記憶や注意集中など数多くの認知領域が関与する。しかしその不全状態のすべてがLDではない。学習の基礎的技能とは読字、書字、計算などで、LDはそれら基礎的技能の特異的障害の集合概念である。一般にはICDの「学力の特異的発達障害」[1]やDSMの「学習障害」[2]が規定する障害を指すことが多いが、文部科学省（当時は文部省）の判断基準では「聞く、話す、読む、書く、計算する、推論する」能力が対象とされており[3]、ICDやDSMの学習障害に言語障害の一部が加わる。実際に言語能力の不足により学習に著しい困難をきたす群がある。

■文字を読む

「読み」は文字を見てから文章の内容理解に至る一連の作業と考えられる。その行

[1] 融道男他（監訳）（2005）『ICD-10精神および行動の障害：臨床記述と診断ガイドライン』新訂版、医学書院
「学力の特異的発達障害」のなかに「特異的読字障害」「特異的綴字［書字］障害」「特異的算数能力障害［算数能力の特異的障害］」「学力の混合性障害」「他の学力の発達障害」「学力の発達障害、特定不能のもの」が含まれる。

[2] 高橋三郎他（訳）（2003）『DSM-Ⅳ-TR精神疾患の分類と診断の手引』新訂版、医学書院
「学習障害」のなかに「読字障害」「算数障害」「書字表出障害」「特定不能の学習障害」が含まれる。

[3] 学習障害及びこれに類似する学習上の困難を有する児童生徒の指導方法に関する調査研究協力者会議（1999）「学習障害児に対する指導について（報告）」文部省

程は、文字形態を音韻に変換するデコーディングと、音声言語に変換された文の内容を理解するまでの過程の2つに大きく分けることができる。どちらの過程にも認知の障害が生じる可能性がある。

文字を読む、すなわち文字から音への変換困難を特徴とする生得性の障害を**ディスレクシア**（dyslexia）と呼ぶ。いったん読みを習熟した後の脳損傷による読字の障害（dyslexia **難読症**）と区別するために、**発達性ディスレクシア**（developmental dyslexia **発達性読み書き障害**）と言うこともある。国際ディスレクシア協会の定義によると、「正確かつ／または流暢な単語認識の困難さであり、綴り及びデコーディング（文字記号の音声化）能力の弱さである」とされる[4]。根本的な特徴は文字から音への変換困難だが、音への変換に時間と労力を費やすため、文章の内容理解にまで到達しないことが多い。ただし障害の程度には個人差があり、その状態像は「読むことができない」から「読むのに時間がかかる」「読むことを嫌がる」「ところどころ誤って読む」「いつまでもたどり読みをする」「読んでも内容を理解していない」などさまざまである。国語の教科書のように、何度も繰り返し音読する機会がある文章では内容を記憶していて、まるで読んでいるかのように「音読」するので周囲が気づかないことが多い。

ひらがなは1文字あたりの使用頻度が高く文字と音の対応性も良いので、読み困難が比較的軽い。カタカナは使用頻度が低く学校で練習に費やす時間が少ないこと、漢字はかなに比べて習得する文字数が多く何通りにも読みが変化することから、読みの

[4] Lyon, G. R.（2003）Defining dyslexia, comorbidity, teacher's knowledge of language and reading. *Annals of Dyslexia, 53*, pp.1-14.

到達度が年長になっても低いことが多い。かな文字では特殊音節の読みが困難なことが特徴的である。[5]

発達性ディスレクシアの病態はLDのなかで最も解明が進んでおり、視覚認知その他脳機能も検討されているが、アメリカやヨーロッパでは音韻認識[6]や聴覚短期記憶など聴覚認知やラピッドネーミング[7]の障害の関与が広く支持されている。日本でも同様の認知課題で、発達性ディスレクシアの子どもの成績低下が確認されている。

文字－音韻変換が正常、つまり発達性ディスレクシアではなく、それ以降の文章の意味理解の過程に特異的障害をもつ群がある。読み能力を文の理解度だけで判断すると発達性ディスレクシアと区別できないが、発達性ディスレクシアと異なる認知障害をもつと考えられ、対処も異なる。最近は**特異的言語発達障害**（specific language impairment）との関連も指摘されている。[8] 音読の速度・正確さに問題はないが、読解に困難をもち、小学校中学年ころから文章題や長文問題に困難が生じてくる。

■文字を書く

文字を書くことに特異的な困難をもつ子どもの訴えとしては、「文字が書けない（文字形態が思い浮かばない）」「書字の誤りが多い」「文字を書くのを嫌がる（漢字テストだけでなく、作文、連絡帳など）」「文字を書くのに時間がかかる」「漢字を使わず、ひらがなばかりの文章を書く」などが多い。ひらがなに比べて、カタカナと漢字

[5] 特殊音節　拗音（「しゃ」、「りゅ」など）、促音（小さな「っ」で表されるつまる音）、撥音（はねる音「ん」）、長音（あ行で表される伸ばす音）。

[6] 音韻認識（phonological awareness）　単語を音節、音素レベルに分解して認識する能力。日本語ではモーラ（mora）が単位となる。

[7] ラピッドネーミング（rapid naming）　熟知した数字、絵などがランダムに連続して書かれたものを次々呼称していく課題。二重障害仮説（double deficit theory）では、音韻認識とラピッドネーミングが独立して発達性ディスレクシアの原因として作用するとされる。

[8] 田中裕美子（2003）「特異的言語発達障害の言語学的分析：研究者の立場から」『音声言語医学』44, pp.216-221.

の書字が困難である場合が多い。アルファベットを使う言語では書字障害は主に綴りの問題であるのに対し、性質の異なる3種類の文字を混合して使用する日本語表記ではより多彩な特徴が表れ、その状態像は文字形態の誤りのほかに、ひらがなの特殊音節表記の誤り、「～を」「～は」「～へ」など助詞の特殊な表記の誤り、1つの単語のなかにひらがなとカタカナが混じる、同じ読み方をする別の漢字を当てる、などさまざまである。[9] ときに話題にのぼる鏡文字（左右が逆になる）は、文字習得を始めたころの子どもに広く認められ、多くの場合自然に是正される。

書字の誤りではないが、書字と関連した訴えとして「文字形態が崩れる」「文字のパーツの比率がおかしい」「文字や文がはみ出る、歪む」などがあり、臨床上頻度が高い。これらは前述の書字障害とは異なり、協調運動の問題、あるいは注意集中障害と関連づけて考えて対処すべき問題であろう。

前述の発達性ディスレクシアでは書字も障害されるので、書字障害には、発達性ディスレクシアに伴う書字障害と、書字だけが問題となる**書字表出障害**（DSMによる）がある。共通の認知基盤をもつのか異なるのかは、今後の解明を待つことになる。

■**算数**

「算数」は学習技能というよりも科目名で、「算数障害」の対象となる問題点は多岐にわたる。なかでも計算能力の障害は算数障害の主たる領域で、診断ガイドラインで

[9] 文字は複雑図形であり、書字障害の原因を形態認知の障害とする報告が多いが、その他にもかな文字の音韻的側面、文法、あるいは語の意味概念など言語能力、また漢字の意味と読みの統合、運動の記憶など、書字に関係する認知機能は広範囲にわたる可能性がある。一人の子どものなかにそれらが混在することが多く、書字の誤りに対しては分析的に考え対処することが求められる。

は抽象的な数学の能力よりも加減乗除のような基本的な計算力に焦点を当てている。成人の脳損傷から導かれた計算に関する認知モデルを小児の発達障害にあてはめることには異論もあるが、参照することが多い。**計算障害**の状態像は以下のようなものである。

①**数（数字）のインプットとアウトプットの問題**　5を「ご」「いつつ」と2通りの呼び方があることに混乱する言語的要素の強いものや、桁の表し方が口頭言語や漢数字とアラビア数字の表記で異なることの混乱が見られる。

②**数概念、数の量的把握、数の操作の問題**　頭の中で数の表象が明瞭でないと、数量や計算操作の確認をタイルやおはじきなど具体物で補助しないと、数字だけの操作では混乱する。計算するときに指を用いたり、桁の概念や大きな数、概数、小数・分数など非自然数の習得に困難をきたす。数の操作の意味が把握できていない場合は、状況を式に置き換えることや複数の異なる演算が必要な際に混乱をきたしやすい。

③**計算手続きの問題**　比較的簡単な1桁どうしの足し算や引き算、単純な聴覚記憶であるかけ算の九九が十分自動化しない場合がある。桁の繰り上がり、繰り下がりや、割り算のように複数の段階を積み上げていく計算の手順が身につきにくいこともある。視空間認知や注意の問題で筆算の数字が整然と並ばず計算ミスにつながることも多い。

ゲルストマン症候群は左側頭頂葉損傷に見られる計算障害、左右失認、手指失認、書字障害の合併を指す。小児でも生得的に同様の症候群を認めることがあり、**発達性ゲルストマン症候群**と呼ばれる。[10]

計算以外の算数の問題では、図形の問題が苦手、長さ、重さ、時間など量の把握と操作ができない、速度、割合などの概念が理解できないなどの訴えが見られ、頻度は少なくない。必ずしも計算障害と合併するものではなく、別の認知障害を基礎として発現する可能性が高い。また、計算はできるが文章題の意味がわからないという訴えをしばしば見かけるが、これは算数ではなく、文の読解の問題と関連していることが多い。

[10]「計算障害」「手指失認」「書字障害」「左右失認」に「構成失行」を加えた5症候を認める。
Kinsbourne, M., Warrington, E. K. (1963) The developmental Gerstmann syndrome. *Archives of Neurology, 8*, pp.490-501.

■認知の個人差

たとえば「読み」のように1つの基礎的技能に対して複数の認知力が関与しているので、「読字障害」のような診断名の指すものは認知の視点からすれば均質な一群ではない。援助の組み立てを考えるうえでは、より深い認知的分析を欠くことができない。

またほかの発達障害に比べるとLDに対する一般の認識は低く、比較的障害の程度が軽いものは本人の努力不足、程度の重いものは全般的知能の遅れと混同されている。「認知的個性」という見方が広く受け入れられると、LDの概念が理解しやすくなるのではないだろうか。

〔若宮英司〕

◆参考書
●マーガレット・J・スノウリング／加藤醇子・宇野彰（監訳）(2008)『ディスレクシア：読み書きのLD：親と専門家のためのガイド』東京書籍
●熊谷恵子 (2009)「最近の算数障害へのアプローチ：認知神経心理学や法的定義からの下位分類の考え方」『LD研究』*18*, pp.24-32.

3-5 新版K式発達検査

現在日本で使用されている**発達検査**には、実施方法や対象年齢、検査目的などによりさまざまな種類がある。この項では、日本で最も広く実施されている発達検査のひとつである**新版K式発達検査2001**からわかる子どもの認知的個性について述べる。

■新版K式発達検査とは

1951年に「K式発達検査」の原案が京都市児童院によって作成されたのち、適応年齢、検査項目などについて数回の改訂がなされ、2002年現在の「新版K式発達検査2001」（以下、K式という）となった。0ヵ月の新生児から成人までを対象として**標準化**されており、328の検査項目が**通過年齢**（通過率が50%の年齢）ごとに並べられている。[1] 検査項目は、姿勢・運動領域（P-M）、認知・適応領域（C-A）、言語・社会領域（L-S）の3領域に分かれ、各領域と全領域について**発達年齢**（DA）と**発達指数**（DQ）[2] を算出することができる。また各項目につき通過・不通過を判定のうえ、その境目を線でつなぎ**プロフィール**を描くことで、発達の特徴を

[1] 生澤雅夫・松下裕・中瀬惇（編）（2002）『新版K式発達検査2001実施手引書』京都国際社会福祉センター
新版K式発達検査研究会（編）（2008）『新版K式発達検査法2001年版 標準化資料と実施法』ナカニシヤ出版

[2] 発達指数＝（発達年齢／生活年齢）×100

視覚的に把握することが可能である。1歳以降の被検者の場合、興味が持続しやすいように検査項目の順序を入れ替えて実施することが認められている。

①**姿勢・運動領域（P－M）** 0歳台の項目は、仰臥位、引き起こし、座位、立位、腹臥位により、姿勢や反射、筋緊張のようす、手・足などの動きや協応動作から運動面の発達を把握する。また1歳以降の項目は、立位により、両足跳びや階段の昇降などの運動のようすを調べる。ただし、検査項目は3歳6ヵ月までである。

②**認知・適応領域（C－A）** 0ヵ月から7ヵ月までの項目は、仰臥位および座位で実施する。ガラガラや積木、小鈴など子どもにとって身近な道具を用い、目と手・両手の協応動作、物の認知や操作のようすなどを調べる。また、7ヵ月以降の項目は、すべて机上で、検査者の指示や見本に従って積木、折り紙、紙と鉛筆などを操作する課題を通して、手先の操作や調整、両手の協応、視覚的理解、形・大きさ・位置・空間などの相互関係の理解、位置や順序の視覚的記憶と再生といった能力を調べる。さらに、学童期以降は、図版を用いる課題も多く、その結果、視覚的推理や視覚的イメージの操作といった能力を測ることができる。

③**言語・社会領域（L－S）** 0歳台の項目は、自由姿勢にて検査者とのやりとりを通し、他者への気持ちの向け方や働きかけ方、ことばへの反応をみていく。また、1歳以降の項目は、すべて机上で、図版やことばでのやりとりを通して、言語理解、概念理解、語彙数、知識、言語表現といった能力を調べる。年齢が上がると、聴覚的

記憶や、数概念の理解、数を用いた推理、計算といった能力についてもみていく。学童期以降では、文法的な構成能力や、論理的・抽象的な思考能力も測ることができる。

■K式に見られる特徴と支援

K式は、0歳から成人までを対象としているが、被検者の興味が持続しやすいように検査項目の順序を入れ替えて実施できること、遊びの要素を含んだかかわりを通して発達の見立てができること、運動面を含めた全体的な発達を把握できることなどから、幼児期の子どもに実施する検査として優れている。そのため、幼児期の広汎性発達障害（PDD）児のアセスメントに使われることも多く、K式を通して彼らの認知的個性を知ることができる。以下に、K式において示された認知的個性を考慮したPDD児に対する支援のあり方について述べる。

① 支援例（1歳〜3歳ごろ） まず1歳台の項目では、「予期的追視[3]」、「2個のコップ」、「3個のコップ[4]」のように、検査者の言動に注目して待つこと、すなわち**静観**が求められる課題は、苦手である場合が多い。また2歳以降の項目では、積木や鉛筆などを用いて検査者の**模倣**をする課題も、検査者の操作に注目する必要があるため不得意なことが多い。加えて、認知・適応領域の課題に比べ、言語理解や発語が求められる言語・社会領域の課題も不得意な傾向がある。いっぽうで、同じ1歳台、2歳台の課題でも「課題箱[5]」、「はめ板[6]」、「入れ子[7]」のように、静観する必要がなく、視覚的

[3] 衝立の後ろを走るミニカーを目で追う課題。

[4] 2個または3個の伏せたコップから、おもちゃが隠れているコップを見つける課題。

[5] 孔に棒や板を入れこむ課題。

[6] 丸・三角・四角の板を孔にはめこむ課題。

[7] 大きさの異なるカップを大きさの順に重ねる課題。

に内容や変化がわかりやすい課題は、ＰＤＤ児でも比較的得意な場合が多い。ことばで質問をしてもなかなか興味を向けられないが、目の前にこれらの課題を提示するとスムーズに取り組めることも少なくない。

Ｋ式においてこれらの特性が見られた場合には、次のような支援が考えられる。日常場面で人やことばの指示に注目することが難しくても、実際に物を見せたり絵カードを用いたりするなど、指示を視覚的にすることで子どもが注目しやすくなる。つまり、視覚情報を利用することで、ことばへの興味や注目の弱さを補うことができ、人に注目する力、さらには指示を理解する力の獲得につながると考えられる。ただし、人に注目する力を引き出すうえでは、同時にふれあい遊びなどを通して人とのかかわりが楽しいものであり意味があることを伝えていくことも必要である。

② 支援例（3歳〜6歳ごろ） 相手への注目や模倣が可能になると、3歳以降の項目のうち、積木や鉛筆などを用いて検査者の模倣をしたり見本を見て行なう課題は、比較的得意な傾向が見られる。特に、見本が目の前から消えてしまう課題に比べ、見本が目の前に残っている課題のほうが得意なことが多い。日常場面でも、次にすることやスケジュールなどを、絵カードや写真などを用いて見えるかたちで目の前に示しておくことで、行動しやすくなる。

3歳以降の言語・社会面の項目に関しては、数を数える、数を選ぶ、色や硬貨の名称を答えるというように、答えがはっきり決まっている課題は比較的得意だが、ことばの定義を説明する課題のように自由度の高いものや、「もし○○だったらどうする？」という問いのように、目の前にないことを想定して答える課題などは苦手な傾向が見られる。ＰＤＤ児は、相手のことばに注目できるようになり、ことばを理解しことばで伝えられるようになっても、目に見えない概念や曖昧な概念の理解は苦手であることが多い。このような場合には、図やグラフ、４コママンガなどの視覚情報を併用することにより理解を補うことができるだろう。また、直接的なわかりやすい表現で伝えることも理解につながりやすいと考えられる。

■発達検査に表れる認知的個性に応じたかかわりを

以上、幼児期の子どもにK式を実施するなかで、ＰＤＤ児に見られやすい特徴について述べてきたが、注意してほしいのは、これらがＰＤＤ児すべてにあてはまるわけではないということである。一人の子どもに対して検査を実施するたびに、同じ診断を受けていても、発達検査を通して見られる特徴や取り組みのようすはさまざまであると感じられる。そのことは、求められる支援も子どもによって異なることを意味する。検査を通して、目の前にいる子どものさまざまな特徴、認知的個性を的確につかみ、その子どもに今必要なかかわりを考えていくことが大切である。

〔天野美鈴〕

◆参考書
●川畑隆他（2005）『発達相談と援助：新版K式発達検査2001を用いた心理臨床』ミネルヴァ書房

３-６

ＷＩＳＣ、田中ビネー知能検査

検査結果と行動観察に表れる認知的個性

筆者がこれまでに心理検査を行ってきた現場としては、児童相談所、大学附属の心理相談室、スクールカウンセラー先の小中学校、大学医学部附属病院の児童精神科などがある。現在は医学部附属病院児童精神科において、主治医の依頼を受けて心理検査を行うことが多い。さまざまなケースに対してさまざまな依頼がなされるが、小中学生に対して**ＷＩＳＣ《ウィスク》－Ⅲ《サード》**[1]の依頼を受けることが最も多くなってきている。ＷＩＳＣ－Ⅲに関しては、広く臨床現場で用いられていることもあって、発達障害児についての先行研究が国内外に数多く認められる。したがって、ここでは発達障害児の認知的個性が、心理検査にどのように表れるのか、主としてＷＩＳＣ－Ⅲを中心に検討する。また、**田中ビネー知能検査Ⅴ《ファイブ》**[2]に関しても、補足的に述べる。

■広汎性発達障害（ＰＤＤ）児のＷＩＳＣプロフィール

ＷＩＳＣに表れる**広汎性発達障害**（**ＰＤＤ**）の認知プロフィールの特徴として、言語性検査では「数唱」の評価点が高くなり、「理解」の評価点が低く、動作性検査で

[1] ＷＩＳＣ（Wechsler Intelligence Scale for Children；ウェクスラー児童用知能検査）は、１９４１年にウェクスラー（D. Wechsler）が開発した。Ⅲは、１９９１年（日本版は１９９８年）に発行された第３版である。

[2]「田中ビネー知能検査」の第５版である（２００３年発行）。初版は１９４７年に田中寛一が開発した。

は「積木模様」や「組合せ」が高く、「絵画配列」が低くなるという報告が多い。また、言語性ＩＱ[3]に比べて動作性ＩＱが高いと指摘されてきた。これらは、視空間認知が言語処理に比べて優位であることの反映であると考えられている。しかし、これらの特徴は、知能水準が遅滞域から境界域のＰＤＤ児にあてはまる。これに対して、知的な遅れが認められない**高機能自閉症**や**アスペルガー症候群**の子どもでは、特徴的なプロフィールを見出すことは難しいことが、近年指摘されている。それらの発達障害では、言語性ＩＱより動作性ＩＱのほうが高いとは限らず、かえって全検査ＩＱが高くなると、言語性ＩＱが動作性ＩＱよりも高くなる。[4]したがって、より知能水準の高いＰＤＤ児では、典型的なプロフィールを見出すのは難しいとされている。

■回答内容に表れる高機能ＰＤＤ児の特徴

そこで、ＷＩＳＣのプロフィールではなく、回答内容に高機能ＰＤＤの特徴がどのように表れるか検討した報告がある。[5]それによると、①他者の感情認知の不全、②コミュニケーションの質的偏り、③切り替えの不良を含んだ保続、④中枢性統合の弱さ、⑤視覚化能力および過度に具体的な思考の5点が指摘されている。次に各々の特徴をあげる。

① **他者の感情認知の不全**　他者の感情理解や人間関係の問題に答えられないことがある。「理解」での「友達のボールを無くしたとき」など、相手の心情を考慮した

[3] Intelligence Quotientの略。日本語で知能指数のこと。

[4] 神尾陽子・十一元三（2000）「高機能自閉症の言語：Wechsler知能検査所見による分析」『児童青年精神医学とその近接領域』*41*, pp.32-43.

[5] 黒田美保他（2007）「広汎性発達障害臨床におけるＷＩＳＣ-Ⅲ活用の新たな試み：3症例の回答内容の分析を通して」『児童青年精神医学とその近接領域』*48*, pp.48-59.

回答ができなかったり、「単語」での「友情」の意味を十分に答えられないなど。

② **コミュニケーションの質的偏り**　不必要な情報を付け加えたりして回答の説明が冗長となっていたりすることや、わからないことばがあると、音韻から意味を推測しようとしたりすること。さらに、本人が作った他者にはなじみのないことばを使用したり、特定の言い回しを繰り返し使うことなど。

③ **切り替えの不良を含んだ保続**　反復的な言い回しを使用することや、思い込むと切り替えができないようすや、制限時間となっても課題を続けようとすること、また、時間が経ってから以前の問題に反応することなど。

④ **中枢性統合の弱さ**　「組合せ」で、ピースの細部のみに注目して完成させようとして、完成した全体像を捉えることができない。

⑤ **視覚化能力および過度に具体的な思考**　「類似」において視覚的な共通点をあげたり、数字を書き取る仕草をして、聴覚刺激を視覚化しようとすることがある。

これらの回答内容は、ＰＤＤ児に見られる特徴をよく表している。このように、ＷＩＳＣのプロフィールのみに注目するのではなく、回答の内容や回答に至る方略に注目することで、ＰＤＤ児の認知的特徴が、より捉えやすくなる。

■不明瞭な指さし

その他、筆者の臨床的印象として、ＰＤＤ児のなかに、ＷＩＳＣの下位検査の「絵画完成」において、不明瞭な指さしをする子どもが多い。何となく指し示すが、正解とするには曖昧で微妙な差し方をするのである。この課題で要求される、絵の欠けているところを指さしで示すという行為には、検査者、つまり相手が理解しやすいように指し示すことが必要である。[6]

■PDD児と田中ビネー知能検査V

一方、田中ビネー知能検査Vでは、年少のPDD児の場合、「ひも通し」のみが合格し、そのため実施する課題の年齢級が上がっていってしまうというケースが比較的多く認められる。これは、視覚刺激を操作することが得意な子どもが多いことの反映であろう。PDD児では、実施した課題の年齢級の幅が、定型発達児や知的障害児に比べてしばしば広くなる。

他によく見られる特徴として、「絵の不合理」の説明が、定型発達児に比べて合格しにくいことである。なんだかおかしいというのはわかっても、矛盾としてきちんと説明することができない。これについては、PDD児の場合、中枢性統合[7]が弱いために、細部の認識を優先し、全体の把握に困難を有するという指摘がある。「絵の不合理」の説明において、絵のおかしい箇所の認識が優先されてしまい、適切に全体との関係に結びつけて、どうしてその箇所がおかしいのかを考えることが難しいのかもしれない。だが、説明できないという点では言語能力の問題が影響している可能性もある。

[6] この点で、他者とぴったり一致した意思伝達を必要とするが、これができないという点で、何らかの障害特性が表れているのかもしれない。しかし、あくまでも筆者個人の臨床的印象であるので、現時点では示唆するに留めておく。

[7] 中枢性統合とは、細部にとらわれずに全体として対象を捉える能力である。

■注意欠陥／多動性障害児のＷＩＳＣプロフィール

注意欠陥／多動性障害（ＡＤＨＤ）児では、ＷＩＳＣ－Ⅲの４つの群指数間の比較において、「注意記憶」群指数が最も低く、「処理速度」もそれと同様に低くなり、次いで「言語理解」が高く、「知覚統合」が最も成績が良いという指摘がある。[8] カウフマンは、ＡＤＨＤ児およびＬＤ児によく認められるプロフィールとして、**ＳＣＡＤプロフィール**を指摘した。[9] ＳＣＡＤプロフィールとは、記号探し（Symbol search）、記号（Coding）、算数（Arithmetic）、数唱（Digit span）の頭文字をとったもので、これらの下位検査の成績が低くなるとしている。カウフマンは、ＳＣＡＤプロフィールを「知覚統合」群指数との関連で検討しており、ＡＤＨＤ児やＬＤの子どもたちでは、「知覚統合」とＳＣＡＤプロフィールと間のディスクレパンシー（ずれ）が、定型発達の子どもたちと比べてより多く認められるとした。

ＳＣＡＤプロフィールが提案される以前は、**ＡＣＩＤプロフィール**が提案されていた。これは、算数（Arithmetic）、符号（Coding）、知識（Information）、数唱（Digit span）の頭文字をとったもので、これらの下位検査の成績が低いと言われた。しかし、ＳＣＡＤプロフィールやＡＣＩＤプロフィールが認められたのは、ＡＤＨＤ児の25％のみであったという報告もある。[10] したがって、これらのプロフィールのみで、ＡＤＨＤ児かどうかを判別することはできないと考えられている。[11]

[8] Schwean, V. L. & Saklofske, D. H.（1998）WISC-III assessment of children with attention deficit/hyperactivity disorder. In A. Prifitera & D. H. Saklofske（Eds.）, *WISC-III clinical use and interpretation: Scientist-practitioner perspectives*, San Diego, CA: Academic Press, pp.91-118.

[9] Kaufman, A. S.（1994）*Intelligent testing with the WISC-III*. John Wiley & Sons.

[10] Muraru, O. *et al.*（2007）Might the Wechsler Intelligence Scale for Children-Third edition（WISC-III）support the differential diagnosis between pervarice developmental disorder（PDD）and attention-deficit/hyperactivity disorder（ADHD）?. *Japanese Journal of Child and Adolescent Psychiatry, 48*（Suppl.）, pp.31-42.

[11] Kaufman, A. S. & Lichtenberger E. O.（2000）*Essentials of WISC-III and WPPSI-R Assessment*. John Wiley & Sons.

■検査中に表れるADHD児の特徴

ADHD児においては、障害の特徴が検査中の行動に表れやすい。たとえば、検査開始当初は落ち着いて座っていられるものの、次第に足をプラプラさせ始める。ソワソワした動きが上半身でも認められ、子どもによっては、椅子からおしりを持ち上げたり、立ち上がろうとしたりする。「はい、手はおひざね」と検査者がやさしく声をかければ、素直に従う。しかし、またしばらくすると、ソワソワしだして、再度「はい、手はひざだよ」と、声をかけることになる。なかには、机の上に乗り出してきたり、離席して部屋の中の物品をいじったりする子どももいる。

WISCの「絵画配列」の教示で、例題の説明の最中であるにもかかわらず、やり方を理解した瞬間にカードを手にとって並べ替えようとするので、「最初は、見ててね」と制止して、教示を続けたりする。「符号」や「記号探し」でも同様に、検査者が実際にやり方を見せようとすると、鉛筆を手にとって用紙に書き込もうとしたりする。「ちょっと待ってね。最初は先生がやるからね」と、一声かけて本児が書き込もうとする前に、制止したりする。ついたての中を覗き込もうとするので、「見ちゃダメだよ」と声をかけたりする。

これらの検査中の様子に表れる行動は、知能検査の指標として表れるわけではない。しかし、検査の結果を読み解いて対象児に関する仮説を検証する際に、検査中に表れたこれらの行動がその根拠となる。したがって、検査中の行動を押さえておくのは、非常に重要となる。理想的には、検査中の様子のみではなく、学校や家庭での様子などについて、複数の情報源（たとえば、両親と学級担任など）から話を聞くことができれば理想である。しかし、現実的には複数の情報源から複数の領域について、話を得ることができないことも、少なからずある。

■知能検査の役割

まれに、「発達障害かそうではないかがわかるから」と言われたなどという理由で、保護者が検査を希望していることがある。対応に困っている教師などが、相談機関へ何とか対象児をつなげようとして、一種の方便として出たことばかもしれない。しかし、厳密な意味では、これは間違いである。知能検査の結果を診断の際の参考とすることはあっても、心理検査のみの結果から診断を行うことはない。ＷＩＳＣなどの知能検査は、子どもがもっている能力の強さや弱さを判断し、援助方針を立てるために利用すべきである。[12] 心理検査の結果から、有益な援助方針を立てることができるかどうかについては、検査者の力量が大きく影響するように思われる。その点で、心理検査の実施者である心理士は、自己の技量の向上に努め続けなくてはならない。そうすることが、最終的には対象児とその家族の利益につながることになるのであるから。

〔金子一史〕

[12] Schwean, V. L. & Saklofske, D. H. (2005) Assessment of attention deficit hyperactivity disorder with the WISC-IV. In A. Prifitera, D. H. Saklofske, & L. G. Weiss (Eds.), *WISC-IV clinical use and interpritation*, San Diego, Elsevier Academic Press.

◆参考書
●藤田和弘・前川久男・大六一志・上野一彦・石隈利紀（2005）『ＷＩＳＣ-Ⅲアセスメント事例集：理論と実際』日本文化科学社
●森田美弥子（編）（2007）『臨床心理査定研究セミナー』至文堂
●E・O・リヒテンバーガー他／上野一彦・染木史緒（訳）（2008）『エッセンシャルズ　心理アセスメントレポートの書き方』日本文化科学社

3-7 K-ABC、DN-CAS

K-ABCは、認知処理過程のアセスメントから教育的観点を得ようとするもので、一人ひとりの子どもに適した教育支援の方向性を提示するものである。通常の授業は、教師が画一的なやり方で、聴覚刺激の多い授業を行うことが多い。教える内容は、段階的に、順序良く説明される。しかし、なかには、このような教え方では理解できない生徒がいる。

たとえば発達障害の生徒は、原因として何らかの大脳中枢の機能不全が疑われるため、通常の教育方法、授業方略では授業の内容・技能を習得できない。また、発達障害と診断されなくても、何らかの原因があって、学習につまずく生徒がいる。学習において、「10歳の壁」ということばがあるが、これは、10歳を境に、抽象的思考が要求されるようになり、質・量ともに重くなる課題をうまくこなすことができなくなり、勉強嫌いになる子どもが多い年齢を指すことばである。このように、10歳前後から、特別な教育支援を必要とする生徒が現れ始める。これらの生徒のために、適切で個別的な教育方法を探求することは、今日的で重要な課題である。

そこでこの項では、**認知処理様式**の理論を概説したうえで、特別支援教育のみならず、通常学級での授業にも応用可能な認知特性に合った教育方法のあり方を提案する。

■K－ABCの構成と内容

K－ABCは、**認知処理過程**と**習得度**を測定する個別式尺度であり、カウフマン夫妻[1]によって、1983年に出版された（日本版は1993年）。2歳半から12歳を対象としている。14の下位検査バッテリーと、それらを組み合わせた4種類の総合尺度で構成されている。4種類の総合尺度というのは、**継次処理尺度**、**同時処理尺度**、**認知処理過程尺度**（継次処理尺度と同時処理尺度を合わせたもの）、**習得度尺度**である。認知処理過程尺度は、潜在的な学習能力を推測し、習得度尺度は、学業到達度の直接的な測度を提供する。

K－ABCで測定される知能は、問題を解決し、情報を処理する、個人の認知処理様式として定義される。問題を解決する際に、**継次処理**は、情報を一度に1つずつ時間的な順序で連続的に分析処理する過程であり、**同時処理**は、最も効果的に問題を解決するために、刺激の全体的な、空間的な統合が必要とされる。

通常、多くの知的行動は、継次処理と同時処理が統合されて生じると考えられている。キンズボーン[2]は、大脳機能特殊化理論の観点から、「現実世界での行動と関係した」精神的活動は、必ず「大脳の両半球の協応した活動を必要とする」としている。

[1] Kaufman, A. S., Kaufman, N. L.／松原達哉他（共訳編）（1993）『個別式心理教育アセスメントバッテリー「日本版K-ABC」解釈マニュアル』丸善メイツ

[2] Kinsbourne, M.（1982）Hemispheric specialization and the growth of human understanding. *American Psychologist*, 37, pp.411-420.

■**継次処理**

継次的に問題を処理する能力は、左大脳半球がその機能を司っていると考えられており、学習に関する技能と深く関係しているとされている。継次処理能力は、たとえば文法的なもの、規則に関するもの、「繰り下がり」のような数にかかわる**系列的**な手続きを正しく用いること等と関連がある。

この能力が低いと、友だちと遊ぶ際に、**順序性**が重視されるゲームのルールを理解できなかったり、授業時に、教師は口頭で説明することが多いが、**聴覚的・言語的**内容を理解できなかったりといったことが起こる。また、聴きながらノートをとることにも困難を示す。これらは、ワーキングメモリー[3]の容量の制限の大きさと関連がある。さらに、計算や文章題を解くためには段階的手続きを必要とするが、このようなことにも困難を示す傾向がある。

■**同時処理**

同時処理は、多くの高次の知的機能と強く関連しており、その能力は、幅広い情報源から得られる情報を統合するものである。主に右大脳半球がその機能を司っている。同時処理的な問題解決能力に優れている場合、たとえば読みの学習において、文字の形や単語を学んだり、話の要点を捉えたりする際に有利であり、また、文章の内容を

[3] ワーキングメモリーは、考えたり行動したりするとき、情報を一時的に保持して目標達成のための活動を支える記憶を言う。

把握する際にも有利である。創造的に問題解決を行う場合にも、同時処理的な技能が大きく影響する。逆に、この処理様式の弱さがあると、文章の関係を把握し、文脈を利用して内容を整理したり、文章を組織化したりすることに困難を示す傾向がある。また、**視空間的・全体的情報処理**が弱いために、演算の基礎となる概念や時間、空間関係を正しく理解できず、算数や数学の学習が、機械的記憶に頼ってしまいがちになることが指摘されている。

表3－2に、継次処理型指導方略と同時処理型指導方略を記す。

■習得度尺度

習得度尺度は、事実に関する知識や技能を測定しようとするものである。知識の獲得は教育の機会、環境、動機づけ等の変数に大きく左右され、習得された技能を知的機能と同等に考えると、適切な教育支援が行えなくなることがある。しかし、従来の知能検査は、習得された実際の知識と、それを習得するために用いられた技能の

表3-2　継次処理型指導方略と同時処理型指導方略（藤田・青山・熊谷，1998, p.29）[4]

継次処理型指導方略	
段階的な教え方	いくつかの指導ステップを経て，指導のねらいに到達するような段階的な指導
部分から全体へ	注目させるべき刺激を初めは部分的に提示し，徐々に全体に広げていく指導
順序性の重視	番号等を用いながら，課題解決への順序を重視した指導
聴覚的・言語的手がかり	聴覚的・言語的な手がかりを用いて課題解決を図る指導
時間的・分析的	時間的な手がかりや分析的な手法を用いて課題解決を図る指導

同時処理型指導方略	
全体を踏まえた教え方	指導のねらいの本質的部分を含んでいるような課題を初めから提示する指導
全体から部分へ	複数の刺激を一つの固まりとして初めから一度に提示し，刺激全体を捉えさせてから細部へ移行させていく指導
関連性の重視	提示された複数の刺激間の関連性に注目させる指導
視覚的・運動的手がかり	視覚的・運動的手がかりを用いて課題解決を図る指導
空間的・統合的	空間的な手がかりを用いたり，統合的な手法で課題解決を図る指導

両方がＩＱの数値に影響を与えてしまっていた。その点を改善するために、Ｋ－ＡＢＣは、問題解決に関する一連の技能を知能として、事実に関する知識とは区別している。

知能と習得知識の尺度を１つのバッテリーに含めることで、学習障害（ＬＤ）が疑われる子どもの知的能力と習得知識との違いを比較することが可能となった。従来の言語性知能と動作性知能との差（ディスクレパンシー）では、ＬＤ児や知的障害児のＷＩＳＣ－Ⅲにおける特徴的なプロフィールを十分には説明できないのである。

■ＤＮ－ＣＡＳの構成と内容

ＤＮ－ＣＡＳは、ロシア（旧ソ連）の心理学者ルリアの神経心理学モデルから導き出されたダスら[5]の**ＰＡＳＳ**モデルを理論的基礎としていて、１９９７年に出版された（日本版は２００７年）。ダスは、Ｋ－ＡＢＣには、ルリアの言うプランニング[6]と注意機能の尺度がないことを指摘し[7]、その必要性を強調した。そこで、ダスとナグリエリ[8]は、５～17歳の個人のプランニング（Planning）、注意（Attention）、同時処理（Simultaneous）、継次処理（Successive）という４つの認知領域、すなわちＰＡＳＳを評価する認知評価システムとして、ＤＮ－ＣＡＳを開発した。これら４つの認知領域ごとに、それぞれ３つの下位検査バッテリーがある。ダスがプランニングと注意の尺度を加えたことは重要で、ＡＤＨＤ（注意欠陥／多動性障害）のある子どもは、これらの尺度得点が有意に低下することが指摘されている。

[4] 藤田和弘・青山真二・熊谷恵子（編）（1998）『長所活用型指導で子どもが変わる：認知処理様式を生かす国語・算数・作業学習の指導方略』図書文化社

[5] Das, J. P., Naglieri, J. A., & Kirby, J. R. (1994) *Assessment of cognitive processes: The PASS theory of intelligence.* Boston: Allyn & Bacon.

[6] プランニングとは、個人が問題解決の方法を決定し、選択し、適用し、評価する心的過程である。ＤＮ－ＣＡＳの下位検査では、活動プランを立て、用いる方法の価値を評価し、課題の要求に応じてプランを見直したり、もしくは別のプランを考えたり、よく考えてから行動するように自己をコントロールすることが求められる。

[7] Ｋ－ＡＢＣⅡでは適用年齢の上限が18歳となり、プランニングや学習能力などをより多面的に測定できるようになったが、日本では現在、標準化が進められているところなので、まだ実用化されていない。

DN-CASは、個人内処理の相対的なレベル（強い面と弱い面）、同一年齢集団と比較した場合の処理能力等、その子どもにとって意味があるさまざまな情報を得ることができる。

知能のPASS理論は、理論心理学と応用心理学を統合したものであり、ダスらは、これら4つの認知領域、PASSが個人の知識の基盤であり、この認知的枠組みから知能を再解釈できるとした。この理論は、知能を認知処理過程とみなす新たな知能観をもたらした。

[8] 前掲［5］参照。

■心理アセスメントの教育への応用

通常、心理アセスメントというと、認知機能のレベル、アンバランスの程度、最終診断といった評価結果にばかり目がいってしまうが、大切なのは、検査結果から、教育支援のための具体的な指導方針を模索することである。そのうえで、直接指導にあたる教師が、検査結果からもたらされる個別的な指導法を理解することが必要である。

子どもが得意とする情報処理様式は、**学習スタイル**と密接な関係があり、得意な情報処理様式を活用した教育方法が効率的な学習を促す。たとえば、漢字の書字指導で、筆順を重視した指導方略は、継次処理型学習者には良いが、同時処理型学習者には向かない。同時処理型学習者には、たとえば偏《へん》とつくりを分解して、ジグソーパズルのように合体させて漢字を完成させるといった、視覚的に全体の特徴を捉えられるような方法が向いている。

このように、学習をする際には、より適した型で教えると学習効果が高い。

■通常学級での授業への応用

通常学級の場合、どのタイプの学習法がよりその子どもに適しているのかということを判断するために、認知処理様式検査を用いることは、時間など実際的な制約のためできないだろう。しかし、学習についていけない生徒がいたら、さまざまな方法を試しながらその生徒の授業中のようすをよく観察して、より適している学習法を判断することができる。

最も単純に、同時処理、継次処理をそれぞれ**視覚的指導**、**聴覚的指導**に対応すると解釈するならば(実際はもっと複雑であるが)、通常学級での授業方略に応用しやすい。この場合に注意すべきこととして、発達障害がある子どもの場合は、どちらかの型に偏っていることが多いかもしれないが、発達障害のない子どもたちは、少々偏る傾向がある、というだけである。そのため、どちらか一方というのではなく、聴覚と視覚の両方に、同時に訴えるような学習方略を用いると学習効果が高い。

学校の授業は、言語で行われる説明を聴覚で理解していくのが主流である。板書が行われるが、説明のすべてが黒板に書かれるわけではない。そのため教師は、視覚的に理解しやすい補助プリントをつくるなどして工夫する必要がある。

〔野添絹子〕

◆参考書
●藤田和弘・青山真二・熊谷恵子(編)(1998)『長所活用型指導で子どもが変わる:認知処理様式を生かす国語・算数・作業学習の指導方略』図書文化社
●野添絹子(2009)「英語学習につまずく大学生の認知傾向分析および事例研究:つまずきの諸要因と認知特性に応じた教育方法の工夫に向けて」『早稲田大学大学院教育学研究科紀要』別冊 16(2), pp.103-114.

3-8 視知覚機能検査

■視知覚機能検査とは

視知覚機能検査ということばはあまり一般的ではないが、この項では、「いかにみえているか」をアセスメントするための心理検査を総称して、視知覚機能検査と呼ぶことにする。

「いかにみえているか」と言われると、**視力**をイメージされる方も多いと思われるが、視力は「**みる力**」全体のうちのある一部を指しているにすぎない。視力検査にはランドルト環[1]が用いられることが多いが、あのランドルト環の切れ目の2点がきちんと離れているように見えるかどうかを見分ける能力が、いわゆる視力なのである。では視力が良ければ「うまくみえている」と言えるかというと、実はそんなに単純な問題ではない。

実際に、眼科的疾患がないにもかかわらず、黒板の文字が書き写せなかったり、書き写すことができても、写し間違いがとても多かったりする子どもたちがいる。また、ある子どもがひらがなを書くことが苦手である場合に、経験不足だけで説明できない

[1] ランドルト環とは、視力検査などで用いられる切れ目のある黒いくっきりとしたリングのことである。

ことも多い。何度も何度も練習しているのにうまく書けない場合、その理由は経験不足以外のところにある。その理由のひとつとして、形の捉えがうまくいかないことが考えられる。たとえば、ひらがなの「ふ」という文字が「ふ」に見えるのは、これをいくつかの点の集合として1つの文字として捉えられるかどうかということが関係する。それが難しければ、なかなか「ふ」を「ふ」として認識できないであろう。

このように、いわゆる「みる力」と言っても、その概要はさまざまなのである。発達障害児／者のなかには、このような「みる力」に苦手さのある人が少なくない。苦手さという表現をするとネガティブな印象を受けるかもしれないが、「苦手である」ということは、つまり「みえ方」が異なるということである。

この「みる力」を考えるうえでキーワードになるのが、**視知覚**ということばである。フロスティッグら[2]は、視知覚を「視覚的刺激を認知して弁別し、それらの刺激を以前の経験と連合させて解釈する能力」として捉えている。また、奥村ら[3]は、前述したような書き写しの問題のある子どもたちに関して、高次脳機能[4]と関連する眼球運動、視覚-情報処理速度、空間認知、形態認知、視覚短期記憶、目と手の協応、手先の巧緻性、姿勢保持など、さまざまな問題が予想されると指摘している。このような視力以外のいわゆる「みる力」をアセスメントすることができる検査を、視知覚機能検査と言う。

このような「みる力」をアセスメントするための標準化された検査のなかでは、

[2] M・F・フロスティッグ他／日本心理適性研究所（訳）（1977）『フロスティッグ視知覚能力促進法』日本文化科学社

[3] 奥村智人他（2007）「近見・遠見数字視写検査の有効性と再現性：視写に困難を示す児童のスクリーニング検査作成」『LD研究』*16*, pp.323-331.

[4] 高次脳機能に関しては、「3-11 高次脳機能」参照。

「フロスティッグ視知覚発達検査」をはじめ、「図と地知覚テスト」、「ベントン視覚記銘検査」、「ベンダー・ゲシュタルト・テスト（コピッツ法）」などがある。この項では、**フロスティッグ視知覚発達検査**を取り上げ、検査の概要を説明する。

■フロスティッグ視知覚発達検査

フロスティッグ視知覚発達検査の手引[5]によると、この検査は「視覚と運動の協応」「図形と素地」「形の恒常性」「空間における位置」「空間関係」の5つの知覚技能を測定しようとしている。**視覚と運動の協応**とは、いわゆる目と手の協応動作を測定するもの、**図形と素地**とは、複雑な素地からある特定の図形を見つけられるかどうかを測定するもの、**形の恒常性**とは、いろいろと異なる条件で提示される図形を見つけ、それを類似の図形と区別できるかどうかを測定するもの、**空間における位置**とは、反転や回転している図形を他の図形と区別できるかどうかを測定するもの、**空間関係**とは、点と点の位置関係をつかんで書写することができるかを測定するものである。詳しくは、実際の検査を参照していただければと思うが、これら5つの視知覚の能力のうち、具体的にどの能力が苦手であるのかを発見することが支援への道しるべとなる。

■支援方法の実際

先ほど述べた「ふ」を1つのまとまりとして捉えにくい子どもに対して、どのよう

[5] 飯鉢和子他（1979）『日本版フロスティッグ視知覚発達検査：実施要領と採点法、手引《尺度修正版》』日本文化科学社
日本語版は2010年現在ないが、DVTP-2（改訂版フロスティッグ視知覚機能検査）の英語版は出されている。

な支援をしていけばよいだろうか。学校教育などで、文字の習得のために行われる代表的な方法は書写であろう。ドリルなどを使って、何度も**反復練習**をするものである。ここで誤解のないように記しておくが、反復練習に意味がないと言っているわけではない。反復練習をすることが効果的な（認知的個性をもった）子どもも少なからず存在する。しかしながら、逆に、反復練習が必ずしも効果的ではない人も存在するということを忘れてはならない。

形を捉えることが苦手な子どもには、書字の反復練習をするだけでなく、比較的大きなピースのパズルで形をつくる練習をしたり、ペグボードやタングラムで形の模倣をする練習をしたりすることなどの**トレーニング**方法が考えられる。このような直接文字を書くこととは一見関係のないように思えるトレーニングをすることが「みる力」の育成につながり、最終的には書字の力の育成にもつながるのである。また、できるかぎりマス目のあるノートを使うなど、**書きやすい環境を作る**ことも非常に重要である。

「みる力」を伸ばすための支援方法を考えるうえでも、ベースになるのは、その子どもの「みえ方」に関する認知的個性を捉え、その認知的個性に合ったトレーニングや環境調整をすることである。

〔小倉正義〕

◆参考書
●北出勝也（2009）『学ぶことが大好きになるビジョントレーニング：読み書き・運動が苦手なのには理由があった』図書文化社

3-9 検査結果の本人への伝達

子どもが主体的に検査にかかわれるよう支える

子どもに知能検査を行う場合、本人が自ら望むのではなく、子どもの能力を知り、支援に活かしたいと家族や教師などが希望することが多い。検査者は、そのニーズを受け、単にＩＱだけではなく、認知のばらつきや検査態度、日常のようすなどの背景情報を含めて解釈し、主訴に沿った生活に役に立つアセスメントを伝えることが必要である。しかし、大人だけではなく、本人に対しても検査の目的や結果で得られた内容について説明することは重要であり、このことは、子どもが主体的に検査にかかわれるように支えることにつながる。

結果を説明するときには、子どもの視点に立ち、発達に即したわかりやすい方法で伝えることが重要である。これには、本人が自分自身に対してどのような関心を向けているのかを踏まえたうえで、検査結果で得られた認知の特性を考慮して説明するなどの工夫が求められる。

以下に、自己理解の発達に沿って結果の何を伝えるとよいかを述べ、認知特性を使って説明する方法について2つの例をあげる。

■自己理解の発達段階を踏まえた説明

①**幼児期後期から学童期前期**　この時期の子どもは、同年代集団内での自分の位置への関心はまだ薄い。[1]しかし、自分の知識や、他者がどのように知識を得たかといったことにも関心を示し始め[2]、それらをもとに大人の評価を採り入れ、自己評価につなげることができるようになる。[3]そのため、結果の説明では、実際の問題を提示しながら、本人が検査時に工夫をしたこと、努力をしたことについてほめ、それによって検査者が見出した本人の**良さ**を、わかりやすい表現で伝えることが必要である。

②**学童期後期以降**　この時期になると他者との比較から自分を評価し理解するようになる。[4]加えて、自分の思考の過程を意識しながら学習方法を自ら工夫し試み始めるころでもある。[5]発達がゆっくりであったりアンバランスがあったりする場合、ときに「自分は良い子ではない」「自分だけできない」と自己評価を下げていることもある。そのため、結果は、同年代集団のなかでの得意・不得意分野（**個人間差**）だけでなく、自身のなかの得意・不得意分野（**個人内差**）の2つの視点から説明し、学習の方略についてのアセスメントも含め肯定的に伝えることが求められる。

[1] 井上健治・久保ゆかり（編）（1997）『子どもの社会的発達』東京大学出版会 pp.97-102.

[2] J・W・アスティントン／松村暢隆（訳）（1995）『子供はどのように心を発見するか：心の理論の発達心理学』新曜社 pp.145-148.

[3] 無藤隆・岡本祐子・大坪治彦（編）（2004）『よくわかる発達心理学』ミネルヴァ書房 p.81.

[4] 前掲［1］参照。

[5] 三宮真智子（編）（2008）『メタ認知：学習力を支える高次認知機能』北大路書房 pp.41-44.

■認知の特性を使った説明

① **動作性知能が優位な場合**　WISC－Ⅲの群指数のプロフィールで知覚統合や処理速度が他に比べ有意に高い場合は、**絵**や**図**など具体物を示されると理解しやすいと推察される。[6]言語性課題の回答の文章が短かったり、教示への注意が続かないといった検査時のようすが見られたときには、特に配慮して説明方法を工夫していく。たとえば、伝えたいことを箇条書きにし、関連することを矢印でつなぐなど、**視覚的な手がかり**を用いる。また難しい用語は本人が日常で使う表現に変え、聞き取れる長さに区切るなどの工夫をするとよい。

② **継次処理が優位な場合**　K－ABC[7]やWISC－Ⅲのプロフィール分析から、継次処理が同時処理より有意に高い場合、情報を**順番に**並べ、部分的なことから全体的なことへと結びつけて伝えるとわかりやすいであろう。[8]さらに同時処理は不得意であるため、説明する際に多くの例を一度にあげないようにする。そして、得意分野・不得意分野を**順序だてて**示し、最後に結論を伝える方法を用いるとよい。

しかしながら、子どもの発達特性はさまざまであり、上記のように明確に分けられるものではない。発達段階や認知特性に配慮したとしても、十分に伝わらない場合もある。そのため、検査者から一方的に伝えるのではなく、聞いている本人の応答や表情、態度などに目を向け、説明内容に納得しているかどうかを慎重に見極めながら対話し、伝えていくことが重要である。また、このように説明しているときの子どもの

[6] 上野一彦・海津亜希子・服部美佳子（編）（2005）『軽度発達障害の心理アセスメント：WISC-Ⅲの上手な利用と事例』日本文化科学社 p.42.

[7] 「3-7　K-ABC、DN-CAS」参照。

[8] 前川久男・石隈利紀・藤田和弘・松原達哉（編）（1995）『K-ABCアセスメントと指導：解釈の進め方と指導の実際』丸善メイツ pp.24-27.

反応から、検査者側も検査結果に反映されなかった本人の特性をもより深く理解することができると言える。

本人に伝えるべき本質は、単なる知能の程度や認知特性の有無ではなく、自身が**個性をもったかけがえのない存在**であるという事実を知ることである。検査者との良好な関係のなかで、検査結果という具体的な指標を根拠にしながら自分の能力を肯定的に伝えられることにより、知能検査という非日常的な場面が、子どもにとって自身の認知的個性に目を向け、自らの良さを発見できる機会になるとよいと思う。

〔神谷真巳〕

◆参考書

●三宮真智子（編）（2008）『メタ認知：学習力を支える高次認知機能』北大路書房

●E・O・リヒテンバーガー他／上野一彦・染木史緒（訳）（2008）『エッセンシャルズ　心理アセスメントレポートの書き方』日本文化科学社

3-10

認知特性に応じた2E教育の教育方法

長所活用型指導と才能伸長

日本では、発達障害の生徒への教育は、障害の発見と補償に重点が置かれていて、得意な能力を見出して学習に活かすという教育支援は、実際の学校教育のなか（特別支援学校や特別支援学級、通常の学級）では、一般的でない。

ところがアメリカには、発達障害の生徒に対して、治療教育のみを行うのではなく、アセスメントによって認知機能の偏りを的確に把握して、検査で高い数値を示す得意な認知領域を伸ばし、認知特性に合わせた教育方法を用いることによって、障害箇所を補償しながら、学力や自己肯定感を高めようとする、**2E《トゥーイー》教育**[1]がある。

2E教育は、制度上、アセスメントによって高い認知領域があると認定された生徒だけがプログラムの対象となるので、すべての発達障害の生徒が恩恵を受けるわけではない。この点に関して、教育における平等性の観点から、賛否両論がある。そこで筆者は、2E教育の知見をどのように活用すれば、すべての生徒に応用可能なのかを検討した。認知特性を考慮した2E教育の教育方法には、多くの教育上の示唆がある。その方法は、通常学級での授業実践にも応用できるので、発達障害の生徒だけでなく、

[1]「1-11　2E教育」参照。

学習につまずく生徒の学習にも役立つ。

そこで、この項では、２Ｅ教育の教育方法を例にして、カウフマン夫妻[2]によって提示された、「継次処理」と「同時処理」という、２つの処理様式を活用した方法、特有の障害があるからこそ生じた「才能」を活用した方法を紹介する。

■認知処理様式と学習方法

発達障害の生徒の場合、障害箇所や障害の程度の違いによって、学年レベルよりも早く進めても大丈夫な授業内容や、広く、深く学べる授業内容があるのと同時に、補償的な、特別な指導がなければ理解できない、もしくは、パソコン等の補助機材がなければ、先に進めない授業内容の場合もある。また、発達障害のない生徒にも、ある程度の認知の偏りがあるのが普通で、得意な教科がある反面、苦手な教科もあることが多い。

発達障害と才能を併せもつ２Ｅの生徒の場合、一般的に、読みに障害がある場合、概念的・空間的操作には強いが、ばらばらの情報の暗記や、順序づけが苦手といった特徴がある。WISC－Ⅲという個別式知能検査に現れる２Ｅの生徒の特徴を見ると、群指数（因子）の「言語理解」と「知覚統合」が非常に高く、「注意記憶」と「処理速度」が低い、というパターンが多い。[3] 言語性ＩＱと動作性ＩＱの差だけでは解釈できないのである。何らかの認知処理様式の相違が関連していると思われる。

[2] Kaufman, A. S. & Kaufman, N. L. (1983) *Kaufman Assessment Battery for Children Interpretation Manual.* Circle Pane, MN: American Guidance Service.

[3] Baum, S. M. & Owen, S. V. (2004) *To be gifted & learning disabled: Strategies for helping bright students with LD, ADHD, and more.* Mansfield Center, CT: Creative Learning Press, p.84.

認知処理様式に関しては、大脳機能の神経心理学的研究に基づいて、カウフマン夫妻[4]によって、大きく分けて**継次処理**と**同時処理**という、2つの処理様式が提示されている。上記のパターンを、この継次処理と同時処理という認知処理様式で説明すればわかりやすく、教育的観点も考慮できると筆者は考える[5]。

継次処理は、課題解決のために情報を1つずつ時間的な順序で連続的に処理していく方法、同時処理は、一度に与えられた多くの情報を空間的、全体的に統合し、処理する方法を指す。これらの認知処理様式は、カウフマン夫妻によって作成された**K-ABC**という個別式知能検査によって測定される[6]。これにより、認知機能に偏りのある子どもに適した教育支援の方向性が示唆される。

2Eの生徒は同時処理に強く、継次処理に弱い場合が多い。そのため、このような偏りを見せる場合、学習には、それぞれに適した工夫が必要となる。優れた認知能力や認知処理様式に注目し、積極的に強い能力を活用して学習技能を体得すれば、学習効果が高くなる。このような働きかけは日本においても特別支援教育で行われており、**長所活用型指導方略**と呼ばれている[7]。

ここで、この長所活用型指導方略と、2E教育との違いを明らかにしたい。長所活用型指導方略は、主に生徒の具体的な指導目標に向かって、生徒の強い認知処理様式(同時処理、継次処理)を活かした教育方法を用いて、苦手な分野の学習を補償していくものである。いっぽう、2E教育は、それを含めながらさらに、強い認知処理様

[4] 前掲[2]参照。

[5] この点に関して、バウムはWISC-Ⅲの術語を用いてきたが、継次処理と同時処理による説明は適切で有効である、との同意を得た(2007年9月、バウムとの筆者の私信による)。障害児教育において、これらの認知処理様式を活用して学習支援の方向性を決定することはすでに広く行われているが、2E教育について、これらを用いた説明は、バウムを始め、筆者の知る限り見あたらない。

[6] 「3-7 K-ABC、DN-CAS」参照。

[7] 藤田和宏・青山真二・熊谷恵子(編)(1998)『長所活用型指導で子どもが変わる:認知処理様式を生かす国語・算数・作業学習の指導方略』図書文化社 pp.12, 15.
藤田和弘(監修)(2000)『長所活用型指導で子どもが変わるPart2:国語・算数・遊び・日常生活のつまずきの指導』図書文化社
藤田和弘(監修)(2008)『長所活

式を用いて、障害があるがゆえに見過ごされがちな、**優れた潜在的な才能を伸長**させることを目的としている。

■認知特性を活かした教育方法の例

2E教育では、2Eの生徒の認知機能の特性を活かした教育方法がとられる。以下に、ニューヨーク州ウェストチェスター郡と、ニューメキシコ州アルバカーキで実践されている言語教育を例にとって、2E教育の学習方法のいくつかの例を説明する。言語教育を取り上げたのは、発達障害の場合、言語機能を基盤とした高次の言語情報処理に困難さが見られる場合が多いためである。

2Eプログラムの授業では、読解力を養うために、単語力と一般知識を強化することや、文章を読みながら、自分の思考を体系立てて方向づける方法を体得させることに焦点が当てられている。単語を丸暗記するよりも、その単語を思考プロセスに組み込ませ、ことばを身近な概念や過去の経験と結びつけて考えられるように、**エピソード記憶**を活用する工夫がなされている。エピソード記憶が発達してくると、物事のつながり、関連が見えてきて、丸暗記（ばらばらの知識である意味記憶）よりも論理的に思考できる能力が発達してくる。理論や理屈を理解すると、その理論が根底にあるさまざまな事象に応用できる。

その具体的な方法としては、まず1つの単語を使った文を身近な内容でいくつか作

用型指導で子どもが変わるPart3：認知処理様式を生かす各教科・ソーシャルスキルの指導』図書文化社

らせることによって、その単語を自動的に読字できるようにする。その後、ブレーンストーミング（自由連想）法を用いて、いくつかのカテゴリーごとに関連する単語を列挙させ、それらの単語の関連を図式化し、それらを派生語として一度に理解させる。同時処理が強い2E生徒の場合、このような同時処理プロセスを重視した学習を行うと、過去の経験に関係することばを本の中で見つけたときに、単語とその意味を把握しやすくなるという。

また、自分の考えを明確に整理するためには、概念の**視覚的地図化**と呼ばれる方法が行われている。中心となることばから始めて、蜘蛛の巣のように四方にことばをつなげて概念を視覚化し、広げていくのである。頭の中だけで話を整理することが苦手な場合、実際に目で確認できるように話の内容を視覚化、外在化して話を組み立てる練習をすると効果がある。

さらに、粘土や毛糸で文字を作ったり、覚える文字を歌にして、歌って覚えたりするなど、五感をフルに活用して学ぶ**複合感覚**（multisensory）**指導法**も有効である。[8] 他に、創作した文章をまとめて綴じた「本」の制作など、「本物の成果」を創り出し、生徒に満足感を与え、自信をつけさせる。本の制作の際には、子どもの認知特性に応じて、手順を明確に言語化し、段階的に順を追って説明しながら制作する、継次処理型学習者向けと、絵や図を用いて作業を図式化して制作する、同時処理型学習者向けの方法とがとられる。

[8] Besnoy, K. D. (2006) *Successful strategies for Twice-Exceptional Students*. Waco, Texas: Prufrock Press, p.30で紹介されている。

このように、ウェストチェスターでは、学習障害（ＬＤ）の生徒を対象にした認知特性に基づく教育方法が中心であり、他に、書くことが苦手な生徒の場合は、文章を作成するときに、パソコン等の機材が使用されている。また、文字が踊るのを防ぎ、読みやすくするために、薄い色のついた紙に印刷する等の工夫が行われている。

いっぽう、アルバカーキの場合は、対象生徒のほとんどがアスペルガー症候群である。アスペルガー症候群の場合、機械的記憶力が優れていることが多く、語学、歴史、地理、パソコン等の、反復練習が効果をあげる教科で優れた成績をとりやすい。そのため、ＬＤの生徒と同様に、得意な認知処理様式を活用した教育方法もとられているが、障害から生じる才能特性を活用して、本人の**興味に基づく課題**が学際的に、教科横断的に与えられている。たとえば、電車に興味があったら、他の生徒が家の模型を使って電流の勉強をしているときに、電車の模型を使って直流や交流について学ぶ等である。関心のある内容を可能な限りさまざまな教科に組み入れていくと、アスペルガー症候群の生徒は、集中して取り組める。

また、社会や理科が好きな生徒が多く、図鑑やネット検索等から詳細な知識を得ていることが多いので、独特の秀でた能力（記憶力が良い、限定された領域の知識の豊富さ、ある分野でのずば抜けた技能や習熟）を他の生徒の前で発表させるなどして、周囲から賞賛されるような機会をつくっている。アスペルガー症候群の子どもは、障害特性からうまくコミュニケーションを図れない場合が多く、孤立しがちである。そのため、その子の秀でたところをクラスメイトたちに認識させ、「障害もあるけれど**才能もある**」ということを理解させることが大事であるという。

■日本の教育への提案

日本の通常教育では、発達障害の生徒や、その傾向のある生徒も含めて、学習につまずく生徒に対して、原因を特定するようなアセスメントは行われていない。また、認知特性に応じた個別的な教育介入も行われていない。そこで、学習につまずくすべての生徒が、認知機能の苦手な領域をカバーするような学び方を体得すれば、成績が向上する可能性がある。成績の向上は、**自尊感情**へとつながることが多く、クラスメイトから認めてもらうひとつの手段となり得る。

教師は学習につまずくすべての生徒の特別な学習ニーズを把握し、達成度の違い、学習速度の差、興味・関心の違い、そして学習適性の差を理解し、一人ひとりに適した指導を行える技能を体得する必要がある。

〔野添絹子〕

◆参考書

●松村暢隆（2008）『本当の「才能」見つけて育てよう：子どもをダメにする英才教育』ミネルヴァ書房

●野添絹子（2009）「発達障害と才能を併せ持つ子どものための教育方法の工夫：2E教育（二重の特別支援）教育の新しい支援のあり方RTIについて」『アメリカ教育学会紀要』*20*, pp.31-44.

3-11 高次脳機能

近年、小・中学校段階では、**学力の低下**が問題となっている。この背景に、**発達障害**の問題がある、とする見方がある[1]。これらの子どもたちの認知機能の偏りを少しでも補償することができるなら、学習効果は高くなる。さらに通常学級には、発達障害の診断を受けていなくても、**学習につまずく生徒たち**がいる。学習につまずく生徒の場合、発達障害の児童・生徒ほどではないが、同様に、情報処理過程に何らかの問題があり、認知機能がうまく働いていない可能性が高い。そこでこの項では、学習につまずく原因を、従来の「本人のやる気の問題」と単純に捉えるのではなく、**高次脳機能**の観点から検討し、通常学級の授業に応用可能な知見を検討する。

[1] 文部科学省（2003）「通常の学級に在籍する特別な教育的支援を必要とする児童生徒に関する実態調査」の調査結果によると、知的発達に遅れはないものの、学習面や行動面で著しい困難を示すと担任教師が回答した児童生徒の割合は、6・3％であった。
http://www.mext.go.jp/b_menu/shingi/chousa/shotou/018/toushin/030301i.htm

■高次脳機能の観点から教師が行える学習支援

高次脳機能には、言語、認知、注意、記憶、遂行機能、意欲など、さまざまなものがある。学習につまずく生徒に対して高次脳機能の観点から生徒を観察すれば、ある程度、学習につまずく原因を検討し、具体的な対策を立てることができる。ここでは、学習に関連するだろうと思われる記憶、注意、遂行機能を取り上げる。

■記憶

記憶には、記憶する材料をただ反復して覚える**機械的記憶**（**暗記**）と、記憶材料の構造や意味に基づいて記憶する**論理的記憶**がある。10歳ころまでは機械的記憶が中心であり、論理的記憶は成長と共に形成される。たとえば、小学校の低学年でかけ算の九九を教えるが、それはこの時期の子どもは、意味のない文字や数字の羅列をかなり楽に覚えることができるからである。それが中学生くらいになると、論理的記憶、法則性のある記憶が得意になる。このように、機械的記憶、論理的記憶に適した時期がそれぞれあるので、それを尊重した学習法であるなら、記憶は効果的に行われる[2]。

また記憶には、自分が直接経験した記憶と、メディアや教科書など、何らかの情報媒体を介して間接的に受け取った記憶とがあり、これらは成立基盤がかなり異なっている可能性が高いと言われている[3]。前者は、身体情報を含めた全感覚情報が動員され、真の意味での出来事として記憶に刻み込まれ、**エピソード記憶**と言われる。これに対して後者は、新皮質の遠隔情報受容機構（聴覚・視覚・言語系）が主に動員され、単なる知識としてのみ記憶され、**意味記憶**（**意味論的記憶**）と呼ばれる。学習をする際には、可能な限り、実際に体を使って体験的に学ぶことが大切になる。

学習障害（**ＬＤ**）の生徒は、前頭連合野がうまく機能していない可能性があり、情

[2] ただし、年齢だけでは説明できない場合もある。たとえば、広汎性発達障害（ＰＤＤ）児の場合は、単純暗記は得意だが、複雑な文の記憶や要約は苦手であるというのが一般的である。

[3] 山鳥重（2002）『記憶の神経心理学』医学書院 p.13.

報を一時的に保持する**ワーキングメモリー**[4]の容量が小さいことが指摘されている。そのため、なるべく早期に機能を代償するための、情報処理過程上の新しいネットワークづくりが必要である。

必要なときに、適切な情報を思い出すためには、特定の状況に役立つ情報を**検索**する能力が必要である。そのためには、事象を**関連づけ**て理解し、さらに思い出すための**手がかり**となるものを一緒に記憶していると、効果が高い。事象の奥に潜む法則性を見つけ出したり、ことばを身近な概念や過去の経験と結びつけて考えられるようにしたりすることが必要である。個々の情報が断片的だと、思い出すための検索（想起）が困難になる。

成績の良い生徒は、これらのことがすでに身についているため、知識として定着しやすい。逆に授業内容を理解できていない生徒は、断片的理解の上に、事象が関連づけされていないために応用ができない。

統合的に捉えることが苦手な生徒には、教師は、生徒が関連性を見つけられるように、教える際にさまざまに工夫する必要がある。たとえば、小学校のうちなら、**横断的学習**のように、子どもの興味・関心のある実際の生活と関連する内容が含まれる、複数の教科にまたがる単元構想を立て、合科的に行うという方法がある。

記憶は、**興味**のあるものに対してより効率的に行われる。学校教育のなかでよく「興味・関心に基づく」ということが言われるが、未知のものに出会って興味をもっ

[4]「3-7 K-ABC、DN-CAS」の注[3]参照。

たりすると、記憶を司る海馬はθ《シータ》波を出す。θ波は、記憶しようとする意思の表れである。また、「おもしろい」「楽しい」といった**情動**は、情動を司る扁桃体の働きであるが、情動もまた記憶と大いにかかわっている。扁桃体はまた、恐怖などの情動や、条件付け学習と脱学習、馴化《じゅんか》[5]、愛着行動、集団行動などと関連しているとされ、近年大きな注目を浴びている。

このように、記憶においては事象に対して興味をもつことが大切であり、さらに、事実をただ機械的に暗記するのではなく、「自分はそれをどう感じるのか」「自分だったら…」といった**感情移入**を行うと効果的である。たとえば英単語"travel"を暗記する際に、travelという単語には「中世のイギリスには『拷問』という意味があった。なぜなら、その当時、旅をすることは非常に大変なことであり、未舗装の山道を歩き、盗賊や追いはぎ等が出て、命の危険があったから」と説明されると、感情移入されるので、記憶しやすい。

視覚イメージも、記憶と深いかかわりがある。脳には言語システムと非言語システム（視覚イメージ）があるが、通常、この2つのシステムは別々に機能するのではなく、相互補完的に物の認知やイメージに基づく記憶を可能にしている。優れた記憶力をもつ人は、普通の記憶力をもつ人よりも知能が高いわけでも、脳の構造に明確な違いがあるわけでもなく、情報を貯蔵し、取り出すために、視覚イメージを上手に使っているだけであるという。[6] 記憶障害がある場合に、学習を助けるものとしてイメージ

[5] 馴化(habituation)とは、学習心理学の用語で、新奇刺激を繰り返し与えると、反応しなくなること。

[6] S・J・ブレイクモア、U・フリス／乾敏郎・山下博志・吉田千里（訳）(2006)『脳の学習力：子育てと教育へのアドバイス』岩波書店 p.238.

がよく使われる[7]。

記憶が苦手な生徒の場合は、確実にこなせる量の課題を出したり、学習の際にゲームを取り入れて、遊びのなかで**反復訓練**を行ったりすると定着しやすい。反復訓練を行うことが記憶の定着に良いのは、入力情報の処理から運動出力へ至るのに、最初はさまざまな神経ルートが用いられるが、回数を重ねることで、最短ルートが選ばれるようになるからである。これが**熟達化**の神経学的基盤である。

[7] 実際に自分が体を動かしている様子をイメージしたり、覚えなければならない内容を自分なりのイメージで組み立てたりすると、記憶に残りやすい。また、暗記する内容を替え歌にして覚えたり、聴覚と視覚の両方を刺激したりするような方法を用いると良い。

■注意

注意に関しては、注意の持続、汎性注意（全体を見渡す注意）、注意の選択、注意の切り替えが問題となる。注意の散漫さや注意の転換の困難さ、注意の持続が続かない等があると、授業に集中することができないので、座っていることが難しくなる。もしくは、黙って座っていたとしても、授業内容を聞いていないということが起こる。さらに、注意機能がうまく働かないと、授業を聴いて理解する、説明された内容のなかから、大事なポイントを見極めるといったことが困難になる[8]。

汎性注意に問題があると、情報が統合されないので、全体的な意味の抽出が困難になり、経験や思考の断片化が起こりやすくなる。また、複数の刺激から重要なものを選択し、そこに注意を向けるということは、今、その時に何が大事なのかということを瞬時に判断し、適切な状況判断をすることのうえに成り立っている。さらに、それ

[8] 注意欠陥／多動性障害（ADHD）児や学習障害（LD）児は、注意に問題があることが多い。

に基づき、行動するための自己コントロールが必要になるが、注意に問題があると、適切な状況判断が難しく、自己コントロールも難しくなる。

発達障害児は、汎性注意が困難である場合が多く、全体を見渡すことが難しいので、教師が細かく指示を与えたり、大きな枠組みをつくったりする必要がある。**注意の選択**が困難である場合には、注目してほしいことに集中してもらうために、それ以外の刺激を極力なくす工夫が必要である。また、**注意の切り替え**に関しては、指示はすべて板書するなどして、視覚的に知らせるとうまくいくことが多い[9]。

アスペルガー症候群の**2E**児は、**傾倒性**が高いと言われている。傾倒性は、レンズーリによる**才能の三輪概念**[10]で定義されるように、才能を測る指標のひとつであり、興味のあることに集中して取り組む能力である。注意が一点に向けられ、長時間、注意の持続ができるので、周囲から認められるほどの成果を残すことができる。また、情報は、注意が向けられなければ記憶システムに取り入れられることはないので、注意は記憶と密接な関係があると言われている。アスペルガー症候群の2E児の場合は、興味や関心の狭さ、特定のものへのこだわり、注意の固着、注意の持続があるが、それが抜群の記憶力を生み出している可能性がある。

■遂行機能（実行機能）

これは、言語や対象認知、記憶などの高次脳機能を制御・統合する、より高次の機

[9] また、ADHDの場合は、非言語性ワーキングメモリーの改善を図ることにより、行動面での改善がもたらされるという。ワーキングメモリーが注意のコントロールにとって重要であり、ワーキングメモリーに問題があると、注意・集中の問題として現れるからである。

[10] レンズーリは、才能を「普通より優れた能力」「創造性」「課題への傾倒」という3つの要素の相互作用であるとしている。

「1-2　才能と才能教育」参照。

能であり、**計画性**をもちながら、また周囲の状況変化に臨機応変に柔軟に対応しながら、目標を達成することを支える機能である。主に前頭葉が担っている。遂行機能が障害されると、目標を定め、目標達成のために計画を立て、行動手順を考えて行動し、必要に応じて行動を見直したり、最も効率的に行うにはどうしたらいいのか等を考えたりすることができなくなる。そのために行動に計画性がなくなったり、段取りが悪くなったり、手際が悪くなったりする。また、同時進行で起こるさまざまな出来事を処理したり、自己と周囲との関係に配慮したりすること等もうまくできなくなる。さらに、行動が定型的になったり、柔軟性がなくなったり、行動の修正ができなくなったりもする。[11]

発達障害のある生徒や、学習につまずく生徒たちの行動を観察していると、障害とまではいかなくても、遂行機能に少々問題があるように思われる生徒が多いことに気づく。片づけができなくて、机やカバンの中がぐちゃぐちゃ、簡単な段取りができない、考える前に行動してしまう、指示されないと行動できないこと等が目につく。自分自身の感情、意図、動機づけを認識して、**自己理解**、**自己統制**ができるようになるための訓練が必要である。

学習をする際には、手順が大事であり、自己コントロールをしながら目標達成まで継続した努力が必要である。たとえば試験で良い成績を収めたいと思ったなら、試験範囲の学習内容をすべて網羅する必要があり、ある程度の期間、計画的に学習を進め

[11] ＰＤＤの場合、「心の理論」の障害と並んで、遂行機能の障害が基底にあるという考え方が有力である。心の理論（theory of mind）とは、他者の心の動きを推し量ったり、他者が自分とは違う信念をもっているということを理解したりする心の機能である。「３-２　広汎性発達障害（ＰＤＤ）」参照。

なければならない。

このような計画的な学習が苦手な生徒の場合、それぞれの学年に応じて、長期的な見通しと計画をもって学習に取り組めるように、教師が、具体的で、手順のはっきりした、見通しの立つ**スモール・ステップ**での学習計画の立て方を教えたり、学習準備の構えを定期的に確認したりする必要がある。保護者との連携も欠かせない。

■高次脳機能を「学習に活かす試み」の現状

高次脳機能を学習に活かす試みは、未だ発展途上であり、個々の生徒の認知機能の特質に応じた教育を一斉授業で行うのは、現状では困難である。[12] しかしながら、教師が一人ひとりの生徒の特質の違いを認識して、授業の際に、高次脳機能の観点からの教育支援を行うことは必要である。さらに、生徒が学習につまずいたときに、教師がそれぞれの認知的個性を考慮した教育を補習として提供することが望ましい。学習につまずく原因は様々であり、画一的な対処法など、存在しないのである。

〔野添絹子〕

［12］最近、商業ベースで「脳の活性化」ということばが頻出しており、たとえば音読や繰り返しの計算が脳を活性化するとよく言われる。しかし、実際のところ、その活性化が何を意味しているのか、音読や繰り返し計算が学習にどのように影響を与えるのかについては、よくわかっていないのが現状である。脳科学で示された実験結果を拡大解釈する傾向があり、学習指導のために単純化する傾向もあるが、このような現状の背景には、脳科学への過剰な期待があるように思われる。

◆参考書

●平山諭・保野孝弘（編）(2003)『脳科学からみた機能の発達』ミネルヴァ書房
●OECD教育研究革新センター(CERI)（編）小山麻紀（訳）(2005)『脳を育む：学習と教育の科学』明石書店
●J・P・バーンズ／高平小百合・奥田次郎（監訳）(2006)『脳と心と教育』玉川大学出版部

感情コントロール

■発達障害児／者の感情理解

人の生得的な基本的感情として、怒り、嫌悪、恐れ、喜び、悲しみ、驚きの6つがあると考えられている。[1] これまで、自閉症児／者においては、それらの感情表出の乏しさや特異性（奇妙さ、不適切さ）が指摘されてきた。自閉症の臨床像は多岐にわたるが、自閉症児／者は定型発達群や知的障害児／者群に比べて、**感情理解**に何らかの困難があることが明らかにされている。なかでも、視覚的な認知の優位性、言語化の難しさ、特定の刺激への注目、複数の情報を統合することの難しさが自閉症者に類似の特徴としてあげられる。[2] ある程度の言語能力があり年齢を重ねれば、基本的な感情理解ができるようになると言われているが、知的な遅れがない高機能広汎性発達障害（HFPDD）者でも、さまざまな要因が絡みあった日常生活のなかでは、複雑な感情や、微妙な感情を理解することは難しい。しかし、単に他と比べて「困難」があるという視点でなく、「特異性」に注目すべきという指摘もある。[3] たとえば、基本的な感情を認知できているが、その表現が他者にはわかりづらいことや、通常は、感情や

[1] P・エクマン、W・V・フリーセン／工藤力（編訳）（1987）『表情分析入門：表情に隠された意味をさぐる』誠信書房

[2] 井上雅彦（2004）「自閉症児者の感情理解とその指導可能性に関する行動分析学的検討」『発達障害研究』*26*（1）, pp.23-31.
宮本淳（1999）「高機能広汎性発達障害の感情認知（Ⅱ）：状況と矛盾する表情の理解と推測についての検討」『小児の精神と神経』*39*（3）, pp.239-247.

[3] 菊池哲平・古賀精治（2001）「自閉症児・者における表情の表出と自己の表情の理解」『特殊教育学研究』*39*, pp.21-29.

社会的文脈について感覚的理解から言語的理解へ進むところが、その段階を踏まず言語的理解に進むこと等である。

■発達障害児／者の感情コントロール

発達障害児／者のなかに、些細なことで感情を爆発させてしまう、周囲の何気ない働きかけに突然怒り出していつまでも感情を抑えることができないといったことがある。そこで、周囲が行動を止めることに必死になり、一斉に注意や叱責のことばを浴びせてしまうこともしばしば見られる。その場は何とかおさまるが、同じことが繰り返される。

自己の感情をコントロールできるようになるには、周りが理解することや環境調整も必要不可欠だが、子ども自身が自己の感情を理解できることがまず重要である。自己の感情を理解することが、社会的トラブルのもととなる、怒りや不安、緊張といったネガティブな感情をコントロールする基盤となる。[4] 感情理解における発達障害児／者の特徴としては、前述のように①目で見たものによく反応する、②ことばで内的体験を表現することが難しい、③ある部分や事象のみを手がかりにしてしまう、④複雑な状況や場面の理解が難しい、といったことがあげられる。その他、身体感覚（感情が生起した際の生理的な変化や、リラックスしている状態の認知）の乏しさや、般化の難しさ（学習したことが他につながりにくい）も、自己コントロールを困難に

[4] 宮地泰士・神谷美里・吉橋由香・野村香代・辻井正次（2008）「高機能広汎性発達障害児を対象とした感情理解プログラム作成の試み」『小児の精神と神経』48（4），p.368.

[5] T・アトウッド／辻井正次（監訳）／東海明子（訳）（2008）

しているとも考えられる。しかし、実際の支援では、「目で見たものによく反応する」なら、「目で見てわかる方法を利用する」、また「ことばで内的体験を表現することが難しい」なら、「絵や写真等を利用し、具体的な筋道を立ててやれば表現しやすい」と考える。さらに、「特定の事象を手がかりにしてしまう、複雑な状況や場面の理解が難しい」なら、「着目点をきっかけに、他の事象も一つひとつ具体的に整理できれば理解しやすい」と考えれば、具体的な対応にあたる際の指針になる。

■支援の実際

近年、認知行動療法の視点や行動分析学的立場で考案された方法で、感情理解や感情表現のプログラムも開発されている。[5] 次に、そのようなプログラムを用いた支援例を事例をあげて紹介する。

【A君の事例】

HFPDDのある小3のA君は、友だちに注意されたり、あだ名で呼ばれると突然泣き出す。また、友だちの〝ちょっかい〟に怒って暴れる。家でも、母親の注意やアドバイスに対して非常に過敏に反応し怒り出す。

事前に、言語的やりとりが可能なこと、視覚的理解が得意なことを把握したうえで、支援を開始した。

① **気持ちについて考えるワーク**　良い気持ちや嫌な気持ちについてマンガを利用

『ワークブック　アトウッド博士の〈感情を見つけにいこう〉1　怒りのコントロール』明石書店

T・アトウッド／辻井正次（監訳）／東海明子（訳）（2008）『ワークブック　アトウッド博士の〈感情を見つけにいこう〉2　不安のコントロール』明石書店

W・パドニー、E・ホワイトハウス／藤田恵津子（訳）（2006）『ワークブック　おこりんぼうさんとつきあう25の方法：「怒りのマネージメント」による子どもの理解と対応』明石書店

R・D・フリードバーグ他／長江信和・元村直靖・大野裕（訳）（2008）『子どものための認知療法練習帳ガイドブック』創元社

P・スタラード／下山晴彦（監訳）（2006）『子どもと若者のための認知行動療法ワークブック：上手に考え、気分はスッキリ』金剛出版

これらの本では、視覚的な教材（イラストやマンガ）を使用し、順番に考えられるように系統立てて構成されており、それぞれに具体的な説明が加えられているので、参照されたい。

して考えてもらったうえ、自分の体験も踏まえて考えた。その時の表情や、身体の変化について取り上げた。課題に順に取り組めるようワークシートを用意し、イラストや鏡を使って実際の表情を確認したり、身体の変化については例をあげて考えてもらった。自分の体験の想起が難しければ具体例をあげて考えを促した。

A君は、良い気持ち、嫌な気持ちは理解できるが、具体的なエピソードにすると嫌な気持ちはすべて「むかつく」になった。本人の「むかつく」エピソードを詳しく聞きながら、そのなかに不安や悲しさ、心配といった気持ちがあることや、時間の流れで気持ちも変化することについて、具体的なイラストや4コママンガ等を例にあげて説明すると、その違いに気づく発言がみられた。

② 日常をわかりやすく振り返る　表情カードを利用し「今日の出来事」について、楽しかったこと、困ったことなどを継続して担任と話した。困ったエピソードがあれば、どの程度嫌な気持ちになったか、1～10の数字で表記してもらう。必要に応じて担任に状況説明を補ってもらいながら、自分はどんな状態だったか、周りはどうだったか、自分はどうすればよかったか具体的な方法について一緒に考えながら進める。

さらに、親や担任にはA君の気持ちや状態をことばで代弁することや、注意や助言の仕方を工夫すること、少しでもコントロールできたときはほめる、できなかったときは叱責せず具体的な対応をアドバイスすることに取り組んでもらった。これらの取り組みから、A君は少しずつ気持ちを言語化し、感情を爆発させても短時間に感情をおさめることができるようになっていった。
この事例は、言語的な理解がスムーズだったため、上記のやり方で進めることができた。実際は、感情コントロールと言っても、感情理解や、場面や状況の把握、自己モニタリング、感情の表現力、感覚の過敏性などさまざまな要因が絡む。それらの要因について子どもの認知的個性をアセスメントし、個々の特徴（言語的理解、視覚的理解、継次処理、同時処理等の特性）を活かした対応を考えることが必要である。

〔田倉さやか〕

◆参考書

●杉山登志郎・辻井正次（編）（1999）『高機能広汎性発達障害：アスペルガー症候群と高機能自閉症』ブレーン出版
●田中道治・都築学・別府哲・小島道生（編）（2007）『発達障害のある子どもの自己を育てる：内面世界の成長を支える教育・支援』ナカニシヤ出版 p.78.

3-13 プレイセラピー

■プレイセラピーとは

プレイセラピーは**遊戯療法**とも言われるが、主に子どもを対象に、その名の通り「遊び」を媒介とした心理療法のことを指す。それは「遊ぶことを通してクライエントの人格の成長と変容を目指す自発的創造的な活動[1]」である。そもそも、**心理療法**は、「自己の成長をめざしたり、問題や悩みを訴えるクライエント（およびその家族、環境）に対して、カウンセラーが主に言語的交流と人間関係を通して、心理的に援助していく営み[2]」であり、さまざまな理論や技法が存在する。大人の心理療法では、「ことば」による交流を図るが、遊戯療法は、ことばで自分の意思や感情をうまく伝えられない子どもに対して、その精神世界の大部分を占める「遊び」を媒介し交流を図る。遊戯療法にもよって立つ理論や技法はさまざまあるが、アクスライン[3]が『遊戯療法』のなかで明らかにした**非指示的遊戯療法**の8原則が、基本的な治療者の態度についての代表格としてあげられる。詳細は同書を参照いただきたいが、基本的には、治療者は子どもを誘導せず、子どもの成長する力や問題解決力を信頼し、子どもが安

[1] 村瀬嘉代子（1996）『子どもの心に出会うとき：心理療法の背景と技法』金剛出版 p.23.

[2] 村瀬嘉代子（1996） 同右 p.46.

[3] V・M・アクスライン／小林治夫（訳）（1972）『遊戯療法』岩崎学術出版社

[4] アクスラインの8原則
① 治療者は、子どもと友好的な信頼関係（ラポート）をつくる。
② 治療者は、子どもをあるがまま受け入れる。
③ 治療者は、子どもが自分の気持ちが自由に表現できるよう、許容的な雰囲気をつくる。
④ 治療者は、子どもの行動の背景にある感情を汲み取り、子ども自身が自分の行動の洞察ができるよ

心して自由な表現ができる場を提供するなかで、子ども自身の力が発揮できるようかかわることが重要とされる。[4]

■発達障害児に対するプレイセラピー

発達障害のなかでも、**広汎性発達障害**（ＰＤＤ）については「コミュニケーションの障害」「社会性の障害」「想像力の障害」が中核の問題としてあげられる。[5] なかでも、人とかかわる「社会性の障害」は、生涯にわたって大きな課題になる。一般的に、子どもの世界は、親子関係を基盤に、大人との関係、仲間関係、社会集団との関係へと発展していくが、社会性の発達に偏りがある場合、スムーズにその段階を踏むことは難しい。特に、幼少期は二者関係がうまく築けず、親も苦慮することが多い。

そのような課題をもつ子どもに対する支援のひとつに、遊びという自由で幅の広い活動をコミュニケーション手段として、人との関係性を伸ばす**発達援助的**なプレイセラピーがあげられる。子どもは幼少期から、親とのかかわりや何気ない遊びを通して、物事の認識を深めたり、他者に注意を向け、他者と気持ちを共有するといったことを学び、理解力や社会性を獲得していく。[6] 障害によりそれを自然に行うことが難しい発達障害児に、プレイセラピーでは治療者が子どもの発達段階や特性に合わせて、意識的、能動的にかかわることで社会性の発達に働きかける。そういう意味で、上述した指示的にならず子どものあるがままに寄り添うというアプローチとは異なる視点でか

うなかたちで、その気持ちを反射してやる。

⑤ 治療者は、子どもは機会さえ与えられれば、自ら問題を解決する能力があることを信じ、子どもに、遊びを選択し、変化させる責任をもたせる。

⑥ 治療者は、子どもに対して指示的にならず、子どもがリードし、それに治療者が従う。

⑦ 治療者は治療を急がない。ゆっくり進む過程であることをよく理解する。

⑧ 治療者は、治療が現実の世界とつながり、治療者との関係において、子どもが責任ある存在であることを気づかせるのに必要なだけの制限を与える。

[5]「3-2 広汎性発達障害（PDD）」参照。この項では、発達障害のなかでも広汎性発達障害に焦点を当てて論じる。

[6] 滝川一廣（2004）「自閉症児の遊戯療法入門：学生のために」『治療教育学研究』*24*, pp.21-43.

かわることが重要である。

■プレイセラピーの実際

①**インテーク／アセスメント**　親から言語面、運動面、対人面、生活面での発達状況を聞き取り、親のかかわり方や、今後の要望等を把握する。必要に応じ、発達検査や知能検査も実施する。[7] 治療者が子どもと直接かかわり、新奇場面での反応や、大人とのかかわり方、ことばのやりとりの仕方、知覚のあり方など、まずはその子の特性を探る。そのうえで、プレイセラピーが必要と判断された場合、親にセラピーの方向性や目標を説明し、同意を得てセラピーが開始される。

②**セラピー場面におけるかかわり**　アセスメントをもとに、子どもの特性を考慮したかかわり方を意識してセラピーを開始することになるが、次に具体例をあげて説明する。

【自閉症の4歳男児の事例】

セラピー開始当初、部屋をうろうろ歩き回っていたが、砂場に行くと、手から砂をぱらぱら落とす遊びを繰り返す。「A君、お砂好き?」には無反応。A君の遊びを隣で真似してみると、一瞬治療者の方を向くので「さらさらー」と声をかける。治療者がA君の落とす砂の中に手を入れ「さらさら」と言うと、A君はすぐさま治療者の手を振り払う。回を重ねると、一目散に砂遊びに向かい、自閉的だった砂遊びにも変化

[7] 知能検査としては、田中ビネー知能検査、WISC-Ⅲ知能検査、K-ABC、また発達検査としては、新版K式発達検査、津守・稲毛式乳幼児精神発達検査などがある。

が見られる。治療者がA君の落とす砂を「お砂いっぱい」と両手で受け止め、その砂をまた「さらさらー」とA君の前で落としてみせると笑顔になる。「楽しいね」と言うと、A君は、自分の砂を受け止めろと要求するかのように、治療者の手をひっぱるようになる。

これは、(1)視覚的な刺激への反応のよさ、(2)感覚的な刺激への関心の強さ、(3)人に対する関心の芽生え、というA君の特性を活かしたかかわりの一例である。A君は、ことばでのやりとりは難しい。自分の目で確認できるものによく反応し、感覚的な遊びを通して人に関心を少し向けることができるが、突然の介入には拒否的であることから、A君の好きな感覚的遊びを使い、侵入的にならないよう、まずは模倣してみることから、A君の他者への関心を引き出す。そして、他者と共に楽しさを感じられるよう、治療者は徐々にかかわり方を変えていく。それが、砂を一人でひたすら落とすという遊びから、「落とすー拾う」という遊びに広がり、笑顔を引き出している。

■日常との連続性

事例は一例であり、発達障害といっても個々の特性は一様ではない。プレイセラピーは、子ども自身が楽しめる世界を接点に、その発達段階や認知的個性に応じたかかわりを工夫し、人との関係性の発達をめざす支援である。障害児が大人とかかわり、大人からの働きかけも楽しいと感じられるような関係をつくっていくのである。発達援助の視点から、セラピーのなかで子どもとの関係性が変化すれば、治療者はそれに合わせて次の発達段階へとつながるようなかかわり方を工夫することが求められ、それはあくまで、日常生活と地続きであることを意識しなければならない。そのため、親の協力が不可欠である。治療者も日常生活のようすを把握し、親もセラピーのようすや治療者との話し合いから、子どもへのかかわり方を工夫し、子どもの特徴について共通理解をもてるような試みを行うことも重要である。

〔田倉さやか〕

■参考書
●河合隼雄・山王教育研究所（編）（2005）『遊戯療法の実際』誠信書房
●針塚進（監修）遠矢浩一（編）（2006）『軽度発達障害児のためのグループセラピー』ナカニシヤ出版

3-14 ペアレント・トレーニング

親子の悪循環からの脱出

■発達障害児と親

発達障害には、広汎性発達障害（PDD）、注意欠陥／多動性障害（ADHD）、学習障害（LD）等がある。[1] このうち、知的発達に大きな遅れのない発達障害児が近年問題となっている。彼らは、顕著な発達の遅れはないが、脳の機能不全を背景とした能力の偏りを生じる。このため、落ち着きがない、注意が持続しない、カッとなりやすい、他人の気持ちや場の状況を読み取るのが苦手、集団行動がとれない、こだわりが強く融通が利かない、がんばっているのに勉強ができないといった行動上の問題を呈する。

顕著な発達の遅れがないため、他の子どもとの違いはわかりにくく、えてして、「親の育て方が悪い」「本人のやる気の問題」と捉えられがちである。これは周囲の目もそうであるし、そうであるからこそ特に、親にとっては余計にそう感じられる。そのため、親は自責感を強く感じ、焦りが生じて、子どもの行動上の問題に対して強く叱責したり、否定的な反応を示したりすることもしばしば見られる。

[1]「3-1 発達障害と認知的個性」参照。

このことが、子どもが本来もっている問題（障害）以上に、子どもの育ちに影響を与える。

■発達障害における「悪循環」と「二次障害」

子どもの行動上の問題に対して、親はどうしても注意・叱責することが多くなる。しかし、「落ち着きがない」子どもは、落ち着くことが難しい子どもであるし、「カッとなって手が出てしまう」子どもは、同じような状況になると、やはり手が出てしまう。そのたびに、親は自分の育て方に自信を失い、もっと「きちんと」「厳しく」しつけをしないと、と思うのである。しかし、子どもの側からすると、がんばってもできないことや、ついやってしまうことを何度も叱られると、素直に親の言うことを聞いたり、がんばろうと思ったりすることができなくなる。そうすると、さらに親が重ねて叱責するという**悪循環**に陥る。

こうしたことが長年にわたって続くなかで、親子の関係が互いに否定的なものとなり、信頼関係を築くことが難しくなる。そして、子どもには**二次的な情緒的問題**が生じる。ひとつは、自分を認めてくれない、否定する大人への反抗であり、反抗的な問題児となったり非行に走る子どももいる。もうひとつは、大人の期待に応えられない自分に対する自己評価の低下であり、不安が強かったり、気持ちの落ち込みやすい状態になる子どももいる。

こうした二次的な情緒的問題が、発達障害児の育ちを阻害し、その能力の開花を妨げるのである。

■ペアレント・トレーニングとは

親子関係がこうした悪循環から脱するためには、大切なことが2点ある。ひとつは、子どもの行動を客観的に見て、かかわることであり、もうひとつは、親が自信をもって子どもとかかわることである。

こうしたことを目的とした、発達障害（特にＡＤＨＤ）児の親に対して**ペアレント・トレーニング**[2]が行われる。

ペアレント・トレーニングは、**行動療法**の考え方を用いた親指導のプログラムである。子どもの行動に注目して、３つにタイプ分けして、それに応じた対処を行う。

①好ましい行動（増やしたい行動）には、ほめて、良い注目を与える
②好ましくない行動には、無視をして、余計な注目をしないようにする
③許しがたい行動には、警告をしたうえで、行動制限を行う

このなかで、最も重点が置かれているのは、子どもの行動のなかで「好ましい行動」を見つけて、それを「ほめる」ことである。ここで、行動に着目することも重要で、子どもの人格ではなく、行動を評価することで、「好ましい」ことを見つけやすくなる。また、子どもにとっても、行動面の指摘を受けるのは、人格に関する指摘を受け

[2] 本項では、ＵＣＬＡで開発され、奈良教育大学・国立精神神経センター等で日本版が開発されて広く用いられているバージョンのペアレント・トレーニングについて紹介した。次に詳しい。
岩坂英巳他（編）(2004)『ＡＤ／ＨＤ児へのペアレント・トレーニングガイドブック：家庭と医療機関・学校をつなぐ架け橋』じほう

るよりも受け入れやすい。

こうした見方やかかわり方について学習し、それを家庭で実践して、またグループのなかで報告して、それを評価されることの繰り返しのなかで、親自身が、子どものかかわりに自信をもてるようになってくる。それは、グループのなかで「好ましい行動（親が家庭で実践したこと）」を「ほめられる」体験を通して、得られていくものである。

親が子どもの良い行動に着目してかかわることで、子どもも「ほめられてやる気が出て、がんばってまたほめられる」という良い方向に変わっていくことができる。

発達障害は、発達の極端な偏りである。その偏りを周囲が理解して、良い面を見つけ、子ども本人の潜在的な能力を活かすことができれば、多動・過活動はバイタリティーあふれた行動力に、こだわりはひとつのことをとことん突き詰める粘り強さに、といったように、**苦手な面**（障害）と表裏一体の**優れた面**を活かして成功することができるのである。

〔野邑健二〕

◆参考書

●C・ウィッタム／上林靖子他（訳）（2002）『読んで学べるADHDのペアレントトレーニング：むずかしい子にやさしい子育て』明石書店

3-15 ソーシャル・スキル・トレーニング（SST）

行動から認知、情動まで、対人関係のスキルを学ぶ

■**発達障害とソーシャル・スキル・トレーニング（SST）**

学習障害（LD）や注意欠陥／多動性障害（ADHD）、高機能広汎性発達障害（HFPDD）などの、いわゆる**発達障害**のある子どもたちは、認知発達に遅れや偏りがあり、また多動性や衝動性といった行動特性を示すことから、**仲間関係**[1]や集団適応において困難を抱えやすい。彼らの仲間関係や適応上の問題を改善、予防することを目的とした支援方法のひとつに、**ソーシャル・スキル・トレーニング**（social skills training **SST**）がある。

■**ソーシャル・スキルとは何か？**

子どもの**ソーシャル・スキル**の定義は統一されておらず、相互作用に焦点を当てたもの[2]や、行動面に加え認知面も強調したもの[3]など、それぞれの実践や研究の目的に応じた定義が用いられている。ソーシャル・スキルの測定には自己評定と他者評定があり、質問紙法、面接法、観察法、ロールプレイ法などの方法が用いられる。対象児の

[1] 堀野緑・濱口佳和・宮下一博（編）（2000）『子どものパーソナリティと社会性の発達：測定尺度つき』北大路書房
仲間関係とは、「対人関係のうち、年齢が近く興味・関心をともにする者との関係（peer relation）」「心理的・身体的にほぼ同じ発達のレベルにある者どうしの関係」である。

[2] Combs, M. L. & Slaby, D. A. (1977) Social-skills training with children. In B. Lahey & A. E. Kazdin (Eds.), *Advances in clinical child psychology*. Vol.1. New York: Plenum Press. pp.161-201.
同書によれば、ソーシャル・スキルとは、「社会的な状況において、社会的に認められた方法で、自分と相手の利益になるように相互作用をする能力」である。

[3] 小林正幸・宮前義和（編）（2007）『子どもの対人スキルサポートガイド：感情表現を豊かにするSST』金剛出版
同書によれば、ソーシャル・スキルとは、「良好な人間関係を結び、

選定や実態把握、**ターゲット・スキル**の決定、ＳＳＴの効果判定など、測定の目的に応じた方法が選択される。測定の妥当性を高めるため、複数の方法が組み合わされることが多い。

■ＳＳＴの目的とターゲット・スキル

子どものＳＳＴは、その目的によって大きく2種類に分けられる。ひとつは**治療的なＳＳＴ**である。このアプローチでは、対象児のソーシャル・スキルの発達を支援することによって、仲間関係のつまずきや適応上の問題を改善することを目的としており、個別に、または3～10人の小集団に対して集中的に行われることが多い。もうひとつは**予防的なＳＳＴ**であり、対象児が所属する集団全体のソーシャル・スキルを高め、将来起こり得る仲間関係や適応上のリスクを軽減することを目的としている。近年では、学級や学年すべての子どもたちを対象とした**集団ＳＳＴ**が、小学校や中学校で実施されている[4]。

ターゲット・スキルは、対象児の年齢や発達の状況、ソーシャル・スキルの獲得の度合いなどを考慮して決定される。集団への仲間入りスキルやコミュニケーション・スキルといった、仲間関係を形成し維持するための**友情形成スキル**のほかに、自分の意見や権利を適切に訴えるための主張性スキル、対人的な問題場面に対処するための**社会的問題解決スキル**なども、ターゲット・スキルとして選ばれる。

保つための感情の持ち方および認知や行動の具体的な技術やコツ」である。

[4] 宮前義和（2006）「本邦の小学校・中学校における集団社会的スキル訓練の運用に関する展望」『香川大学教育実践総合研究』*13*, 71-82.
日本の小学校、中学校における集団ＳＳＴの内容や方法について整理し、集団ＳＳＴの意義や今後のあり方について検討している。

■SSTの理論と技法

子どものSSTは1960年代半ばから本格的に開始された。初期のSSTでは**強化法やモデリング法**[5]などが用いられ、幼児の孤立行動や攻撃行動の軽減、対人相互作用の促進などが目的とされた。1970年代後半には**コーチング法**が登場し、仲間からの受容度が低い児童を対象に、仲間関係の改善をめざした研究が数多く行われた。コーチング法は、基本的に教示、モデリング、行動リハーサル、フィードバックの4つの要素で構成されており、ソーシャル・スキルを認知と行動の両面から教えることで、子どもの自発的なスキルの運用が可能になることをねらいとしている。[6]

1980年代には強化法から発展した**仲間媒介法**が登場し、海外では学校などでの運用が進んだ。仲間媒介法は、仲間にソーシャル・スキルの支援者としての役割を与えることによって、対象児と仲間の相互作用の促進をめざすアプローチである。仲間をモデルとして自然な場面でスキルの練習ができる、仲間のスキルも向上し対象児のスキルが受容されやすくなるなどのメリットがあり、スキルの般化に優れている。日本でも1980年ごろからSSTの実践が報告され始め、近年では、発達障害のある子どもを対象とした実践研究が学校を中心に展開されている。

[5] 小林正幸（2002）「子どもの社会性を育てる：ソーシャル・スキル・トレーニング2」『月刊学校教育相談』5月号 ほんの森出版 pp.52-57.

周囲の大人や仲間の行動を観察することによって、知識や行動として獲得されたスキルは、実際の対人場面で遂行され、周囲からの強化を受けることによって定着していく。

[6] 佐藤正二（1996）「子どもの社会的スキル・トレーニング」相川充・津村俊充（編）『対人行動学研究シリーズ 社会的スキルと対人関係：自己表現を援助する』誠信書房 pp.174-200.

■SSTによる支援の今後の課題

まずあげられるのは、ソーシャル・スキルの定義の問題である。SSTの実践や研究においては、操作的定義を用いるなど、ソーシャル・スキルの概念を明確に規定する必要がある。また妥当性の高い尺度を用いて測定するなど、実践や研究の目的に見合ったスキルを選定することも重要である[7]。定義や測定に関連する課題として、SST研究における評価方法に関する問題があげられる。より効果的なSSTを開発するためには、統制群法や単一事例実験計画法などを用いて、効果検証に耐え得る実証的な研究成果を積み重ねていく必要がある[8]。

ソーシャル・スキルの**般化**と**維持**の問題も課題のひとつとしてあげられる。スキルを定着させるためには、対象児がスキルを遂行する機会を保障するとともに、仲間のスキルや意識を高め、対象児のスキルが受け入れられる環境を整える必要がある。仲間集団内の評判や社会的地位が固定化していない幼児期にSSTを実施することによって、仲間による受容が進み、対象児のスキルがより定着しやすくなる[9]。

最後に、発達障害のある子どもを対象としたSSTでは、彼らの認知・行動特性を考慮した支援が求められる。たとえば、**コミック・ストリップ**や**ソーシャル・ストーリー**を用いて**感情のコントロール**の練習をしたり、スキルの内容や練習の手順を説明するといった工夫が有効である[10]。

子どもが互いの認知的個性を受け入れ、支え合う仲間づくりを支援していくうえで、

[7] 相川充（2000）『セレクション社会心理学20 人づきあいの技術：社会的スキルの心理学』サイエンス社

[8] 佐藤正二・佐藤容子（編）（2006）『学校におけるSST実践ガイド：子どもの対人スキル指導』金剛出版

国内外における子どものSSTの実践及び研究成果についてまとめた一冊。

[9] Mize, J., & Ladd. G. W. (1990) A cognitive-social learning approach to social skill training with low-status preschool children. *Developmental Psychology, 26*, pp.388-397.

[10] C・グレイ／門眞一郎（訳）（2005）『コミック会話：自閉症など発達障害のある子どものためのコミュニケーション支援法』明石書店

C・グレイ／服巻智子（監訳）・大阪自閉症研究会（編訳）（2005）『ソーシャル・ストーリー・ブック：書き方と文例』クリエイツかもがわ

ＳＳＴは有効な方法である。発達障害のある子どもへの**持続的な支援を可能にする集団づくり**をどう進めていくか、さらには仲間関係を基盤にした、より自由で対等な友人関係（friendship）への移行をどう支援していくかが、今後の大きな課題である。

〔竹澤大史〕

◆参考書

●相川充・津村俊充（編）（1996）『対人行動学研究シリーズ　社会的スキルと対人関係：自己表現を援助する』誠信書房

●佐藤正二・佐藤容子（編）（2006）『学校におけるＳＳＴ実践ガイド：子どもの対人スキル指導』金剛出版

●小林正幸・宮前義和（編）（2007）『子どもの対人スキルサポートガイド：感情表現を豊かにするＳＳＴ』金剛出版

3-16 構造化による指導法

ＴＥＡＣＣＨプログラムによる支援

■構造化とは

自閉症を中心とした広汎性発達障害（ＰＤＤ）をもつ人への支援を考える際に、最も重要なキーワードとなるのが**構造化による指導法**である。ＰＤＤ児／者支援における構造化による指導とは、彼らのもつ認知的個性に合わせて、周囲の環境を整え、各個人が理解しやすい方法で教えることをいう。

１９７１年に発表されたショプラーらによる論文「治療の構造化が自閉症児の発達に与える影響について」[1]によって、自閉症児への構造化による支援の有効性が最初に示された。その後、ラターとバータクによる１９７３年の論文[2]が契機となり、構造化によるＰＤＤ児への支援の有効性が広く意識され始めた。この構造化の概念とそれに基づく支援は、ショプラーらを中心とした**ＴＥＡＣＣＨプログラム**[3]のなかで大きく発展を見せている。

■認知的個性と構造化

[1] Schopler, E. *et al.* (1971) Effect of treatment structure on development in autistic children. *Archives of General Psychiatry, 24* (5), pp.415-421 [村松陽子（訳）(2006)「治療の構造化が自閉症児の発達に与える影響について」『自閉症と発達障害研究の進歩』Vol.10, pp.24-34 星和書店]

[2] Rutter, M. & Bartak, L. (1973) Special educational treatment of autistic children: A comparative study. II. Follow-up findings and implications for services. *Journal of Child Psychology and Psychiatry, and Allied Disciplines, 14* (4), pp.241-270. [大竹喜久他（訳）(2001)「自閉症児の特殊教育的治療：比較研究Ⅱ　追跡調査の結果とサービスへの示唆」『自閉症と発達障害研究の進歩』Vol.5, pp.37-61 星和書店]

[3] 内山によると、ＴＥＡＣＣＨとは、Treatment and Education of Autistic and related Communication handicapped Children の略で、アメリカのノースカロライナ州立大学を

構造化による指導法は**行動理論**を背景としながら、認知的要因を組み入れて成立している。特にバンデューラ[4]による**認知社会的学習理論**（Cognitive-Social Learning Theory）はＴＥＡＣＣＨの理論的背景として大きな影響を与えている。認知社会的学習理論によれば、思考や予測、特に状況の理解といった認知的側面が、報酬や罰と同様に人の行動に大きな影響を与えているとされる。

また同じくバンデューラが提唱している**自己効力感**の概念も重要である。定型発達児に比してＰＤＤをもつ児童では、失敗の体験を経験することが多く、自己効力感が弱まりやすい。構造化された指導による個別の課題設定や認知面への配慮により、過剰な失敗体験を減少させることの意義は大きい。

ＰＤＤをもつ人の認知的個性についてはさまざまな研究がある。フリスら[5]の提唱する**弱い中枢性統合**（central coherence）**仮説**や近年の多数の認知科学による知見、なかでも視覚優位性についての一連の研究[6]が、視覚的支援を重視する構造化概念の基盤となっている。ほかにも実行機能障害、注意の切り替えの問題などの特性を考慮に入れることで、構造化による支援が発展してきている。

■ＴＥＡＣＣＨプログラムにおける構造化

このような理論的背景から、ＴＥＡＣＣＨプログラムでは構造化による指導法の要素を以下のように整理している。

基盤になされているノースカロライナ州の自閉症の人とその家族、関係者、自閉症の支援者をめざす専門家を対象にする包括的プログラムのことを指す。
内山登紀夫（2006）『本当のＴＥＡＣＣＨ：自分が自分であるために』学研教育出版

[4] Bandura A.（1977）Self-efficacy: Toward a unifying theory of behavioral change. *Psychological Review, 84* (2), pp.191-215.

[5] Frith, U.（1989）*Autism: Explaining the enigma*. Oxford: Blackwell.［冨田真紀・清水康夫（訳）（1991）『自閉症の謎を解き明かす』東京書籍］

[6] Quill, K. A.（1997）Instructional considerations for young children with autism: The rationale for visually cued instruction. *Journal of Autism and Developmental Disorders, 27* (6), pp.697-714. など。

① **物理的環境の構造化**　部屋や家具の配置、境界線の明瞭化、視覚的な手がかりの活用などにより、空間を構造化し「どこで何をするのか」を明確化すること。

② **予想可能な活動のシークエンス**　学習活動、余暇活動、家事（お手伝い）などのそれぞれの活動に、あらかじめ定められた手順や用いる道具などを用意し、本人にとって予測可能なひとまとまりの活動とすること。

③ **視覚的スケジュール**　見通しの立たない状況での混乱、不安を避けるため一日（より短い場合もある）の活動のスケジュールを、視覚的に提示すること。また視覚的に進行状況を把握できる工夫をすること。[7]

④ **ルーティンと柔軟性**　ＴＥＡＣＣＨでは自閉症児／者の状況の理解と予測を容易にするため、また非適応的な習慣の形成を防ぐためにも、活動のルーティンを用意することを重視する。一方でこのルーティンは用いる要素を少しずつ変化させることを通じて、柔軟に変化させていくことも求められる。

⑤ **構造化されたワーク／アクティビティシステム**　環境の構造化やスケジュールの利用により、課題や余暇活動などへの取り組みが容易になる。そこに彼らが理解しやすいかたちで課題や活動の内容や順番、用いる道具、終了のタイミングなどを知らせるシステムを用意することによって、課題の達成を支援することができる。[8]

⑥ **活動の視覚的構造化**　視覚的な指示を用いること、活動に用いる物の

［7］視覚的スケジュールの例。子どもの顔写真の下に、スケジュールを示すカードが順に提示されている。下部に終了したスケジュールカードを入れる箱が設置されている。（写真提供　ＮＰＯ法人ゆう）

配置をわかりやすくしたり、いつも同じにしたりすること、手がかりや用具などをできるだけ見つけやすくすることなどにより、活動を援助することができる。

ＴＥＡＣＨプログラムにおける構造化では、それぞれの対象者の認知的個性を詳細に評価したうえで、個別性の高い指導法が提供される。そのためのアセスメントツール（ＰＥＰ－３、ＴＴＡＰなど）も開発されている。

このように構造化による指導においては、自閉症児／者の認知的個性に合わせた手がかりやメッセージを提示することなどにより、彼らにとっての状況の多義性を減ずることが、ひとつのポイントになる。

われわれが普段生活している環境はＰＤＤをもつ人にとってはあまりに複雑であることが多い。さまざまな聴覚的、視覚的な刺激の中から、必要な手がかりのみに注目することは容易ではない。またある特定の状況では重要となる手がかりが、別の状況ではとりたてて意味をもたないことも多い。明示されていない手がかりや文脈にのみ依存することなく、利用しやすい手がかり、メッセージを用意することが必要となる。

また利用する手がかりはできるだけ人によるプロンプトに依存しすぎないことが望ましい。いわゆる「指示待ち」の状態を避けるため、人からの指示を受けることなく、**視覚的な手がかり**を自ら探し、発見し、利用できるスキルを習得することが目標とな

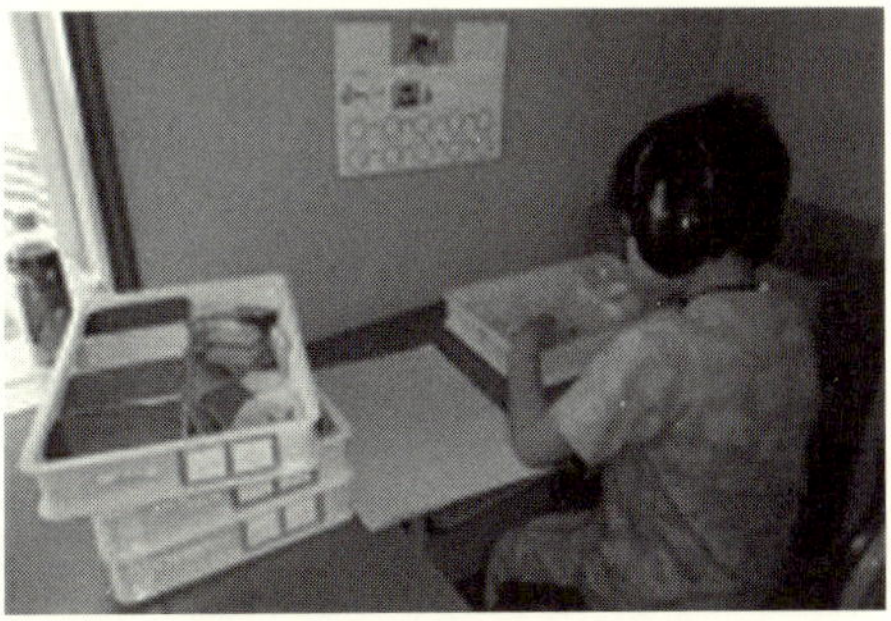

［8］ワークシステムの例。1つの課題に関連する用具一式が箱の中に用意されている。終了すると箱ごと右側に片づけ、次に左側の箱の課題に取りかかる。また子どもは聴覚の過敏性に対処するため、遮音用のイヤーマフを装着している。
（写真提供　ＮＰＯ法人ゆう）

る。

■**構造化による支援の広がり**

構造化による支援に対する批判としては、「構造化による指導を受けていると、成長した後、構造化されていない社会での適応ができなくなる」というものがある。TEACCHにおいては、構造化のまったくない場面でうまく生活することは目的としていない。必要な構造化は使い続けることが前提となるが、徐々に構造化の程度をゆるめていくことが可能であることも多く、またできるだけ多くの場面で適応的な行動ができるように、活動の柔軟性を高め般化させていくことが目標とされる。

また構造化はPDDをもつ人のみに役立つものではない。トイレや非常口などの定型化されたサインやテレビの番組表、プラモデルの組み立てキットなどは一種の構造化であり、どんな人でも構造化により便利に暮らすことができる。ファーストフードショップや工場の生産ラインなどでは高度な構造化がなされていることも多い。このような**日常生活のなかに見られる構造化**についても、それぞれの人の認知的個性に合わせて柔軟に修正、応用していくことで、より多くの場面で多くの人が構造化による利益を享受できることが期待される。

〔吉川徹〕

◆参考書
●Mesibov G., Shea V., & Schopler E. (2005) *The TEACCH approach to autism spectrum disorders*. New York: Springer.〔G・メジボフ他／服巻智子他（訳）(2007)『TEACCHとは何か：自閉症スペクトラム障害の人へのトータル・アプローチ』エンパワメント研究所〕
●内山登紀夫（2006）『本当のTEACCH：自分が自分であるために』学研教育出版
●梅永雄二（編）(2008)『「構造化」による自閉症の人たちへの支援：TEACCHプログラムを生かす』教育出版

3-17 特別支援教育

■特別支援教育とは

2003年3月に**特別支援教育**のあり方に関する調査研究協力者会議によって出された「今後の特別支援教育の在り方について（最終報告）」によると、「特別支援教育とは、従来の特殊教育の対象の障害だけでなく、LD、ADHD、高機能自閉症を含めて障害のある児童生徒の自立や社会参加に向けて、その一人一人の教育的ニーズを把握して、その持てる力を高め、生活や学習上の困難を改善又は克服するために、適切な教育や指導を通じて必要な支援を行うものである」[1]。また、2008年4月に出された文部科学省の通知「特別支援教育の推進について」によると、特別支援教育は、「障害のある幼児児童生徒の自立や社会参加に向けた主体的な取り組みを支援するという視点に立ち、幼児児童生徒一人ひとりの教育的ニーズを把握し、その持てる力を高め、生活や学習上の困難を改善又は克服するため、適切な指導及び必要な支援を行うものである」とされている[2]。

このように特別支援教育では、「一人ひとりの子どもたちのニーズに対応すること」

[1] 文部科学省（2008）「特別支援教育の推進について（通知）」
http://www.mext.go.jp/b_menu/hakusho/nc/07050101.htm

[2] 文部科学省（2003）「今後の特別支援教育の在り方について（最終報告）」
http://www.mext.go.jp/b_menu/shingi/chousa/shotou/018/toushin/030301.htm

が大きな目的とされており、障害のある子どもたちの社会参加を充実させるための生涯を通じての支援が理念のベースとして存在すると思われる。２００７年４月の特別支援教育の導入から数年たち[3]、現場では、特別支援教育ということば自体にあまり違和感がなくなってきており、いわゆる知的障害のないタイプの発達障害の子どもたちへの支援に関する知識も広まってきている。また、これまで担任教師に任されるところが大きかった教育から、共同で取り組む支援システムを構築し、学校あるいは地域全体で支援するというかたちでの教育への転換がある程度進んできているように思われる。地方自治体によって違いが見られるが、校内委員会の設置、専門家チームの活用、巡回相談の実施、特別支援教育コーディネーターの設置など、さまざまな支援システムが導入され始めている。もちろん、システムをどのように有効に利用していくのかという課題はあるが、導入から数年間で、ある一定の成果が得られたと考えてもよいだろう。

[3] 本書刊行の２０１０年現在。

■特別支援教育の今後の課題

障害のある子どもたちの一人ひとりのニーズに対応することを現実のものとするためには、さまざまな側面で教員の専門性の向上、支援体制の充実が必要である。

今の特別支援教育では、**発達障害**の子どもたちであれば、発達の凸凹の「凹」の部分、その他の障害の子どもたちでもいわゆる「凹」の部分に注目し、そこを伸ばすための教育に終始しがちである。もちろん、発達の「凹」の部分に注目して伸ばすことは、非常に重要なことである。ただし、ここで発達の「凹」を伸ばすためには、発達の「凸」の部分に注目し、「凸」を「凹」で補うことも必要になってくる（凸、凹という漢字を合わせるとうまく□になるように！）。これがいわゆる**長所活用型指導**である。そして発達の凸の部分、つまり「才能」と呼ばれる得意な部分はよりいっそう伸ばされる必要があろう。これがいわゆる**才能伸長**である。[4]この両方の視点をもつことが、広い意味で一人ひとりのニーズに応えるためのヒントになると思われる。

次に、生涯を通しての支援を現実のものとするためには、縦（たとえば、小学校から中学校へのつながり）と横（たとえば、学校、医療機関、NPOなどの民間団体のつながり）の格子状のつながりが非常に大切である。いくつかの地方自治体では、5歳児健診や個人カルテの作成など、地域の特性に合わせたさまざまな取り組みがなされてきている。

小中学校ではある程度浸透してきている特別支援教育だが、高等学校では文部科学省でさまざまな報告がなされ始めているものの、まだまだこれからというのが実情である。高等学校の特別支援教育に関するワーキング・グループによる2009年度の報告では、高校における発達障害のある生徒は約2%であると推計されている。[5]この実情を踏まえると、高等学校での特別支援教育の充実は急務である。生涯を通しての支援に関しては、大学、就労に向けて、また就労後のそれぞれの支援体制の充実など、

[4] 詳しくは、「3-10 認知特性に応じた2E教育の教育方法」を参照。

[5] 文部科学省（2009）「高等学校における特別支援教育の推進について：高等学校ワーキング・グループ報告」 http://www.mext.go.jp/b_menu/shingi/chousa/shotou/054_2/gaiyou/1283724.htm

これからの課題が山積みである。

■特別支援教育と認知的個性

特別支援教育を考えるうえでも、**認知的個性**はキーワードとなる。誤解を恐れずに端的に表現すれば、特別支援教育のひとつの目的は、障害のある子どもたちの認知的個性に対応することではないだろうか。

本書のタイトルにもなっている認知的個性という概念の優れた点は、それを生得的なものとしてだけでなく、**環境との相互作用**で捉える点である。特別支援教育において、先述した縦と横の格子状のつながりが重要であるのは、一人ひとりの子どもへの支援を考えるうえで認知の特性や成長などの個人内要因に加え、環境との相互作用を考慮に入れることが非常に重要だからである。

たとえば同じ一人の子どもであっても、家庭ではできないことが学校ではできたり、逆に学校ではできないことが家庭ではできたりすることがある。このようなとき、「どっちが本来のその子どもの本当の力なのか?」というような視点で捉えてはいけない。「学校と家庭では、どのように環境が違うのか」「指示の出し方はどのように違うのか」など、さまざまな視点から子どもの行動を見ることで、学校と家庭での子どもの行動に違いが生じる理由が見えてくる。この理由が明らかになると、学校と家庭のそれぞれの場面で有効な支援を考えることができる。特別支援教育において、診断名、知能検査など各種検査、学校や家庭でのようす、これまでの成長のようすなど、あらゆる情報からしっかりとその子どもの状況をアセスメントして支援が生まれていることは言うまでもない。

以上のような視点で子どもの行動を見ることが、すなわちその子どもの認知的個性を見つめるということなのであろう。子どもの認知的個性を捉えることは、効果的な支援を生み出すための大切なポイントなのである。これは特別支援教育だけでなく、さまざまな子どもたちの**一人ひとりのニーズに応じた教育**を行ううえで、非常に重要な視点である。

〔小倉正義〕

◆参考書

●杉山登志郎・岡南・小倉正義（2009）『「ギフテッド」天才の育て方』学研教育出版

あとがき ― 才能教育と個性化教育、特別支援教育の密接な関係について

松村暢隆（編者代表）

▼本書の成り立ち

本書は、才能教育、個性化教育、および発達障害を対象とする特別支援教育という、異なる3つの領域で処遇される個人差を、「認知的個性：CI」という包括的概念で捉え直そうという、本邦初の野心的企画です。すべての子どもの認知的個性を尊重するという理念のもと、一見無関連な3領域が互いに深く関連することが、本書から読み取れることでしょう。

この3領域のコラボ（協同作業）は、誠に幸運な経緯で実現しました。発端は、加藤幸次先生です。加藤先生は、日本個性化教育学会会長であり、「個性化教育」と呼ばれた草の根的実践を、30年以上前から、愛知県の緒川小学校等での実践を通じて研究してこられました。2008年に加藤先生は、「MI理論を個性化教育に活かすような研究会ができればいいのだが」と私に仰いました。ちょうどその時期、新曜社社長で本書の編集者、塩浦暲氏から、「思考スタイルを取り上げたワードマップ・シリーズの本を書かないか」とお誘いをいただきました。そこから本書の構想がスタートしたのですが、塩浦氏には、出版事情厳しい中、本書の意義を認めて刊行して下さったご勇断に感謝致します。

認知的個性という広い視野から本書を企画することとなったのですが、私個人では専門外も含む幅広いテーマは手に余ります。そこで、最近ご縁があった本書各部の編者に、各部の執筆者依頼、取りまとめをお願いした次第です。

第1部の石川裕之先生は、数少ない才能教育の教育学研究者です。現在までは韓国の才能教育を重点的に研究され、日本人で初めて才能教育をテーマとする博士論文を書かれました。第2部の佐野亮子先生は、加藤幸次先生とご一緒に長年個性化教育の実践研究に関わってこられました。第3部の小倉正義先生は、臨床心理学の立場から発達障害の研究に関わっておられ、発達障害児の才能の問題にも強い関心をもって探求されています。2008年に小倉先生が当時ご所属の名古屋大学発達心理精神科学教育研究センターのシンポジウムに私を呼んで下さった折、児童青年精神医学の泰斗、杉山登志郎先生とご一緒しました。杉山先生は、ご自身も執筆者に加わって下さると共に、あいち小児センター等の先生方をご紹介下さいました。

才能教育については、本書での解説によって、社会一般の認識が深まることを期待します。日本では戦後の平等主義教育の中で、才能教育をオープンに語ることは長らくタブーでしたが、最近ようやく一般にも教育学でも、論じることができるようになりました。それは、能力を単一基準で序列化してごく一部の子どもを優遇するのではなく、すべての子どもの個性に応じるという理念の下においてです。心理学でも、才能教育は障害児教育とは異なり、公式の実践領域が存在しなかったために研究領域は存在しませんでした。認知的個性をキーコンセプトに、才能教育の心理学的研究が、今後必要で可能なことを、ここで改めて主張します。

才能教育の理解と言えば、時宜を得て、2010年度から、放送大学大学院TV講義『才能と教育』(主任講師：岩永雅也・松村、半期15回)が開講されました。アメリカを中心に、才能教育の理論と実践が紹介され、個性化教育と発達障害の問題も論じられます。本書の執筆者では、右記の加藤、杉山、石川、佐野先生に加えて、竹内淑子先生、小山儀秋先生がゲスト出演され、また野添絹子先生が全回司会を務められます。本書と合わせてご覧になることで、理解が一層深まると期待されます。

なお、「障害」という用語の表記でお断りしておきます。現在文科省や医学分野の学術用語ではこの表記が用いられています。しかし、「害」の否定的イメージを配慮して、最近は行政等では「障がい」と表記されることもあり、また「障碍者」と表せるように、「碍」を常用漢字に追加を、という声が高まっています。遠からず認められるかもしれません。「障」も「碍」も「差し障り」という意味で、戦前は「障碍」の表記が多かったのですが、戦後、当用・常用漢字から外されたため、「障害」と書き換えられたようです。けれども当面、「発達障害」の医学的診断や特別支援教育の実践では、注記なしに「障碍」と表すことは難しいので、本書でも「障害」と表すことにします。ユニークな認知的個性をもつ人たちが生活上差し障りを感じるときに障害と呼ばれるのですから、障害者の障碍、差し障りは適切に認識され、環境改善等、対処されるべきでしょう。

▼第1部について

石川裕之（第1部編者）

第1部では才能教育に焦点を当て、認知的個性を活かすための教育のあり方を探りました。第1部の内容は、才能教育の理論、制度、実践、評価に関する項目や、さらに実際の学校現場で才能教育を行う際に考慮されるべき集団編制、学習集団内での相互作用に関する項目に至るまで多岐にわたっています。第1部の内容を大きく二分すると、才能教育の見地からみた「認知的個性の特性」について（11まで）と、「認知的個性を活かす学習方法」について（12以降）に分かれます。これらはさらに「才能の諸要因」「才能と関連する概念」「才能教育の諸制度」「学級内での集団の動き」などに細かく分類することができます。

もちろん本書はワードマップですので、読者は第1部のうち、ご自分の関心のある項目だけをピックアップして読んでも十分に興味深い内容となっています。しかし各項目は相互に密接な関係をもっているので、第1部全体を通読すれば、体系的かつ幅広い視点から才能教育について理解していただけるでしょう。さらに編者の希望としては、第1部だけでなく、ぜひ第2部や第3部を合わせてお読みいただきたいということです。なぜなら才能教育に焦点を当てた第1部は、個性化教育に焦点を当てた第2部や特別支援教育に焦点をあてた第3部との関連性・連続性を認識することで、その意義を増すことができるからです。

第1部を読んだ後に第2部をお読みになると、読者はそのつながりの自然さにきっと驚かれるはずです。そして第2部を読んだ後に第3部を読むと、やはり同じ感覚をもたれるでしょう。そして第3部を読んでから再び第1部を読み返せば、その間にもきっと多くの関連性を感じていただけると思います。本書全体を通読することで、これまで才能教育、個性化教育、特別支援教育と、それぞれ別個のものとして捉えられてきた教育が、実は三者相互に連続性のあるいわば一つの円環、あるいは相互作用をもつ三輪の関係にあることが理解していただけるのではないでしょうか。そしてこの3つの教育の連続的な円環あるいは相互的な三輪を包括的に捉えるためのキーコンセプトこそ、本書のタイトルにもなっている「認知的個性」なのです。

さて第1部には、多様な専門の執筆者にご参加いただきました。野添絹子先生は2E《トゥーイー》教育の研究から、才能と障害を同時に捉えることによって、特別支援教育に新たな可能性を見出そうとされています。その観点から第3部の項目も担当されていることは、これまで別個のものとして捉えられていた才能教育と特別支援教育が、包括的に統合され得ることを物語っており、まさに第1部と第3部の関連性・連続性を体現していると言えるでしょう。河崎美保先生は認知心理学が専門ですが、教育方法学にも造詣が深く、両分野の橋渡しができる執筆者として最適任です。河崎先生は小学生の算数授業に注目して、教授学習場面における学習者どうしの相互作用について研究されています。お二人のような、複数の分野にわたる学識ある執筆者を得られたことは、本書の趣旨のうえからも幸いなことでした。

木村裕先生は教育方法学が専門で、特にオーストラリアの開発教育について研究されていますが、日本の学校現場にも大変明るい方です。才能教育を含めたいかなる教育も、その国の学校教育を特徴づけているさまざまな要素の影響から自由ではありません。したがって日本の学校現場では、学力観や集団編制などの理解なしには、認知的個性を活かす才能教育の実践はむずかしいでしょう。木村先生はそれらの要素に即した知見を示して、第1部を引き締めて下さいました。福野裕美先生は、早修の一種であるAP等について制度的側面から研究されている数少ない研究者のお一人です。残念ながら現在の日本ほど、世界的に見れば早修プログラムが制限されている国も珍しいでしょう。そうしたなか、福野先生が示された多様な早修プログラムの知見は、一人ひとりの認知的個性を活かすための多様な教育措置の可能性を物語っているといえるでしょう。

▼第2部について

佐野亮子（第2部編者）

第2部では、「子どもはみな個性的な存在である」という子ども観に立ち、一人ひとりの個性が学校現場で活きるような実践への考え方や具体について、個性化教育を実践する現場教師や、個性化教育の実践現場とのかかわりが深い研究者が執筆しています。「個性化教育って実際にはどんな授業（実践）なの?」という方には、9以降から読むことをお勧めします。

私が個性化教育に出会ったのは、1980年代の半ばでした。実践が草の根的に広がりだして10年ほど経っていました。愛知県の緒川小学校で個性化教育の実践を初めて観たとき、「子どもにはそれぞれ個人差がある」という考えと、「個人差に合った指導方法や教材を工夫すれば子どもは自らすすんで学習する」という具体的な方法論に、とても魅力を感じたのです。当時は、個性化教育が支持される一方で、「自分で計画を立てて一人で勉強するなんて、できる子にはいいかもしれないが、できない子はいっそう落ちこぼれるのではないか」という批判的な意見もありました。一種の「エリート教育」と混同されたのです。（実際には、本書第2部（6、12、13）で紹介されているように、個性化教育の実践は、母語ではない日本語の言語習得が十分でない子どもや、学力が低い傾向の子どもにおいても効果をみせています。）個性化教育の実践校の多くが公立学校だったこともあり、そうした批判への防衛が働いたのか、「個性化教育と才能教育は別物」という見方が長く続いていたように思います。

松村暢隆先生との接近は、私にとっては、2E児に対応する理科の実践紹介の論文を読んだのがきっかけでした。実は、MI理論の実践への応用について読んでもあまり実践へのリアリティが感じられなかったのですが、2E教育プログラムについて実際の授業の記述を読んだ時に、個性化教育の実践と多くの共通点があると感じたのです。そこで自分の直感を確かめたくなり、無謀にも松村先生を個性化教育実践校（愛知県・石浜西小学校）の授業参観にお誘いしてしまいました。そして、松村先生と理科の個別学習を参観していた時、とても印象的な出来事に遭遇しました。「空気」について学習している子どもの何人かが、授業中に課題から離れて空気鉄砲で遊び始めました。ある男の子が興奮して、他の子どもに空気鉄砲の玉を当てようとしているのを見つけた松村先生は、「その位置からおじさんのここに命中するかな」と、ご自分の胸を指さしたのです。子どもと松村先生の距離は、うまく玉を飛ばすために力の調節が必要な距離でした。男の子は張り切って玉を飛ばすものの、なかなかうまく命中しません。そんなようすを見ていた周りの子どもたちも、「もっと押すときに力を入れるんだよ」などとアドバイスを始めました。そのうち他の子どもも加わって空気鉄砲の実験大会となり、松村先生はすっかり子どもたちの人気者になっていました。才能教育と個性化教育は相通じる、と、私はこのとき確信しました。こうした出会いのご縁もあって、このたび本書の共同編集のお誘いをいただくこととなりました。

確信はしたものの、実際に本をつくるための編集企画会議段階では、才能教育と個性化教育がうまく相互に関連するのだろうかと、半信半疑でした。しかし、各領域からの原稿が上がってきて全体のチェックに入った時に、第1部と第3部の各項目の文章を読んで、「この記述は、第2部のこの先生の記述ととても関係が深い」と思う箇所がいくつも出てきました。たとえば（あくまで個人的な見解ですが）、第1部の「2E」や「SEM」「MIスクール」の教育方法や実践事例の記述は、第2部の「2教科同時進行単元内自由進度学習」や「学習環境づくり」ととても共通性が高く、第1部の「学習集団内の相互作用②」で指摘される「認知されたコンピテンスを学習集団内の相互作用においてうまく活用すること」などは、第2部の「批判的教育学」で示唆される、学校文化において肯定的あるいは否定的に評価される認知的個性を見直すことに通じるものがあるように思います。第3部でも「認知特性に応じた2E教育の教育方法」や「感情コントロール」「特別支援教育」などは、第2部で紹介されるさまざまな実践事例と関係が深いと思われます。同じような事象でも、書き手の立場が違うことで表現が異なる面白さや、複眼的な見方が示唆されるようで、とても興味深く感じます。

このように、異なる領域が一冊の本の中で、それぞれの持ち味を出し合うことで、一見違うもののように見えるものが、読み手によってつながりが見えてきたり、さらには、読み手もまたその立場によって、さまざまな味わい方の違いが出てきて、いろいろと楽しめる本となっているのが、編集に携わってみてわかった本書の魅力と言えるでしょう。

小倉正義（第3部編者）

▼第3部について

第3部は、特別支援教育の中でも、発達障害のある方への支援に焦点を当てました。認知的個性というキーワードをもとに、発達障害児／者への支援を考えることで、特別支援教育が完全実施されてからこれまで論議されてきたことを、新しい枠組みで整理することができたのではないかと考えています。第3部全体としては、まず発達障害児／者に表れる認知的個性の概説をして、つぎに諸検査から読み取れる発達障害児／者の認知的個性について述べ、さらに発達障害児／者の認知的個性を活かすための具体的な支援を述べる、という流れになっています。どこから読み始めても実践の知が詰まっていますが、発達障害の概念から理解したいという方には、最初から読み始めていただければいいでしょう。

「特別支援教育」の項でも述べましたが、特別支援教育の重要なコンセプトは、一人ひとりの子どものニーズに応えることです。このことを考えると、第3部の内容は、自然と第1部の才能教育や、第2部の個性化教育とつながりがあることがわかります。教育の方法論などに違いがあったとしても、それらのめざすところは同じものだとも言えるでしょう。

特別支援教育では、これまで「できない部分を補償する」といった印象が強く、その子どもの「才能をみつけ、伸ばす」という方向が注目されることが少ない印象がありました。その意味で、今後の特別支援教育の発展を考えるうえで、第1部の内容は非常に重要です。「2E教育」は、わが国でいえばまさに、これからの特別支援教育の一つの可能性を示してくれています。また、その他にも挙げればきりがありませんが、「MI理論」「知能の三部理論」「思考スタイル」「創造性」などは、特別支援教育を考えるうえでも重要な視点でしょうし、後半数項目の才能教育の実践方法には、特別支援教育の実践にも応用できる非常に重要な要素が含まれていると思われます。

第2部にも、特別支援教育のあり方を考えるうえで大切な要素がたくさん詰まっています。特に「一人ひとりの指導支援」「学習環境づくり」などは、第3部では述べきれなかった特別支援教育のあり方を提示してくれているように感じました。また、第2部と第3部を併せて読むと、一人ひとりのニーズに応じた教育を学校の特色に合わせてどのようにカリキュラムを作り、環境を整えていくかという課題を考えるヒントが得られるのではないでしょうか。

さまざまな専門性をもつ先生方と一緒に一つの本を作るという作業は、自分自身にとってとても有意義な活動でした。この本を通して、いろいろな先生方と出会ったことは、自分にとってとても大切な経験になりました。私自身、臨床心理学を専門にし、日々さまざまな認知的個性をもった子どもたちへの支援に携わっています。本書の全体を通して読みながら、日々の研究や臨床を見つめなおすことができました。また、本書を読んでいるうちに、いろいろな子どもたちの姿が思い浮かんできました。自分の専門領域についての知識や技能を高めることも非常に大切ですし、複数の専門領域を学ぶこともまた大切です。本書は、読者がそれぞれの立場で読まれて、きっとそれぞれに視野が広がるものに仕上がっていると信じます。

あとがきもコラボでという編者たちのわがままで、長いあとがきとなりました。本書の企画段階から原稿の完成まで長く待って下さり、文章の入念な手入れまでして下さった塩浦社長、編集のお世話をおかけした第一編集部の森光佑有氏に、お礼申し上げます。

編者紹介

松村暢隆（まつむら　のぶたか）[1-1] [1-2] [1-3] [1-5] [1-6] [1-10] [1-12] [1-15] [1-16]

1954年，奈良県生まれ。京都大学大学院文学研究科博士課程修了，文学博士。現在，関西大学文学部教授，放送大学客員教授。専門は発達・教育心理学。著書に『アメリカの才能教育』（東信堂）等がある。

石川裕之（いしかわ　ひろゆき）[1-4] [1-7] [1-9] [1-13]

1977年，大阪府生まれ。京都大学大学院教育学研究科博士課程修了，博士（教育学）。現在，京都大学高等教育研究開発推進センター特定助教。専門は比較教育学。共著書に『現代アジアの教育計画　下』（学文社）等がある。

佐野亮子（さの　りょうこ）[2-14] [2-15]

1962年，東京都生まれ。上智大学大学院文学研究科博士課程修了，博士（教育学）。現在，東京学芸大学非常勤講師。専門は教育方法，学校建築。共著書に『小学校の総合学習の考え方・進め方』（黎明書房）等がある。

小倉正義（おぐら　まさよし）[3-1] [3-8] [3-17]

1979年，和歌山県生まれ。名古屋大学大学院教育発達科学研究科博士課程後期課程中退。現在，鳴門教育大学大学院学校教育研究科講師。専門は発達臨床心理学。共著書に『「ギフテッド」天才の育て方』（学研教育出版）等がある。

新曜社　ワードマップ
認知的個性　違いが活きる学びと支援

初版第1刷発行　2010年4月20日©

編　者　松村暢隆・石川裕之・佐野亮子・小倉正義
発行者　塩浦　暲
発行所　株式会社新曜社

〒101-0051　東京都千代田区神田神保町2-10
電話（03）3264-4973・Fax（03）3239-2958
E-mail: info@shin-yo-sha.co.jp
http://www.shin-yo-sha.co.jp/

印刷　銀河　　Printed in Japan
製本　イマキ製本所
ISBN978-4-7885-1199-6　C1037

執筆者一覧（執筆順）

木村裕（きむら　ゆたか）[1－8]［1－17］
滋賀県立大学人間文化学部助教　教育方法学

野添絹子（のぞえ　きぬこ）[1－11]［3－7］［3－10］［3－11］
放送大学・相模女子大学非常勤講師　教育方法学・比較教育学

福野裕美（ふくの　ゆみ）[1－14]
筑波大学大学院人間総合科学研究科博士後期課程教育基礎学専攻

河﨑美保（かわさき　みほ）[1－18]［1－19］
追手門学院大学心理学部専任講師　教育心理学・認知発達心理学

加藤幸次（かとう　ゆきつぐ）[2－1]
上智大学名誉教授　教育課程学・教育方法学

奈須正裕（なす　まさひろ）[2－2]
上智大学総合人間科学部教授　教育心理学・教育方法学

コーシア郁実（こーしあ　いくみ）[2－3]
上智大学大学院総合人間科学研究科教育学専攻　教育方法学・カリキュラム論

澤田稔（さわだ　みのる）[2－4]
上智大学総合人間科学部准教授　カリキュラム論

成田幸夫（なりた　ゆきお）[2－5]
岐阜聖徳学園大学教育学部教授　教育学

小山儀秋（こやま　よしあき）[2－6]［2－10］
愛知教育大学・中部大学非常勤講師　生活科教育・生活科研究・家庭教育支援論

光武充雄（みつたけ　みつお）[2－7]
佐賀県伊万里市立大坪小学校校長

安藤輝次（あんどう　てるつぐ）[2－8]
奈良教育大学教職大学院教授　カリキュラム論・教師教育

宮川啓一（みやがわ　けいいち）[2－9]
岐阜聖徳学園大学教育学部非常勤講師　総合学習・個別化個性化学習

佐久間茂和（さくま　しげかず）[2－11]
東京都台東区立東泉小学校校長

竹内淑子（たけうち　よしこ）[2－12]［2－13］
愛知県東浦町立石浜西小学校教諭

江川純（えがわ　じゅん）[3－2（共著）]
新潟大学大学院医歯学総合研究科精神医学分野大学院生　児童精神医学

杉山登志郎（すぎやま　としろう）[3-2（共著）]

あいち小児保健医療総合センター心療科部長兼保健センター長　児童精神医学

小野真樹（おの　まさき）[3-3]

あいち小児保健医療総合センター心療科医師　児童精神医学

若宮英司（わかみや　えいじ）[3-4]

藍野大学医療保健学部教授　小児神経学・発達障害

天野美鈴（あまの　みずず）[3-5]

前名古屋大学発達心理精神科学教育研究センター特任研究員　臨床心理学・発達心理学

金子一史（かねこ　ひとし）[3-6]

名古屋大学発達心理精神科学教育研究センター准教授　臨床心理学・発達臨床学

神谷真巳（かみや　まみ）[3-9]

豊田市こども発達センターのぞみ診療所臨床心理士　臨床心理学

田倉さやか（たくら　さやか）[3-12][3-13]

日本福祉大学社会福祉学部助教　臨床心理学

野邑健二（のむら　けんじ）[3-14]

名古屋大学発達心理精神科学教育研究センター特任准教授　児童精神医学

竹澤大史（たけざわ　たいし）[3-15]

愛知県心身障害者コロニー発達障害研究所研究員　特別支援教育・教育心理学

吉川徹（よしかわ　とおる）[3-16]

名古屋大学医学部附属病院親と子どもの心療科助教　児童青年精神医学

人名索引

事項索引

■か行

■た行

■な行

■は行

■ま行

■や行

■ら行

■わ行